国家社会科学基金一般项目资助：资源与生态约束下创新区域现代农业发展模式研究(15BJL047)

国家社科基金丛书
GUOJIA SHEKE JIJIN CONGSHU

资源与生态约束下创新区域现代农业发展模式研究

Research on the Innovation of Regional Modern Agricultural
Development Modes Under the Constraint of Resources and Ecology

曹俊杰　著

人民出版社

目　　录

前　言

2004—2019 年中央连续 16 个"一号文件"均聚焦"三农",集中体现了中央对农业基础地位和"三农"问题的高度关注。特别是在我国经济发展进入新常态的背景下,不但原来的"三农"问题没有得到彻底解决,而且现代农业发展又面临新的矛盾和问题,资源利用开发的强度过大,资源与生态环境约束增强,农业生产能力受阻和农业发展的不可持续因素增多,农业现代化仍然是我国全面建成现代化国家的一个短板,而且不同地区农业资源与生态状况各异,农业发展状况和生产力水平千差万别。因此,我国发展现代农业和提高农业现代化水平,必须根据国情、农情和地区实际情况,创立各具特色的区域现代农业发展模式。

本书探讨资源与生态约束逐渐加强的背景下,如何创新我国区域现代农业发展模式,并选择现代农业发展水平、农业资源与生态环境约束程度相对较高的山东省及其典型地区进行实证研究,尤其是对农业发展各具鲜明特点的一些地市,以及多种县域现代农业模式及其经验进行总结和推介,对各自发展过程中存在的突出问题进行深入分析,并有针对性地提出改革与对策建议。研究内容除了前言以外分为九章阐述,每一章相当于一个专题,这九个部分分别是:第一章,现代农业发展模式创新的理论基础;第二章,关于我国现代农业发展模式探索的历史回顾;第三章,现代农业发展的资源约束及应对措施;第四章,加强农业供给侧改革推动农业发展模式创新;第五章,发展现代生态和有机农业破解生态难题；第六章，引导和鼓励工商企业下乡经营现代农业；第七章，培育农业品牌促进现代品牌农业发展；第八章，发展县域经济推动现代农业模式创新；第九章，现代农业发展的典型模式与经验总结。本书讨论的有些共性的问题在其他省市和地区普遍存在，山东的一些成功经验对其他地区探索现代农业新模式也会具有启发和借鉴意义，一些研究成果可供地方政府和有关部门、经济组织进行相关决策时参考，有的理论成果希望对丰富和发展我国发展经济学、农业经济学和农业现代化理论等具有一点学术价值。

本书的创新之处主要体现在以下几个方面：（1）在研究视角和学术思想方面的创新。关于现代农业和农业现代化问题研究已不少，就现代农业发展模式的讨论也取得了一定的成果，但从我国不同地区的资源、生态环境差异性出发，基于农业资源短缺和生态环境约束条件下对我国区域性现代农业发展模式创新进行深入研究，特别是总结地方及县域现代农业发展新模式具有新的研究视角；提出中国作为一个发展中的农业大国，现代农业发展的资源和生态约束越来越明显，各地区情况和发展条件千差万别，必须通过现代农业发展模式创新推动我国农业现代化战略目标实现；认为我国不同地区应当开创各具特色现代农业发展模式，不但提出创新农业产业化经营模式、发展农业股份合作制经营模式、拓展多功能性农业经营模式、加快发展"互联网+现代农业"模式、开创农业"新六产"经营模式、创立农业全产业链契合发展模式、发展精准化智慧农业模式、打造农业田园综合体经营模式等创新发展理念，而且还总结了发展现代生态与有机农业的淄博经验、引导工商企业下乡的烟台经验，以及发展品牌农业的临沂和沂源经验，并推介了一些典型的县域特色农业发展模式，如特色农业现代化建设的"平度模式"、城乡一体化的"龙口模式"、农业产业化创新的"诸城模式"、休闲旅游农业带动的"莱州模式"、突破农业融资瓶颈的"武城模式"等，这些模式无疑代表了现代农业发展的方向，从理论研究上讲应属创新的学术思想。

（2）在学术观点方面的创新。认为国际上的现代农业发展道路和模式都是在特定的阶段和条件下形成的，成功经验应当合理借鉴但不能照搬，在农业资源和生态环境约束条件下，只有不断创新区域现代农业发展模式才能加快农业现代化进程；提出我国农业现代化发展经历了几个重要历史阶段的观点；认为农业供给侧结构性问题加剧了我国资源紧张和生态环境恶化的程度，降低了农业市场竞争力，必须加强农业供给侧结构性改革来缓解农业经济快速发展与资源短缺、生态环境压力大的矛盾，而且农业供给侧结构性改革必须与培育新型农业经营主体、创新农业经营与发展模式策略配套实施。另外，还认为鼓励和引导工商企业下乡经营农业，为解决好谁来种地、怎么种地、钱从何来、如何提高农业技术等一系列问题拓宽了渠道。这些学术观点都具有一定的创新性。

（3）在一些研究思路、方法和路径方面打破以往研究的惯性思维模式。首先，在一些章节和专题研究中灵活利用比较研究方法，既对比国内外典型的现代农业模式的特点及其经验可借鉴性，又比较山东省不同地区或者县域农业发展模式，对一些典型的特色区域农业发展模式进行重点讨论，总结其成功经验及其推广价值，找出存在的问题和制约因素，提出解决问题的措施。其次，利用历史分析法对我国现代农业发展模式演变及其不同阶段、特点进行研究。另外，研究的路径设计方面也打破了以往先集中分析问题，再提出相应的改革政策与措施的结构安排，而是把研究问题分散在各个章节和专题当中，针对不同领域的问题提出对策建议，使得对策与问题的关联性和针对性更强。

需要说明的是，在进行区域现代农业发展模式创新研究过程中，根据不同的专题灵活选择了不同地区作为研究对象，有的是研究山东省或者山东某一个地市的情况和问题，而有的则是选择具有典型性、特色鲜明的某个区、县（市）为对象进行研究；我国现代农业发展正进入快车道，山东省以至全国的农业经济发展形势变化较大，农业现代化水平不断提高，尽管对一些数据资料进行了更新，但仍然会存在资料来源不统一、数据时间不一致等问题。同时，限于我们的研究能力和水平，以及掌握材料的有限性，在相关研究中可能存在不少疏漏和错误之处，敬请有关领导、专家和学者批评指正。在本书出版过程中，人民出版社的编辑付出了辛勤劳动，张瑜、曹丹丹、霍霖雯、耿侃、蒲波等研究生参加了部分专题的调研、数据整理和模型构建等工作，在研究过程中还参考了国内外有关学者的一些文献和研究成果，主要参考文献已在书中列出，对以上有关部门和人员在此一并表示衷心的感谢。

第一章　现代农业发展模式创新的
理论基础

我国从整体而言正经历由传统农业向现代农业的转变过程，一些东部沿海地区和其他经济相对发达地区已经进入农业现代化建设阶段，发展现代农业和实现农业现代化成为我国一项重要的战略发展目标。但是，资源与生态环境对我国现代农业发展的约束日趋明显，发达国家发展现代农业和农业现代化道路未必在我国行得通，需要探索具有中国特色的农业现代化模式，而且我国不同地区农业资源、生态环境和农业发展情况也存在较大差异，不可能通过相同的路径和模式来解决我国农业发展面临的问题。因此，创新区域现代农业发展模式不失为破解时代难题的应对之策，加强相关理论研究和总结推广相关实践经验具有重要的现实意义。

第一节　国内外现代农业及其发展模式研究综述

国际国内学界关于现代农业及其发展模式的研究已经经历相当长的时间，并取得了不少有一定影响力的理论成果。梳理国内外相关研究的学术史和研究动态，可以概括为以下几个重要方面。

一、关于现代农业和农业现代化及其发展模式的研究

关于农业部门的现代化改造的理论,较早期的包括刘易斯(W.A.Lewis,1961)和舒尔茨(T. W. Schltz,1964)提出改造传统农业理论。刘易斯认为经济发展过程,就是经济资源由边际生产率低的传统农业部门不断向边际生产率高的现代工业部门转移的过程,同时又是工业部门创造的先进技术和现代制度逐渐向农业部门渗透的过程;[1] 而舒尔茨则将农业现代转型的途径从农业外部转向农业内部,认为农业现代化过程就是现代农业要素对低收益率的传统农业要素的替代过程。[2] 长期以来,国内外学者认为工业化、城市化是推动农业现代化发展的因素和条件;进入 21 世纪后,人们又逐渐关注现代信息技术对农业的影响和信息农业发展,如欧美等国家利用卫星遥感技术监测农业资源[3]和利用信息技术发展精准农业、信息农业等 (Thysen,2000;Cox,2002)。[4] 我国学者陶武先 (2004) 等认为,现代农业应当是工业装备普遍采用、先进科技广泛应用、产业体系日臻完善、生态环境受到重视的农业。[5]

长期以来,具有中国特色的农业现代化建设引起了众多学者的广泛关注。许多学者强调我国现代农业建设需结合中国国情和各地实际,走出一条有中国及区域特色的发展道路。党的十八大以后,我国关于工业化、信息化、城镇化、农业现代化同步发展问题的研究增多,研究者普遍认为工业

---

[1] [美] 阿瑟·刘易斯:《经济增长理论》,商务印书馆 1991 年版。

[2] Theodore W. Suchultz. Transforming Traditional Agriculture. Yale University Press, New Haven,1964.

[3] Rao K. S. , Pant R. Land use dynamics and landscape change pattern in a typical micro watershed in the mid elevation zone of central Himalaya, India. Agriculture, Ecosystems and Environment,2001,86:113-123.

[4] Thysen I. Agriculture in the information society. Journal of Agriculrural Engineering Research,2000,76:297-303. Cox S. Information technology:The global key to precision agriculture and sustainability. Computers and Electronics in Agriculture,2002,36:93-111.

[5] 陶武先:《现代农业的基本特征与着力点》,《中国农村经济》2004 年第 3 期。

化、城镇化是实现农业现代化的重要基础，信息化可以带动和装备农业现代化，农业现代化为其他"三化"提供资源和保障（邹海滨、吴启明，2012;)[1]。苏发金（2012）、黄祖辉（2013）等通过实证研究，表明我国工业化、城镇化与农业现代化之间在短期和长期内具有不同的相互影响关系，并且相互影响的程度存在差别。[2][3] 周振、孔祥智（2015）认为，我国农业现代化滞后于其他"三化"与地区间"四化"失衡的问题较为突出，其中农业现代化的滞后性已经严重阻碍了"四化"综合水平的提高，应当加大农业资本投入、强化科技支农、增强农业减灾防灾能力，完善促进农村工业化政策，不断提高农业现代化水平和推动"四化"协调发展。[4] 高芸、蒋和平（2016）认为，在"四化"同步背景下的农业现代化评价测评的关键问题是找出"四化"良性互动的机制，以及提高可持续发展因素在评价指标中的权重。[5]

还有学者提出我国农业现代化水平不但存在显著的空间差异，而且在城乡转型发展的新时期，城镇化、信息化、农村人均固定资产投资等对农业现代化促进作用显著，特别是城镇化对农村土地流转起到了加速作用，推动了由传统小农生产向农民专业合作社经营的农业生产模式转变，成为推进农业现代化的中坚力量（王录仓、武荣伟等，2016)[6]。李宾、王曼曼等（2017）通过构建城镇化和农业现代化的指标体系，采用主成分分析法确定各指标的

---

① 邹海滨、吴启明：《加快推进农业主产区"四化"同步发展》，《农民日报》2012 年 8 月 4 日。

② 苏发金：《工业化、城镇化与农业现代化：基于 VAR 模型的分析》，《统计与决策》2012 年第 11 期。

③ 黄祖辉、邵峰朋等：《推进工业化、城镇化和农业现代化协调发展》，《中国农村经济》2013 年第 1 期。

④ 周振、孔祥智：《中国"四化"协调发展格局及其影响因素研究——基于农业现代化视角》，《中国软科学》2015 年第 10 期。

⑤ 高芸、蒋和平：《我国农业现代化发展水平评价研究综述》，《农业现代化研究》2016 年第 3 期。

⑥ 王录仓、武荣伟等：《中国农业现代化水平时空格局》，《干旱区资源与环境》2016 年第 12 期。

权重后获得了城镇化水平与农业现代水平的变量数值，然后利用相关模型测算了城镇化与农业现代化的耦合度与协调发展度，证明我国的农业现代化水平长期滞后于城镇化水平是制约城镇化与农业现代化协调发展的主要瓶颈，而且各阶段协调发展度的变化与我国的社会经济政策存在明显的周期性关联。①

二、关于国际现代农业发展模式及其经验借鉴的研究

在新技术革命的背景下，对现代农业发展模式转变的关注越来越多。国外学者包括 Gilles Duraaton（2011）等认为，农业产业新技术革命的开端始于 20 世纪 30 年代，由于工业发展逐渐趋于饱和化，一些发达国家为了转变传统农业为现代化农业，已着手对农业进行比较全面的改造。同时，Lind J.（2010）提出，农业现代化模式主要包括美国模式、日本模式与部分西欧国家模式等，这些模式通常是根据本国农业发展的基本状况，逐步推动朝着现代化农业的发展方向转变。国外有些学者还对全球范围内一些具有代表性的国家和地区，从不同角度或者不同层次推进的现代化农业模式进行研究，有的甚至认为美国采用的是机械化的先进仪器耕种的现代农业模式，英国则属于政府引导型的现代农业发展模式，而法国采取了链条式环保型的农业发展模式，以及德国实施信息化生态技术性现代农业发展模式（王智伟、王树进，2017）②。

国内相关研究强调要借鉴国外现代农业发展模式的基本经验，但必须结合中国的基本国情推动现代农业发展，绝不能照抄照搬国外发展模式。张军（2014）等认为，我国领土比较辽阔，各个地区之间的经济、自然资源、社会条件和农业发展水平出现很大差异，不同地区之间的农业生产者能力水平

①　李宾、王曼曼等：《我国城镇化与农业现代化协调发展的总体趋势与政策解释》，《华中农业大学学报（社会科学版）》2017 年第 5 期。

②　王智伟、王树进：《基于新技术革命的我国新型农业产业发展模式与路径研究》，《科学管理研究》2017 年第 1 期。

也存在很大的差距，不能采用套路式推进现代农业的发展模式，因地制宜十分重要。① 王智伟、王树进（2017）认为，在目前基于新技术革命下的农业产业发展模式呈现多样性，应当重视有优势农产品产业带动模式、生态以及特色农业发展模式、城郊都市农业发展模式、以出口为主的外向型现代农业发展模式等。孟露露（2017）认为，在我国经济发展步入新常态的背景下，加速推动一、二、三产业融合对现代农业的发展具有积极意义，现代农业要求具备产业融合性质，通过与其他产业的交叉渗透融合，逐步实现农业"接二连三"，拓宽农业发展范围，延伸农业的产业链，注重新型农业主体的培育，促进农业供给侧结构改革，实现由传统农业向现代化农业转变，为未来农村经济发展提供动力。② 这些研究对推动我国认识农业现代化和实施农业现代化战略具有积极作用，但进一步深化具有中国特色的现代农业模式创新及区域性研究更具现实意义。

三、关于影响现代农业发展模式的因素研究

国际上较早研究影响现代农业发展模式因素的理论主要有劳动力迁移理论（Todaro，1987）③、非均衡增长理论（Hirschman，1958）④ 等；速水佑次郎和弗农·拉坦（Yujiro Hayami and Vernon W. Ruttan，1985，2000）又提出了诱致创新模型理论，认为农业发展模式是由四大禀赋所决定的，包括农业资源禀赋、农业技术选择、制度禀赋和社会文化禀赋等。⑤ 因此，国内外学界一般将发达国家农业现代化划分为北美"节约劳动型"、日本"节约土地

---

① 张军：《发展现代农业要处理好六大关系》，《学习与探索》2014 年第 9 期。
② 孟露露：《一二三产业融合视角下发展现代农业》，《农业经济》2017 年第 5 期。
③ Todaro M. P. , Economic Development in the Third World. 3rd ed. New York and London：Longman，1987.
④ Hirschman A. O. , The strategy of economic development. New Haven，Conn：Yale University Press，1958.
⑤ ［日］速水佑次郎、［美］弗农·拉坦：《农业发展的国际分析》，郭熙保、张进铭等译，中国社会科学出版社 2000 年版，第 196—215 页。

型"、西欧"中间类型"等几种主要模式，美国主要是通过农业机械化和土地规模经营实现农业现代化，而日本主要依靠技术创新和资本大量投入实现农业现代化，西欧国家则将前二者优点结合起来，劳动节约与土地节约并重（许佩倩，2001；王万山，2005）[1][2]。柏振忠（2010）还对英、法、德三个国家的现代农业发展模式进行比较，分析总结出三个国家形成了三种不同类型模式，即英国属于政府引导型，法国属于链条式与环保型，而德国属于信息化与生态型。[3] 在现代农业发展模式选择方面，我国不少学者主张在学习借鉴发达国家经验基础上坚持走中国特色农业现代化道路（尹成杰，2008）[4]。韩俊（2014）认为，随着我国农村劳动力不断转移，土地会得到相对集中，有利于打破分散的、小规模土地经营模式。[5] 整体而言，目前我国农业还处于由传统向现代过渡的阶段，土地、人口、水资源和生态等问题都在制约农业持续发展，我国要借鉴现代农业转型的国际经验，关注和研究一些国际的现代农业发展模式，尤其是美国政府的引导型农业发展模式、法国"资本化"运作的农业模式、日本的"规模化"农业发展模式等，可以为我国走具有中国特色的农业现代化道路提供有益启示。

关于资源、生态环境等对现代农业发展模式的影响一直是国内外学者关注和研究的重点。美国经济学家弗农·拉坦（Vernon W. Ruttan，1985）用实证研究证明，一个国家发展现代农业的模式主要由该国的土地资源状况决定，世界上劳均土地较多的国家基本上走的是机械技术型道路，劳均土地中等的国家走的是生物技术与机械技术并重道路，而劳均土地较少的国家走的是生物技术型道路。国内学者孙浩然（2006）等从自然资源和外部环境条件对现代农业发展路径影响角度，分别对日本、美国、加拿大、澳大利亚、荷

---

① 许佩倩：《农业现代化模式的比较与选择》，《现代经济探讨》2001年第11期。
② 王万山：《国外农业现代化的主要模式和共同规律》，《调研世界》2005年第5期。
③ 柏振忠：《现代农业发展模式的国际比较及中国的借鉴》，《世界农业》2010年第3期。
④ 尹成杰：《关于建设中国特色现代化农业的思考》，《农业经济问题》2008年第3期。
⑤ 韩俊：《准确把握土地流转需要坚持的基本原则》，《农民日报》2014年10月22日。

兰、法国、德国、英国等发达国家现代农业发展进行比较，认为这些国家选择了不同的现代农业模式。[①] 同时，有学者也注意到发达国家的集约农业模式对我国未必适用，在提高经济效益的同时，产品的物化劳动大幅上升，可能出现增产不增收，自然资源过度利用和化肥、农药等大量使用会危害经济社会发展，使生态环境恶化的现象。我国农村要素流失、耕地减少和淡水资源短缺等对加快现代农业建设提出了新的更高的要求，为此王征兵（2011）等学者认为，我国人均耕地较少，农业现代化应该是一种适量机械，主要依靠劳动力和生物技术投入，提高农产品生产总量和农民收入的精细密集农业新道路。[②]

顾益康（2013）还提出了"大国小农"的特点决定了走中国特色的农业现代化道路，必须符合国情、社情、农情，大力发展高效生态农业。[③] 长期以来，我国农业发展中对土地的不合理使用，很大程度上成为诱发水土流失、生态破坏和环境污染的因素，也不利于土地的综合能力提升，严重影响农业生产和农业经济持续发展。近年来，随着工业化进程加快，加剧了我国农业生产环境的恶化，我国必须更加科学地开发及应用土地资源，对农田加强保障和治理，预防水土流失，政府有关部门也应当利用法律、经济和行政等手段，促进自然资源科学利用、保护生态环境和农业废置物的充分合理应用，从而达到农业经济、社会、生态三大效益统一（周晶晶、朱力，2015）[④]。胡中应、胡浩（2015）等指出了我国当前农业发展所面临的资源匮乏、污染严重和承诺国际减排的压力，指出发展生态农业、循环农业和有机农业的统一，选择低碳农业是符合农业发展规律的必然选择；[⑤] 张叶

① 孙浩然：《国外建设现代的农业的主要模式及其启示》，《社会科学家》2006年第2期。
② 王征兵：《中国农业发展方式转向精细密集农业》，《农业经济与管理》2011年第1期。
③ 顾益康：《关于中国特色农业现代化道路内涵、特征与思路的新思考》，《世界农业》2013年第8期。
④ 周晶晶、朱力：《现代农业转型的国际借鉴与政策启示》，《现代经济探讨》2015年第8期。
⑤ 胡中应、胡浩：《低碳农业发展规律的必然选择》，《经济问题探索》2015年第9期。

（2016）提出发展现代生态循环农业模式比较符合我国当前的基本国情。[①]
此类问题学界做了多视角的有益探讨，但一些思路和对策多是原则性的，对
实证和操作性研究还有待深化。

四、关于区域性农业发展模式问题研究

我国学者许开录（2009）提出，要根据不同地区的区位条件、经济发展
水平等，灵活选择区域化、差异化和特色化的现代农业发展模式，同时我国
农业现代化必须坚持农村工业化、农村城镇化、农业产业化、农民知识化互
动并举的原则。[②] 张红霞（2018）认为，由于我国地域辽阔，各区域的自然
资源禀赋和地理区位各异，历史积淀及经济发展的巨大差异导致基础设施、
人力资本、投资环境也存在很大差距。[③] 因此，可以依据相关评价指标对不
同地区的经济和产业发展进行评价与比较，从而更准确地掌握我国现代农
业发展情况。惠国琴（2014）认为，对于区域性农业发展模式的研究，只有立
足本地实际进行充分的社会调研，加强决策的科学性，突破旧意识形态与思
维范式的束缚，才能创造出适合本地区情况的农业现代化模式。[④]

针对近年来现代农业园区建设的兴起，不少学者开始关注现代农业园区
作为发展现代农业的有效载体，"互联网+现代农业园区"模式将在其发展
进程中发挥越来越重要的作用，互联网技术在园区中的应用提高了农业资源
配置水平，拓展了农业发展空间，克服了传统农业的弊端。成福伟（2017）
还以德国生态农业园区、荷兰设施农业园区、美国科技农业园区及日本休闲
农业园区为例，分析了发达国家现代农业园区发展的四种典型模式，并总结

---

① 张叶：《现代生态循环农业模式研究——以浙江省为例》，《浙江学刊》2016 年第 5 期。
② 许开录：《基于国际经验的中国现代化农业的发展道路与模式》，《生产力研究》2009
年第 1 期。
③ 张红霞：《对外贸易差异影响我国区域经济协调发展研究》，人民出版社 2018 年版，
第 5 页。
④ 惠国琴：《农业现代化：模式之争与路径整合》，《学习与探索》2014 年第 3 期。

了相关的发展经验，认为现代农业园区对促进农业现代化水平提升具有重要的作用，是农业现代化发展的基本载体。① 说明区域性农业发展模式问题已引起理论界关注，但具体区域农业模式的开创以及面临的一些深层次矛盾和问题研究有待于扩展和深化。

第二节　现代农业及其模式的内涵和特征

一、现代农业与农业现代化的概念及其特征

首先，现代农业是相对于传统农业的概念。农业既是人类社会最为古老的物质生产部门，也是人类社会最基本和基础的产业。一般认为，现代农业是相对于传统农业的概念，现代农业也是农业现代化的必然结果，而农业现代化则又是推动现代农业发展的一个动态的历史过程。有的学者认为传统农业是一种特殊类型的经济均衡状态，就是说生产者持有和获得收入来源的偏好和动机不变（王智伟、王树进，2017）②。传统农业要素投入较为简单、生产率和商品率低、技术更新慢，而现代农业较好地克服了传统农业的这些缺陷。

其次，现代农业和农业现代化是两个不可分割的概念。理论界普遍认为，农业现代化既是现代农业发展的推动力，也是实现传统农业向现代农业重大转变的过程，而现代农业则是农业现代化的重要成果，现代农业反映了农业现代化发展的基本现状和水平，农业现代化是一个农业发展进步的动态过程，二者紧密联系、不可分割。因此，我们经常通用这两个概念，在探讨现代农业及其发展模式的时候，同时也是对农业现代化及其发展模式的研究。对于农业现代化概念及其理论的提出，我们可以追溯到 20 世纪 60 年代

---

① 成福伟：《发达国家现代农业园区的发展模式及借鉴》，《世界农业》2017 年第 1 期。

② 王智伟、王树进：《基于新技术革命的我国新型农业产业发展模式与路径研究》，《科学管理研究》2017 年第 1 期。

初，当时由美国著名经济学家西奥多·舒尔茨在《改造传统农业》一书中进行了具体阐述，认为农业现代化过程就是现代农业要素对低收益率的传统农业要素的替代过程。以后其他一些学者进行了进一步的补充与完善，农业现代化的内涵及其理论越来越丰富。

再次，现代农业和农业现代化具有与传统农业完全不同的特征。20世纪以后到第二次世界大战，部分欧美工业化国家先后实现了农业现代化，进入现代农业发展的重要阶段，战后包括一些新兴工业化国家和地区、少数发展中国家也相继实现了农业现代化，逐步迈入现代农业发展阶段。与传统农业相比，现代农业发展具有鲜明的特征，在生产工具和动力方面日益实现机械化、电气化和智能化；在生产技术方面，不同于传统农业主要靠直接生产经验的积累，而是依靠现代科学技术支撑，农业生产率和农业效益快速提高；在产业结构方面，现代农业产业越来越多，分工越来越细，产业链不断延长；在农业的基础设施条件方面，现代农业发展的基础设施和条件不断完善，大大降低了农业生产经营的自然风险。另外，从事现代农业生产经营的劳动者数量不断减少，但农业劳动力的文化技术素质越来越高，农业经营管理能力越来越强，农业生产经营的主动性增强，推动智慧农业发展速度加快。

二、现代农业发展模式及其不同时代和区域特征

（一）现代农业发展模式及其影响因素

日本经济学家速水佑次郎和美国经济学家弗农·拉坦曾比较了美、日两国不同的农业现代化模式，在此基础上还提出了"诱发性技术创新"理论，认为农业发展模式是由四大禀赋所决定的，包括农业资源禀赋、农业技术选择、制度禀赋和社会文化禀赋等，资源禀赋的相对稀缺性会诱导农民做出不

同的技术选择，进而形成不同的农业现代化模式。① 长期以来，在世界范围内理论界总结出美国农业现代化模式、日本农业现代化模式和西欧农业现代化模式等，不同农业现代化模式主要由一国的土地、劳动力等资源状况差异决定的，如劳均土地较多的美国等国家基本上走的是机械技术型道路，劳均土地中等的西欧国家走的是生物技术与机械技术并重道路，而劳均土地较少的日本等国家走的是生物技术型道路，因此，学界一般将不同的农业现代化模式分别归类为美国"节约劳动型"、日本"节约土地型"、西欧"中间类型"等，表明美国等主要是通过农业机械化和土地规模经营实现农业现代化，而日本主要依靠技术创新和资本大量投入实现农业现代化，西欧国家土地和劳动力资源介于中等水平，在农业现代化路径上则吸纳了前两者的优点，既注重劳动节约又注重土地节约。

（二）现代农业发展模式的时代特征

自 20 世纪 70 年代以来，随着科技的不断发展和工业化程度不断提高，以及科技进步和工业化推动了现代石化农业的发展，在加快农业现代化进程和提高农业产量与经济效益的同时，也导致资源与生态问题逐渐增多，即农业自然资源日益短缺，生态环境不断恶化，农业发展的不可持续性增强。因此，改造传统农业的关注与研究重点，从如何增加农业生产要素投入以提高产量和经济效益，逐渐转变为如何提高生产效率、改善生产条件和生态环境、推动技术变革和制度创新等，许多学者对农业现代化的研究更加注重如何处理好人与自然的关系，合理利用有限的资源，限制生产废弃物的排放，保护农村生态环境，实现农业和农村可持续发展。近年来，一些学者还对现代农业可持续发展模式进行了广泛研究，如提出发展生态农业、有机农业、循环农业、多功能性农业、低碳农业和休闲观光农业等。

---

① ［日］速水佑次郎、［美］弗农·拉坦：《农业发展的国际分析》，郭熙保、张进铭等译，中国社会科学出版社 2000 年版，第 196—215 页。

（三）中国特色农业现代化模式的提出

首先，积极探索具有中国特色的农业现代化模式。从我国农业发展的总体情况来看，20 世纪 80 年代以后，我国正处在由传统农业向现代农业转变的阶段，在农业现代化理论研究方面，不少学者认识到我国的基本国情以及与发达国家之间存在的巨大差别，提出走具有中国特色的农业现代化道路，在合理借鉴发达国家农业现代化模式及其经验的基础上，深入研究我国农业、农村、农民的基本现状和存在的"三农"问题，积极探索符合中国国情的农业现代化道路与模式。

其次，如何开创具有地域特征的区域农业现代化模式。针对我国国土面积广大，各地区农业生产条件、生产力和技术水平千差万别，不同地区农业资源、环境、产品和产业特色各异，一些学者开始关注不同区域应当形成各具特色的农业现代化模式，例如有的探讨如何发展东部沿海地区农业现代化模式、中西部地区农业现代化模式、山地丘陵地区农业现代化模式、长江三角洲农业现代化模式、珠江三角洲农业现代化模式、山东半岛地区农业现代化模式，等等。

第三节 区域现代农业发展模式创新研究的意义

一、进行区域现代农业发展模式创新研究的必要性和意义

首先，现代农业发展具有不同的国别模式。世界各国由于资源禀赋状况、经济发展水平和人文传统习俗等因素的限制，使得各国现代农业的发展道路和模式各不相同，其成功经验值得认真总结和合理借鉴，但不能盲目照抄照搬。中国在探索现代农业发展模式和农业现代化道路过程中走过不少弯路，付出过沉重代价，严重影响了现代农业持续发展。因此，如何借鉴现代农业发展的国际经验，因地制宜地走具有中国特色的农业现代化道路，探索

资源与生态约束下如何合理高效利用各类农业资源、保护生态环境的可持续农业发展模式，并进行必要的理论研究和总结意义重大。

其次，一个国家现代农业发展可以有不同地区的特色模式。由于我国幅员辽阔、自然环境复杂、地形种类繁多、经济发展水平各异，现代农业的发展必须在积极借鉴国际国内成功模式和经验的基础上，充分考虑地情和农情，探索具有地方特色和符合当地实际情况的现代农业发展新模式。如果不考虑我国不同地区的自然条件、资源禀赋状况、地形地貌特征、人口分布及结构等方面的差异，必然会导致脱离国情、地情和农情照搬或者强制推行某一种模式，不仅会延缓当地农业现代化进程，而且会造成资源浪费与不合理利用，生态环境恶化，影响农业增效、农民增收、农业可持续发展。因此，进行区域性现代农业发展模式的创新研究，不仅对推动地方探索丰富多彩和各具特色的现代农业发展模式具有重要的实践意义，而且提出相关理论观点可以推动学术争鸣，一些研究成果对于丰富发展具有中国特色的农业现代化理论有一定的学术价值。

最后，区域性现代农业发展模式创新事关农业现代化建设的成败。我国农业发展长期受到土地、水、人口、资金、技术和生态环境等诸多因素的制约，进一步发展的瓶颈凸显，能否实现现代农业发展模式创新关系到农业现代化建设的成败。山东作为我国沿海经济相对发达的省份，也是一个农业大省，农业现代化实践开展较早，不少成功经验曾在全国加以推广，新时期仍然有一些现代农业发展的新模式、新经验和新路径值得总结。因此，通过对山东省及其有关典型地区进行例证研究，总结一些区域农业发展模式创新的经验，对我国其他地区具有很好的启发和推广意义，可以为推动区域性特色现代农业发展模式创新提供理论依据。

二、相关研究的基本思路和重点内容

首先，中国是一个人口众多、土地和淡水等资源缺乏、生态环境约束逐渐增强、各地区情况千差万别的发展中国家，农民数量多而文化技术素质偏低，农村剩余劳动力转移的任务重，存在严重的农业生态环境问题乃至食品安全问题等。国际上的现代农业发展道路和模式都是在特定的阶段和条件下形成的，既反映了农业现代化一般规律，如现代农业具有标准化、集约化、社会化、信息化、市场化等基本特征，又体现了不同模式基于资源和生产条件的个性差别，其成功经验应当合理借鉴但不能照搬，必须根据国情和不同地区的实际情况创新符合本区域资源和生态特点的现代农业发展模式，这也是我们研究的重要理论前提。

其次，资源和生态约束不但影响我国农业现代化进程，而且成为现代农业发展模式创新的外部压力，由于各地资源、生态环境情况和发展条件千差万别，不同地区必须因地制宜开创各具特色的现代农业发展模式，资源节约和综合开发、生态环境友好、多功能性、高产高效优质安全和可持续发展等是农业发展模式创新的着力点，自然也应当成为我们研究的重点内容之一。

最后，山东省不仅是我国现代农业和经济社会发展水平相对较高的地区之一，而且也是地理地貌多类型、农业资源和生态条件复杂多样、经济发展水平地区之间差距大的省份，山东省山地、丘陵、平原、湿地、湖区、浅海滩涂等均有广泛分布，人多地少、人均自然资源占有量偏低，快速工业化、城镇化不但加剧了农业资源供需矛盾，而且对生态环境带来很大影响，对其进行相关研究具有典型性和代表性，其现代农业发展模式创新的经验对我国其他地区具有重要的借鉴价值。这也是研究的立足点和重要目标之一。

另外，目前制约区域现代农业发展模式创新的资源和生态等因素较多，必须通过具体而深入地实证研究分析，找准问题及其症结所在，并有针对性地提出解决问题的对策和措施，逐渐消除有关制度、体制、机制、政策以及其他方面的制约因素，不断创新现代农业发展路径及经营模式，通过实施乡村振兴战略全面推进农业农村现代化。

第二章　关于我国现代农业发展模式探索的历史回顾

　　我国对现代农业发展模式的探索始终是围绕农业现代化进程及其政策演变而展开的，因而厘清了我国对农业现代化目标追求的历史线索，也就清楚了现代农业发展模式演进的脉络。同时，农业现代化是一个动态的内涵不断丰富发展的概念，其内涵往往随着经济、社会和技术的进步以及人们对它的认识程度而发生变化，因而农业现代化也成为各时期学术界讨论较多、认识不同和时论时新的概念。从新中国成立以后提出农业现代化目标到现在，随着我国经济社会发展、科学技术进步和农业生产力水平不断提高，我国在七十多年时间内生产关系也发生了一些重大变化，关于农业现代化的目标模式、内涵及其与其他产业发展的关系等，不同时期都有不同的理解，相关政策也经历了几次重要的调整和演进阶段。我们可以大体上把农业现代化目标模式及其配套政策划分为五个重要发展阶段，即"老四化"阶段、"多元的农业现代化"阶段、"三化互动"阶段、"四化同步"（"新四化"）阶段、农业农村现代化共同实现阶段等。

第一节 计划经济体制下以"四化"为
内涵的目标模式

一、农业现代化被列入"四个现代化"建设之首

首先,我国确立包括农业现代化在内的"四个现代化"发展目标。新中国成立后,农业现代化等问题就及时纳入我国社会主义建设的重要议事日程,当时党和国家主要领导人已经认识到,要把我国建设成为一个工业化的现代化国家,同样离不开农业的现代化。1954年,中华人民共和国第一届全国人民代表大会已明确提出,我国要建设强大的现代化的工业、现代化的农业、现代化的交通运输业和现代化的国防,这是在我国政府正式文件当中,首次提出了建设"四个现代化"的目标任务,也是第一次提到实现"农业现代化"的问题。20世纪60年代初,周恩来总理提出我国今后发展国民经济的主要任务,就是要在不太长的历史时期内,把我国建设成为一个具有现代农业、现代工业、现代国防和现代科学技术的社会主义强国[①]。这样表明我国对"四个现代化"的目标有所调整,不但将农业现代化放在首位,而且用"科学技术的现代化"取代了先前的"交通运输业现代化"的提法。此后,1964年12月第三届全国人大批准的《政府工作报告》仍然把农业现代化列为四个现代化之首。

其次,进一步确立了农业现代化的"四化"("老四化")内涵和特征。1961年3月,周恩来总理在广州中央工作会议上又提出,为了尽快实现农业现代化,必须从各方面支援农业,有步骤地实现农业的机械化、水利化、化

---

① 中共中央文献研究室:《周恩来经济文选》第5版,中央文献出版社1993年版,第63页。

肥化、电气化,这是第一次明确将"四化"作为农业现代化的内涵(黄佩民,2007)①。为了更好地与新时期中央提出的"四化同步"战略相区分,由于许多学者将其解读为"新四化",我们不妨将早期农业现代化的"四化"提法称为"老四化"。

最后,农业现代化成为我国农村生产力和生产关系变革的重要目标。新中国成立以后,以毛泽东同志为代表的中共第一代领导集体,积极进行了农业现代化的探索,直到1978年年底中国兴起农村改革以前,可以说与农业相关的一系列生产关系调整和对生产力的变革,实际上都是围绕农业现代化展开的,甚至构成农业现代化的重要组成部分,如进行的土地改革、农业合作化运动、兴修水利和大搞农田基本建设等,都是紧紧围绕农业现代化发展展开的(邓磊,2013)②。

二、确立以机械化为核心的农业现代化目标

首先,农业现代化由最初的机械化扩展到以后的"四化"。由于当时受苏联模式和苏联经验的影响,早期中共领导人对于农业现代化的理解就是"集体化+机械化",因此在新中国成立之初提出了"农业的根本出路在于机械化"的论断,并在以后进一步明确提出"1980年基本实现农业机械化"的口号。1959年10月,中央提出争取用10—15年的时间实现以农业机械化、水利化、化肥化、电气化为特征的农业现代化,从而农业现代化由过去的单一的机械化模式发展为以机械化为主的"四化"模式,但农业机械化依然是这一时期农业现代化的核心内容,这一模式一直持续到1980年(邓磊,2013)。

其次,实现农业"四化"已经具有一定的思想理论基础。当时从中央到

---

① 黄佩民:《中国农业现代化的历程和发展创新》,《农业现代化研究》2007年第2期。

② 邓磊:《"四化同步"视角下山区农业现代化问题研究》,《华中师范大学学报(人文社会科学版)》2013年第6期。

社会基层群众和理论界等，对于实现农业机械化、水利化、化肥化、电气化已经具备了深刻的思想基础（陶立业、张鸿欣，1960）①。人们已经清醒地认识到，只有通过农业生产工具的改进，实现农业机械化和农业技术改造，才能尽快地提高农业劳动生产率，降低劳动强度和节约农业劳动力，更好地为工业生产提供劳动力支持；水利是农业生产的命脉，尽快实现水利化对农业发展具有特别重要的意义，可以彻底解决旱、涝、洪和水土流失四大问题，促进农业生产持续快速发展；尽快实现化学化，以足够的化学肥料和农药等化学农用生产资料供应农业，确保农业不断获得大丰收；通过大力建设农村电站促进农业电气化的迅速发展，可以高速度地发展农业生产和提高人民的生活水平，通过电力带动各种现代化的农业机器设备，降低农业劳动者的劳动强度，提高农业劳动生产率，极大地促进农业生产的发展。

最后，进一步对农业"四化"内涵进行了补充和发展。1977 年年初，原中国农林科学院遵照上级领导"按农业'八字宪法'研究提出农业现代化概念"的要求，并组织全国一些专家共同研究完成了"土、肥、水、种、密、保、管、工"八个字的农业现代化内涵（黄佩民，2007）②。在此基础上，我国有关部门提出实现农业现代化，既要发扬精耕细作的传统农业生产技术，又要利用先进科学技术和现代化装备来武装农业，基本目标是实现农业园林化、机械化、水利化、良种化、科学化以及饲养标准化、公社工业化等（中国农业科学院，1978）③。在这一时期，农业现代化概念的内涵得以丰富和发展，反映了人们对我国农业现代化目标认识的进一步细化和深化。

三、逐渐形成农业现代化服务于工业化的发展模式

新中国成立初期，虽然中央已经认识到农业在国民经济发展中居于基础

---

① 陶立业、张鸿欣：《加速实现农业四化》，《财经研究》1960 年第 3 期。
② 黄佩民：《中国农业现代化的历程和发展创新》，《农业现代化研究》2007 年第 2 期。
③ 中国农业科学院：《我国农业现代化展望》，载《现代科学技术简介》编辑组：《现代科学技术简介》，科学出版社 1978 年版，第 1—15 页。

地位，以及我国农业落后已经对工业化形成了制约，但是在以后发展战略选择上还是逐渐确立了优先发展重工业的道路，经济工作的重心主要围绕以重工业优先发展的工业化战略展开，长期工业化主导的国民经济发展实践实际上牺牲了农业和农民的利益，延缓了农业和农村现代化的进程。在计划经济体制下，国家主要利用工农业产品价格"剪刀差"、政治动员等手段把不多的农业剩余转移到工业和城市，为城市工业化发展提供了初始资本积累，但农业因过度"献血"造成自身"造血"功能不足（付文军，2014）①，导致农业和农村经济发展长期受到抑制，由于城乡发展严重不均衡并不断强化城乡二元经济结构，这种格局直到改革开放多年以后才逐渐得到转变。

首先，新中国成立初期中央已认识到农业在我国国民经济发展中居于基础地位。在20世纪50年代末和60年代初，中央曾强调要根据时间和当时政治经济任务的不同重点解决矛盾的主要方面，以消除经济建设的薄弱环节，使国民经济各部门保持适当比例和在互相促进中获得高速发展，而我国当时矛盾的主要方面和重点是在农业方面，农业的生产水平和发展速度与工业相比相对较低，还不能充分满足社会生产和群众生活的需要（陶立业、张鸿欣，1960）②。同时，中央进一步确定国民经济以农业为基础，由于农业是工业尤其是轻工业的重要原料来源，是轻工业和重工业产品的重要市场，是工业和城乡人口所需粮食的供应者，是工业化资金积累的重要源泉之一，农产品及其加工产品又是重要的出口物资。因此，农业发展的水平不仅影响轻工业发展和人民生活水平的提高，而且还会影响重工业以及整个国民经济的发展，必须尽快实现农业现代化提高人民的生活水平，并推动工业化和整个国民经济快速稳定发展。

其次，计划经济体制下逐步形成农业服务于工业化的模式。随着社会主义现代化建设事业全面展开以后，在处理农业现代化与工业化的关系上，由

①　付文军：《三农改变中国》，中共中央党校出版社2014年版，第27页。
②　陶立业、张鸿欣：《加速实现农业四化》，《财经研究》1960年第3期。

于中央高层领导和理论界受到极左冒进思想的影响，认为要高度发展社会生产力和迅速实现现代化，就必须尽快建成强大的工业化国家，而且要优先发展重工业，能在最短的时间内制造出大批机器和各种现代化的劳动资料，以便用先进的工业技术和机械装备武装工农业，然后促进工农业高速发展。因此，在缺乏外援的情况下，落后的农业国家要想迅速实现工业化，唯一的办法就是千方百计把农业剩余转变为工业积累，在处理农业与轻工业、重工业发展的关系时，我国由原来确定的工农业并举和协调发展的原则，很快转变为重工业优先发展战略。我国在计划经济体制下主要是通过行政力量组织和配置社会资源来推进工业化的，如利用征收公粮、农业税费、工农业产品价格"剪刀差"、国民收入再分配等强制性手段，不断将农业剩余和农村要素资源转为工业化积累，从而保证了工业化和城市化建设（曹俊杰，2016）①。我国工业在获得农业和农村的资金、原材料、农产品、劳动力等支持以后，工业化取得了相对较快发展，但工业化与农业现代化严重脱离，农业现代化进程因农业积累不足而被延缓，而且工业内部发展也极不平衡，重工业发展较快，轻工业发展相对缓慢，严重影响了广大人民群众生活水平的有效提高，产业结构失衡对整个国民经济发展也产生了明显的制约作用。

最后，"老四化"的农业现代化思维模式一直延续到改革开放的初期。直到20世纪80年代，在我国农业农村改革推行很多年以后，人们仍然没有摆脱"老四化"的农业现代化思维模式影响。改革开放以后，各有关部门和学术界对农业现代化有关问题开展了更为广泛的讨论和研究，研究专题包括农业规模经营问题、农村工业化问题、剩余劳动力转移问题、农业投入问题、正确处理工农关系问题、农业社会化服务问题和如何借鉴国外农业现代化的经验教训等，甚至还在湖南桃源县、河北栾城县、黑龙江海伦市分别建立具有不同地域特点的农业现代化综合科学实验基地，组建中国科学院所属

---

① 曹俊杰：《实现由工业反哺农业向工农业协调发展战略转变》，《中州学刊》2016年第11期。

的几个农业现代化研究所，从理论和实践上为探索具有中国特色的农业现代化道路奠定了基础。但是，总起来看，这一阶段人们对农业现代化的理解仍然没有摆脱"老四化"思想的束缚，理论界在讨论农业现代化问题上，一般还是主要集中在关于农业机械化问题、化学肥料施用问题、如何利用科学技术以及现代要素的投入问题等，甚至有的人还认为农业机械化和化学化水平基本可以代表农业现代化的水平。因此，从新中国成立到改革开放初期这一历史时期，我国主要是从农业技术进步和生产方式变革的角度理解农业现代化的内涵，重视了农业现代化的表象特征，而忽视了农业现代化的丰富内涵及其本质的东西，也没有考虑到以后农业现代化实践中可能出现的偏差。

第二节　改革推动"多元的农业现代化"模式讨论

到了20世纪90年代，我国原来提出的以机械化、电气化、化肥化和水利化为特征的农业现代化（"老四化"）目标模式遇到了挑战，随着社会主义市场经济体制改革目标模式的逐步确立，市场机制在农业等产业发展中发挥的作用越来越大，2001年我国加入WTO以后，我国农业又面临着参与国际市场竞争的格局，农业现代化迎来前所未有的发展机遇，但同时也面临众多新问题和挑战。在这一阶段，学术界对于农业现代化讨论的课题更加广泛，对农业现代化的内涵和特征认识也不断深化，大家注重从农业生产要素投入、农业增长方式、生态环境保护、农业经营模式与管理方式、农业发展多元目标等方面研究农业现代化。

一、"多元的农业现代化"目标模式的提出

首先，农业农村改革不断深入为"多元的农业现代化"目标模式的提出奠定了基础。随着我国农业农村改革不断深化和国家惠农政策的不断推出，

在农村普遍推广土地家庭承包经营制度基础上，农村乡镇企业等非农产业迅速发展，大部分地区和人口已经解决了温饱问题，正在朝着增加收入和生活富裕的小康目标奋进，这时农村商品经济也日益活跃和发展，不但农民的生产和对农业投入的积极性被调动起来，而且农民兼业经营、非农就业的情况越来越多，农民收入渠道不断拓宽。这时农业发展和农民增收的关系、农业现代化和农村工业化的关系，以及农业生产方式转变等，开始引起学界的关注和讨论。

其次，社会主义市场经济体制改革的目标确立将"多元的农业现代化"目标模式的讨论引向深入。20 世纪 90 年代初，随着我国确立社会主义市场经济体制改革的目标模式，农村市场机制发挥的作用越来越大，随着农业劳动生产率不断提高，农村非农产业发展和城镇化进程加快，促进大量农村剩余劳动力向城镇和农村第二、三产业转移，农业经营的规模化、社会化等问题备受关注，农业生产经营中出现的资源浪费和生态环境问题也引起人们的警惕，这时农业规模化、社会化、组织化、产业化、集约化、生态化、可持续发展等被纳入农业现代化讨论的范畴。1997 年，我国农业部门开始强调，实现农业现代化必须抓好水利化、机械化、产业化和经营集约化等"四化"。同时，理论界比较关注对发展以商品化（市场化）、农工贸一体化（产业化）、土地经营规模化、资源环境美化等为主要特征的现代农业研究。

最后，我国不断扩大对外开放推动了农业现代化研究的国际视野。我国加入 WTO 后，一些专家强调我国农业要积极参与国际竞争和借鉴国际经验，积极发展规模化、标准化、生态化和信息化的新型农业（刘宗超，2003）[1]；有的学者认为实现传统农业向现代农业的跨越，必须逐渐实现我国农业产业化、市场化、标准化和国际化（崔巍，2005）[2]。同时，有的学者提出我国农业现代化建设指标要借鉴发达国家的经验，大力发展设施化、立体化等高

---

[1] 刘宗超：《我国农业"新四化"道路》，《中国特色社会主义研究》2003 年第 6 期。

[2] 崔巍：《农业经济发展的四化要求与政府策略》，《北京农业》2005 年第 7 期。

效农业，等等。这些新提出的农业"四化"均不同于"老四化"的内容和特征，另外还有关于现代农业具有"五化""六化"等特征的讨论，总体表现为多元的农业现代化模式研究，体现了人们对我国农业现代化模式研究思路越来越开阔，讨论的范围越来越宽泛。

二、"多元的农业现代化" 模式研究的重要特征

第一，农业现代化研究更加重视结合国情和农情。到 20 世纪 90 年代，新中国经过四十多年的建设和发展，特别是已经推行了十多年的改革开放，农业现代化建设方面也取得了不少成果。但是，这个时期在我国农业现代化实践中仍然存在许多突出问题，农业发展面临着诸多制约瓶颈，如农业基础设施和物质技术条件落后、农业经营规模小、农业生产力水平和经济效益低、农民收入低和负担重、农民文化素质低和经营理念落后、农村剩余劳动力较多及其转移受阻、农村生态环境恶化、农药化肥等石化类农业生产资料过量使用和农产品质量安全问题增多等，这些问题也成为社会关注的焦点和理论界研究的热点，对中国"三农"问题及其解决路径的探讨逐渐成为研究农业现代化问题的重要组成部分，许多学者提出要准确研究把握中国的国情和农情，积极探索走中国特色的农业现代化道路。在此背景下，人们对农业的"化肥化"提的越来越少了，甚至有人对农业"化学化"提出质疑，相反对农业现代化的研究除了强调科学化、标准化、高效化以外，开始重视农业的生态化、园林化和可持续发展等。

第二，农业现代化研究倍加关注转变农业增长方式。长期以来，我国形成了依赖高投入、高消耗，追求高产量的粗放型农业经营和增长模式，随着人口不断增加和耕地减少，农业资源的稀缺程度越来越高，农业的生态环境问题日益严重，这种传统的粗放型农业增长方式已经面临严峻挑战，必须尽快转变农业增长方式，这也给农业现代化模式的探索提出了新课题和新任务。因此，如何在稳定农业基本经营制度的基础上，积极实施科教兴农战

略，实现农业增长方式的根本转变成为理论讨论的重点问题之一。这一时期中国农业发展的核心问题是尽快转变增长方式，实现农业的可持续发展，赋予农业现代化新的内涵，把农业发展转到依靠科技进步和提高农民素质的轨道上来，通过科学化、集约化、规模化等不断改善农业生产条件，发展农业产业化和适度规模经营，发展高产、优质、高效和生态农业，延长农业产业链，加快农业现代化进程。

第三，农业商品化、市场化和国际化纳入农业现代化的内涵。传统农业具有很强的封闭性，自给自足是其重要的经济特征，而现代化农业属于开放型农业，农业生产需要的各种要素主要通过市场配置，农产品的商品率比较高，农业生产经营主体需要参与市场活动和市场竞争，农业发展经常受到市场因素及其变化的影响。因此，许多学者将商品化和市场化视作农业现代化和现代农业的重要特征。同时，进入 21 世纪以后，随着我国成功加入 WTO，农业的开放度越来越高，国内农业参与国际竞争的机会越来越多，农业的国际化程度不断提高，我国农业发展受到国际农产品市场影响越来越大，我国农业农村引进的国外投资和国际合作项目越来越多，国外大量农产品进入我国市场，我国农业引进来和走出去一方面加快了农业商品化、市场化进程，对于提高农产品在国际市场的竞争力具有积极意义；另一方面，我国农业发展和农业市场也会受到国外因素的挑战，特别是一些国家的农业及农产品贸易政策调整对我国农业现代化的冲击也越来越明显。因此，我国农业的国际化是商品化和市场化由国内向国际的扩展延伸，农业国际化是发展外向型农业的必然选择，也是农业现代化的应有之义。

第四，农业产业化和社会化被引入农业现代化讨论议题。建立在农地家庭承包经营基础上的农业具有分散、规模小和效益差等特点，如何提高农民的组织化、社会化水平成为能否顺利实现传统农业向现代农业转变的关键因素。20 世纪 90 年代中期以后，以乡镇企业为代表的农村工业逐渐兴起，农村工业发展又带动农村服务业的振兴，一部分农村劳动力纷纷转移到二、三产业就业，一些地方的龙头企业与周边分散农户结成利益共同体，发展订单农业，实行"龙头企业+农户""公司+基地+农户"等多种农业产业化经营，企业和农户形成利益共享、风险共担的共同体，这对于改变农村土地改革以后形成的分散经营的小农经济具有重要意义，也为理论界探讨农业现代化的内涵和特征拓宽了视野。这一时期的农业现代化研究开始强调农业生产经营的组织化、社会化和产业化，山东半岛以及其他东部沿海地区的农业产业化经营模式和经验很快在全国得到宣传推广，农业产业化经营被认为是现代农业发展的新模式。

另外，我国对于农业现代化的研究还涉及农业的企业化、工厂化、多功能化等问题，以及协调工农业之间和城乡之间的关系，改变二元经济结构和统筹城乡发展等，人们对农业现代化的内涵和特征讨论日趋广泛。

第三节 "三化"协调发展推动农业现代化的探讨

此阶段是 2005 年至 2012 年，这一阶段属于我国对农业现代化认识进一步深化的重要时期，人们不仅关注对农业现代化的内容、特征及其模式研究，而且以开放的、动态的、国际化的观点来界定农业现代化的定义，特别是更加关注如何正确处理农业现代化与工业化、城镇化等关系，以及如何实现"三化"之间的协调发展，等等。

一、通过"三化" 协调发展实施反哺农业战略

首先，通过"三化"协调发展实现反哺农业符合现代化发展的一般规律。有的学者从工农业和城乡均衡发展理论、反哺论等出发，认为工业化、城镇化和农业现代化可以相互促进和共荣共生，工农业的共生发展通常要经历"以农补工"、工农业均依靠自身积累、工业反哺农业等三个阶段，工农业关系及其政策的调整演变，表现为世界各国工业化过程中的一个共同趋势

（徐加胜，2005）①。在我国改革开放前后的不同时期，可以说"三农"都在为工业化和城镇化提供相当的资金等要素贡献，而农业本身作为劳动生产率水平相对较低的产业，从某种意义上说更需要工业和城市的支持，反而农业长期为工业和城镇建设发展大量"输血"，造成农业自身"造血"功能不足，为了加快我国农业现代化进程，现在工业需要反哺农业。同时，我国农业落后、农村贫穷、农民收入低的问题，也是中国经济发展中面临的最大的深层次问题，只要实行工业反哺农业、城市支援农村，以工促农、以城带乡，就能够实现城乡、工农业协调发展，就能全面解决"三农"问题（曹俊杰，2016）②。

其次，我国已经具有反哺农业的能力和条件。现阶段，随着我国工业化和城市化水平不断提升，综合国力大大增强，已经基本具备工业反哺农业的经济实力（罗卫国，2005）③。而且我国城市逐渐成为工业反哺农业的中心，即通过城市的企业与农业、农村合作方式推动农业结构调整，促进农业科技成果推广和农民技术素质提高，还可以帮助农村发展文化卫生事业、环境保护和社会保障事业等，从而农民的收入水平不断得到提高。反哺论实际上既是要纠正我国长期以来存在的工农之间、城乡之间不协调发展，又是想通过工业反哺农业逐渐恢复农业自身应当具有的所谓"造血"功能。

二、通过"三化" 协调发展加快农业现代化进程

首先，在科学界定农业现代化内涵的基础上提出"三化"协调发展的思路。2007 年的中央一号文件全面回答了新时期农业现代化的基本含义，不但要"用现代物质条件装备农业，用现代科学技术改造农业，用现代产业体系

---

① 徐加胜：《工业反哺农业——新时期中央作出的重要战略决策》，《理论视野》2005 年第4 期。

② 曹俊杰：《实现由工业反哺农业向工农业协调发展战略转变》，《中州学刊》2016 年第11 期。

③ 罗卫国：《工业反哺农业的切入点》，《调研世界》2005 年第 12 期。

提升农业"，而且还强调要"用现代经营形式推进农业，用现代发展理念引领农业，用培养新型农民发展农业"，并且六个方面相互关联、不可分割和整体推进。2010年党的十七届五中全会在深刻把握当前我国经济社会发展阶段和新形势下工农城乡关系的基础上提出了"三化协调发展"思想，即工业化、城镇化和农业现代化必须实现协调发展与共同推进。中央希望充分发挥工业化、城镇化为农业现代化提供资金、技术、市场和就业空间；农业现代化为工业发展提供劳动力、原材料和市场的保障，"三化"同步推进。

其次，"三化"协调发展思想指明了农业现代化的基本路径。2008年，党的十七届三中全会又提出"两个转变"的农业现代化发展思路，一是"家庭经营要向采用先进科技和生产手段方向转变"，二是"统一经营要向发展农户联合与合作，形成多元化、多层次、多形式经营服务体系方向转变"。这是希望通过两方面转变来提高农业集约化、组织化水平，并与工业化、城镇化密切关联，将工业和城市生产经营方式、管理模式应用于农业现代化建设，农业标准化、产业化、合作化等都是具体表现。"三化协调发展"思想丰富了统筹城乡发展的重要思想，对准确认识实现农业现代化的路径具有重要意义，过去在"三化"分离发展过程中，农村劳动力、土地、资金和技术等要素资源不断向工业和城市流动，引发了农业资源短缺和农业发展缓慢的问题，后来又提出工业反哺农业、城市反哺农村的发展思路，但反哺路径经常由于各方利益关系难以协调而受阻。因此，只有坚持走新型工业化、城镇化、农业现代化协调发展道路，让"三化"在协调发展中产生良性互动，才能使生产要素供求关系发生重大改变，工农之间、城乡之间以及各产业部门保持平衡发展，使得要素流动顺畅和资源配置高效，也为农业现代化赢得了生产要素的支持。

最后，"三化"协调发展的重点和着眼点在于推动农业现代化建设。提出工业化、城镇化和农业现代化协调发展理念，从表面上看是"三化"同时推进和同步发展，其实着眼点和落脚点在于促进农业现代化发展。与工业化相比，我国农业现代化发展相对滞后，拖了国民经济发展的后腿，近年来我国城镇化也得到了快速发展，尽快实现全国农业现代化成为十分重要的工作目标。由于工业化、城镇化和农业现代化之间存在着相辅相成与相互促进的关系，必须通过工业化、城镇化来加快我国农业现代化发展；工业化发展可以提升农业现代化水平，城镇化可以带动农业现代化发展速度，农业现代化在与工业化、城镇化协调发展中不断进步（夏春萍，2010)[①]，同时工业化和城镇化因农业现代化发展而具有了牢固的基础。目前我国实施新型工业化和城镇化战略，一项根本任务就在于有效缓解农村剩余劳动力压力，化解"三农"问题和矛盾，为农业现代化扫除障碍。

第四节　通过"四化同步"加快农业现代化的理论探索

一、从"三化"互动到"四化"同步的理论升华具有新时代背景

2012年11月，党的十八大结合时代新形势的变化，在原来新型工业化、城镇化和农业现代化"三化"协调发展的基础上又增加了"信息化"内容，进一步提出了"四化同步"发展战略，由"三化"协调发展到"四化同步"发展的理论升华，也表明我国对农业现代化的认识和理论进入一个更新的历史发展阶段。

首先，其他"三化"与农业现代化形成良性互动关系。党的十八大以及2013年中央一号文件提出的工业化、信息化、城镇化、农业现代化"四化同步"发展的思想（所谓"新四化"），此"四化"既是人类文明进步的重要标志，也是我国现代化建设的基本内容，四者相互影响、相辅相成而形成

一个整体系统。随着信息技术突飞猛进的发展，信息化已经成为社会经济发展的大趋势，各行各业离开信息化的支持已难有大的作为，原来提出的工业化、城镇化和农业现代化协调发展，还需要增加信息化与其同步发展。在"四化"关系中，工业化、城镇化可以为国民经济创造供给与需求，工业化又可以带动和装备农业现代化，城镇化可以吸纳农村剩余劳动力，为农业规模经营和提高生产率创造条件，并为农业现代化创造消费需求；反过来农业现代化也能为工业化、城镇化提供支撑和保障；工业化、城镇化和农业现代化为信息化提供市场和发展空间，而通过信息化融合和提升其他"三化"，只有促进"四化"同步协调发展，才能实现社会生产力的跨越式发展（刘润长，2014）[1]。

其次，仍然重视工业化和城镇化对农业现代化的推动作用。改革开放以来，我国工业化（包括农村工业化）和城镇化对农业现代化起到了很好的带动作用，特别是对转移大量农业剩余劳动力、反哺农业和提高农民的收入水平等做出了重要贡献，城镇经济发展还对农村形成了巨大的辐射作用，工业化和城镇化对农业现代化的推动功能仍然在延续。党的十八届三中全会明确提出，必须健全体制机制，形成以工促农、以城带乡、工农互惠、城乡一体的新型工农城乡关系，让广大农民平等参与现代化进程、共同分享现代化成果。这一论断充分反映了我国已进入以工促农、以城带乡的发展阶段，进入需要着力破除城乡二元结构而形成城乡一体化的重要发展时期，只有通过"四化同步"发展战略，才能有效推动和加快这一基本目标的顺利实现。

再次，认识到信息技术和信息化对农业现代化的作用和意义。随着计算机技术、网络技术、信息科学突飞猛进的发展，各行各业都面临着信息化改造的任务，将信息化融合到工农业生产、社会服务和人们生活中去，这是时代提出的新课题，我国农业现代化必须尽快实现与信息化接轨。因此，农业

---

[1]　刘润长：《"四化同步"视阈下推进农业现代化的新思考》，《中国农村科技》2014年第8期。

现代化不仅要同工业化、城镇化形成相互促进的关系，而且要与信息化深度融合，尽快走向农业信息化发展道路，原来设计的工业化、城镇化和农业现代化"三化"互动发展模式，需要进一步升级为工业化、信息化、城镇化、农业现代化"四化同步"发展模式。从实现农业现代化目标角度来思考，就是要充分利用信息化发展及其所带来的技术进步、生产生活方式的改变，加强对农业发展的影响、渗透和融合，着力发展信息化农业和加快实现农业现代化，而且农业现代化的内涵也要增加信息化元素，如果不能实现信息化农业，就不算真正实现了农业现代化。

二、"四化同步"　理论丰富和发展了我国农业现代化思想

首先，"四化同步"反映了新时期农业现代化目标的客观要求。在新时期，学界比较多地讨论在我国工业化进入中期阶段以后，工业化和城镇化已经成为农业现代化的先决条件，城镇和城乡工业发展增强了第二、三产业吸纳就业的能力，不但可以促进大量农村剩余劳动力向城镇及农村非农产业转移，而且可以进一步推动农村土地流转与实行规模经营，促进农业技术进步，为高效、集约的现代农业发展创造客观条件。尤其是当前我国小农经济还占有相当大的比重，其困境是中国"人多地少"的刚性资源禀赋约束的自然结果，改造小农经济的关键在于通过减少农民数量来缓解紧张的人地关系，"四化同步"发展战略为破解小农经济难题指明了方向（王伟新、祁春节，2014）[1]，只有实现工农、城乡之间合理集约利用土地资源，农村人口向工业、城镇合理有序转移，以及工农、城乡合理协调利益分配机制，才能顺利实现农业现代化。同时，在新时期，信息化对工业化、城镇化和农业现代化也日趋重要，对其他"三化"能够起到"酵母"或"增强剂"的作用并提高"三化"的质量，忽视了信息化就不能真正实现新时代的农业现代化。

---

① 王伟新、祁春节：《"四化"同步与中国小农经济出路》，《农业现代化研究》2014年第1期。

其次，新时期要在"四化同步"中推进农业现代化发展。"四化同步"理论可以说是党在新时期着力构建新的城乡、工农关系大背景下对农业现代化的最新理解，丰富了新时期的农业现代化思想。由于我国长期存在城乡分割的二元经济结构，农业基础设施条件薄弱和城乡收入差距扩大是"四化"失衡发展的集中反映，严重影响了国民经济的整体协调发展，必须在推进新型工业化、信息化、城镇化的同时加快农业现代化进程，才能尽快从根本上改变农业农村发展滞后的局面，为社会经济稳定、健康和持续发展奠定坚实的基础。在我国经济进入新常态背景下，农业发展的环境、条件和要求已发生了相应变化，各种风险和结构性矛盾积累聚集，这些都制约着农业现代化发展，农业现代化的短板更加凸显。也就是说，只有主动适应经济新常态，按照"四化同步"发展思路，夯实农业生产基础，提高农业综合生产能力，转变农业发展方式，增强农业可持续发展能力，创造农业新型业态，才能形成加快推进农业现代化的强大合力。研究表明，"四化"各自发展水平、综合指数、耦合度、协调度均存在明显的地区空间差异，"四化"协调发展水平越高，区域经济发展水平和农村发展水平越高，而城乡居民的收入差距和消费差距越低（李裕瑞、王婧等，2014）[1]。所以说"四化同步"理论除了重视农业自身的"多元化"特征以外，还注重工业化、信息化、城镇化对农业现代化的拉动和影响。

最后，通过"四化同步"实现整个国家的全面现代化。改革开放以后，我国一直积极探讨农业现代化与工业化、城镇化等协调发展模式，从工业化、城镇化和农业现代化"三化"协调发展的认识到工业化、信息化、城镇化、农业现代化"四化同步"的发展理念形成，表明我国对农业现代化及其与其他经济社会部门现代化的关系方面，在认识上有一个不断深化的过程。党的十七届五中全会提出了"在工业化、城镇化深入发展中同步推进农业现

---

① 李裕瑞、王婧等：《中国"四化"协调发展的区域格局及其影响因素》，《地理学报》2014年第2期。

代化"的任务，随后的中央农村工作会议又对"四化同步"的重要意义进行了阐述，认为"四化同步"是农业现代化的发展方向，农业现代化既是实现"四化同步"的重要基础，又是"四化"的重点与难点，有助于进一步提升农业现代化的发展质量。同时，在推进"四化同步"过程中，工业化与信息化的融合推进新型工业化发展，城镇化与农业现代化的融合推进城乡一体化发展，信息化与农业现代化融合进一步提升农业现代化水平，而"四化"相互协调整体推进现代化建设（冯献、崔凯，2013）①。因此，"四化同步"发展理念把农业现代化融入整个社会现代化中去，通过协调好工农关系、城乡关系破解城乡要素不公平交换因素，通过推进农业现代化而最终实现城乡一体化，早日把我国建设成为现代化国家。

三、"四化同步" 理论有利于推动信息化与农业现代化的融合

随着现代信息技术在农业中的广泛应用，信息农业得到较快发展，农业信息化、数字化、精准化以及农业基础操作自动化、农业经营管理网络化等，逐渐成为现代农业的突出特征。农业信息化也是农业现代化建设规律的客观要求，只有紧紧抓住信息化快速发展的机遇，确立农业信息化发展战略，才能很好地提升农业科技创新能力，实现农业生产经营方式转变，促进农业现代化与信息化的不断融合。因此，要用现代信息化的理念推进农业技术创新，加快农业信息化建设进程，找准农业信息化建设需要重点突破的领域，不断拓展现代农业地理信息系统应用领域，加强对农民和新型农业经营主体的信息技术培训，逐渐提高农业生产经营者的信息技术应用能力，大力发展农业电子政务、电子商务，推进农村互联网和农业物联网应用，尽快让农业现代化插上信息化腾飞的翅膀，充分发挥信息化对农业现代化的推动功能。

---

① 冯献、崔凯：《中国工业化、信息化、城镇化和农业现代化的内涵与同步发展的现实选择和作用机理》，《农业现代化研究》2013 年第 3 期。

第五节　实施乡村振兴战略
实现农业农村现代化

2017 年 10 月，党的十九大做出了实施乡村振兴战略的决策部署，2018 年年初中央一号文件对关于实施乡村振兴战略专门提出贯彻措施和意见，主要目的是通过实施乡村振兴战略推动农业农村现代化的早日实现。

一、实施乡村振兴战略打通了农业与农村现代化的道路

首先，农业现代化与农村现代化同步推进的抓手是实施乡村振兴战略。党的十八大以来，着力解决"三农"问题，不断推出一系列强农、惠农、富农政策，持续加大农业和农村改革力度，农业现代化和新农村建设取得了许多重大成就。但是，农业问题和农村问题、农民问题密不可分，农业和农村发展必须同步推进，农业现代化离开农村现代化也不可能顺利实现。以前提及"四化"的时候主要说的是农业现代化，现在将农业现代化和农村现代化合起来称为"农业农村现代化"，这是一个崭新的概念表达，除了涉及以前农业现代化方方面面的内容以外，还牵涉农村现代化方面的问题，包括农村经济、社会、文化、教育、组织和生态文明等各个方面的建设发展问题，也包括农村居民增加收入和改善生产生活条件问题，必须动员社会各方面的力量支持"三农"建设，推动农业农村现代化稳步发展。当然，农民作为乡村振兴战略的受益者，也应该是该战略的主要实施者，成为推动农业农村现代化的基本主体，这就要充分调动亿万农民的积极性、主动性、创造性，加快推进农业农村现代化。

其次，实施乡村振兴战略是打开农业农村现代化问题之锁的钥匙。我国的历史发展一再证明，农业兴则百业兴，农村稳则天下安，农民富则国家

盛，没有农业农村现代化就不会有国家的现代化。新中国成立以来，一直到改革开放后较长时期内，我国整个经济社会发展的重心都是在工业和城市。在我国经济进入新常态后，不但农业现代化仍然存在发展困境，农业经济发展迫切需要转变发展方式，而且我国当前乡村发展仍是最大的短板，农村经济落后、环境恶化、基础设施薄弱、增收缓慢等问题仍然突出。因此，乡村振兴战略强调坚持农业农村优先发展，是对乡村地位和作用的充分肯定，是建设农业农村现代化的必然要求，加快推进农业农村现代化是"三农"发展的根本出路，只有通过实施乡村振兴战略，才能尽快形成"三农"发展新格局。

二、实施乡村振兴战略的提出丰富了农业农村现代化内容

首先，通过实施乡村振兴战略全面实现农业农村现代化。凭借实施乡村振兴战略这一重要平台，将农业现代化与农村现代化结合起来共同推动，突破了原来对农业现代化认识的局限性，也是我国的农业、农村、农民共同发展和"三农"问题同步解决的必然要求，丰富了新时期农业现代化的内涵。2018 年 1 月发布的中央一号文件，即《中共中央、国务院关于实施乡村振兴战略的意见》中强调，没有农业农村的现代化，就没有国家的现代化，当前我国发展不平衡不充分问题在乡村最为突出，实施乡村振兴战略是解决人民日益增长的美好生活需要和不平衡不充分的发展之间矛盾的必然要求，加快推进农业农村现代化，走中国特色社会主义乡村振兴道路，并提出到 2035 年，要完成乡村振兴取得决定性进展、农业农村现代化基本实现的目标任务，主要提升农业发展质量，实施质量兴农战略，以农业供给侧结构性改革为主线，培育乡村发展新动能，夯实农业生产能力基础，提高农业创新力、竞争力和全要素生产率，加快实现由农业大国向农业强国转变。总之，要通过实施乡村振兴战略，实现农业农村现代化的大目标。

其次，通过实施乡村振兴战略妥善解决农业和农村发展中的问题。2018

年中央一号文件列出了我国农业农村现代化建设中存在的突出问题，如农产品阶段性供过于求和供给不足并存，农业供给质量亟待提高的问题；农民适应生产力发展和市场竞争能力不足，以及需要培育新型职业农民队伍的问题；农村基础设施和民生领域欠账多，农村环境和生态问题比较突出；乡村发展整体水平亟待提升的问题，等等。当然，解决这些现实问题的根本途径就是要实施乡村振兴战略，化解人民日益增长的美好生活需要和不平衡不充分的发展之间的矛盾，对乡村振兴战略提出的根本要求也是构成农业农村现代化的基本内容，通过实施乡村振兴战略全面推动乡村产业、基础设施建设、文化教育、乡村生态文明等振兴，加快培育乡村发展新动能，构建农村一、二、三产业融合发展体系，让农民合理分享全产业链增值收益。

最后，进一步明确了我国乡村振兴战略与农业农村现代化的一致目标。党的十九大报告在部署乡村振兴战略时指出，要坚持农业农村优先发展，建立健全城乡融合发展体制机制和政策体系，加快推进农业农村现代化。党的十九大不仅提出了我国通过实施乡村振兴战略实现农业农村现代化的总体目标，而且还规划了具体实施内容，包括构建现代农业产业体系、生产体系、经营体系，完善农业支持保护制度，发展多种形式适度规模经营，培育新型农业经营主体，健全农业社会化服务体系，支持和鼓励农民就业创业，拓宽增收渠道等。总之，通过实施乡村振兴战略，尽快让农业强起来、农村美起来和农民富起来，就是要全面实现农业农村现代化。

第三章 现代农业发展的资源约束及应对措施

　　随着我国社会经济的快速发展和人口增长，资源、生态环境等约束问题越来越突出，为了实现社会经济健康持续发展，必须探索人与自然和谐相处以及经济发展与资源合理有效利用、生态环境保护相协调的发展道路。目前，我国既是一个人口大国，也是一个农业大国，农业资源短缺逐渐成为制约我国农业持续发展的瓶颈，如何在资源约束条件下更好地发展现代农业和实现农业农村现代化，已成为不可回避的和亟待解决的现实问题。本章以山东省为例，对山东省在资源约束条件下如何发展现代农业进行实证研究，在建立相关评价指标体系的基础上，通过建立综合评价模型对农业资源利用及其对农业发展的影响进行分析，揭示存在的相关问题，针对存在的突出问题提出相应的解决路径和对策建议。

第一节　农业资源及其对现代农业发展的影响

一、关于农业资源概念及其基本特征

（一）关于资源和农业资源的含义

资源是社会经济发展和物质生产的基础。马克思主义经济学对资源的认识有一个不断发展深化的过程，马克思提出生产力是人们改造自然界取得物质资料的能力，包括劳动者的劳动和在生产中使用的生产资料。马克思还强调指出："劳动和土地，是财富两个原始的形成要素。"① 在此基础上恩格斯进一步解释："劳动和自然界在一起它才是一切财富的源泉，自然界为劳动提供材料，劳动把材料转变为财富。"后来恩格斯还补充说："生产力中也包括科学。"② 同样，西方经济学对资源的认识也有一个发展过程，古典经济学的创始人威廉·配第提出："土地是财富之母，劳动则为财富之父和能动要素。"③ 英国著名的古典经济学大师亚当·斯密又强调："无论什么社会，商品的价格归根到底都分解成劳动、资本和土地三个部分或其中之一。"④后来，新古典经济学的奠基人英国经济学家马歇尔又把所谓"组织"列为生产要素，相当于现在的管理资源。因此，资源是在一定的时空条件下及一定的技术水平下，可以被人们利用的有一定价值的物质和生产条件，资源是创造物质财富和进行生产不可缺少的基本条件，资源不仅包括土地等自然资源，而且也包括劳动等各类社会经济资源。

---

① 《马克思恩格斯全集》第 2 卷，人民出版社 1972 年版，第 109 页。
② 《马克思恩格斯全集》第 46 卷下册，人民出版社 2003 年版，第 211 页。
③ ［美］威廉·配第：《赋税论》，载《配第经济著作选集》，商务印书馆 1981 年版，第66 页。
④ 亚当·斯密：《国民财富的性质和原因的研究·上册》，商务印书馆 1983 年版，第32—44 页。

农业资源是指在农业生产经营活动中所利用的各类物质要素、自然生态环境、经济技术条件的总和，既包括土地、水、能源、气候、环境、生物等农业自然资源和生态资源，也包括农业人口、劳动力、技术、资本和管理等社会经济资源。尽管现代科学技术进步已经部分改变了现代农业的生产条件和生产方式，如利用设施农业、温室大棚进行工厂化生产和无土栽培技术等，但大面积农田生产作业依然受到土地、气候、水分、生态环境等自然因素的影响和制约；同时，现代农业发展也离不开社会经济资源的支持。农业劳动力素质的提高、农业科学技术进步、科学管理和信息的获取传播等对农业生产经营起到越来越重要的作用。

（二）农业资源的基本特征

尽管农业资源是由多种具体的自然资源、生态资源和社会经济资源组成的，每一种资源具有各自不同的特性，但同时也具有许多共同的基本特征，可以大体上概括为以下几个重要方面。

1. 数量的有限性与质量的差异性

无论是农业自然资源，还是农业社会经济资源，数量都是有限的，都具有稀缺性特点，而且随着农业发展资源的稀缺程度越来越高，而且人们利用农业资源的数量、种类、范围还会受到生产能力和农业技术水平的限制。农业资源的有限性特征要求人们在农业生产活动中要节约和高效利用各类资源，避免资源的浪费，大力发展资源节约型和循环利用的高效农业。同时，农业资源在质量方面具有很大的差异性，例如，土地资源由于不同地块土壤质量和生产率是不同的，农业劳动力资源也由于文化技术水平不同而存在素质差异，不过农业资源的质量可以被改变和提高。

2. 农业资源的系统性和地域性

首先，农业资源具有系统性和整体性特征。尽管农业资源的种类繁多，不同的资源具有不同的功能和特性，但是农业资源又存在共同性、一致性和系统性的特征，各种农业资源既相互依存、相互关联，又相互影响和相互制约，形成一个由多种多类农业资源、要素组成的有机整体，共同满足农业生产和农业经济发展的基本要求，而且某些资源之间存在一定的可替代性和互补性。其次，农业资源具有地域性特征。由于地理位置的不同、地表形状的复杂变化和经济社会发展水平的差异，不同地区农业资源的存量和结构差距较大，农业资源的差异又会影响不同地区农业生产的水平和产业结构，可能形成不同农业发展地域特色及模式。

3. 农业资源对农业生产意义重大

农业是人们依靠生物体的生活生长机能，利用多种自然资源、生态资源和社会经济资源，通过有目的的劳动来控制和强化生物体的生长发育过程，以获取社会需要的农产品的生产部门。农业生产对象是有生命的动植物和微生物，农业相比于其他行业部门更为依赖自然资源和生态环境，如水、土、光、热、气候和自然灾害的发生等，都会影响农业生产状况、农产品的数量和质量，丰富的自然资源和良好的生态环境条件是农业生产得以持续稳定发展的重要条件与基础。同时，农业还是一个资源开发、利用和转化的复杂过程和体系，既受自然规律的支配，又受社会经济规律的影响，农业资源的可持续利用和农业可持续发展是紧密联系在一起的，如果农业资源开发利用方面出现严重问题，不但会影响农业生产的顺利进行，而且会严重制约农业经济、农村社会和生态环境的可持续发展。

4. 农业资源与生态环境之间关系密切

农业资源与农村生态环境之间存在相互依存和相互对立的关系。首先，农业资源是农村生态环境的组成部分，而农村生态环境又是农业经济发展的基础。其次，农业资源与农村生态环境之间又存在一定的矛盾，如果利用农业自然资源过度和不合理，不但会使农业自然资源消耗速度加快，而且还会加速农业生态系统和环境的退化，生态破坏和环境污染往往是不合理利用农业自然资源的结果。特别是随着农业经济的发展，农业资源、农村生态环境与农业发展的关系变得更加紧密和复杂，农业发展使得农业资源消耗的速度加快，并可能带来一定的生态环境问题，而想改善生态环境质量还要发展农业和农村经济。因此，只有处理好农业资源、农村生态环境和农业农村发展之间的关系，才能实现农业资源可持续利用和农业农村可持续发展。

5. 农业资源开发利用受科学技术影响极大

随着人口的增加和人们消费水平的不断提高，社会对农产品的需求日益扩大，农业生产给农业资源带来的压力越来越大，资源短缺问题日趋突出，科学技术进步为解决农业发展与资源不足之间的矛盾提供了重要支撑。在现代农业发展过程中，科学技术成为第一生产力，科学技术进步不但能够开发大量农业资源，增加农业资源的供给数量和供给水平，而且能够大大提高农业资源的利用水平和能力。例如，利用现代科技进步和创新成果，建立资源节约型、资源循环利用型高效农业，提高农业资源的综合生产率水平，促进农业生产走向资源可以永续利用的道路，保证现有资源、能量得到充分高效利用，做好各类资源合理搭配，并保持良好的农业生态环境。

二、农业资源对现代农业发展的影响

农业资源禀赋是农业发展的重要物质条件，农业资源短缺往往成为制约一个国家或者地区农业发展的重要因素，农业资源稀缺程度的提高会对现代农业发展带来严重影响。严格意义上说，自然资源应当包括生态资源，以下讨论农业自然资源时也包含了生态环境资源在内，不再单独进行分析。

（一）农业自然资源对现代农业发展的影响

自然资源是农业生产和农业发展的自然基础，随着科学技术的不断进步，人们认识自然、利用自然和改造自然的能力逐步提高，而作为现代农业生产要素的自然资源，无论是数量还是质量都在发生变化，在现代农业发展中仍然起着重要作用。特别是以土地、水、生态环境和气候等为代表的农业自然资源，构成农业生产的基本要素和条件，在很大程度上影响着农业发展水平、农业生产率的高低、农业生产力布局和农业生产结构。

首先，农业自然资源影响着农业发展状况和水平。在传统农业社会，自然资源具有十分重要的地位和作用，农业自然资源的多少往往决定着农业产量和生产者的收入水平，"靠天吃饭"的说法形象地反映了传统农业生产过分依赖自然资源的重要特征。美国著名的经济学家舒尔茨认为："完全以农民世代使用的各种生产要素为基础的农业，可以称为传统农业。"[1] 这说明了传统农业主要受自然资源的影响和制约。在现代农业发展中，虽然自然资源的地位有所下降，但其仍然是农业生产正常进行和稳定发展的基本条件，丰富的农业自然资源会给一个地区农业经济发展奠定良好的基础。例如，如果一个地方水、土、光、热等条件优越，生物资源丰富，农业生产力水平提高就快，就容易形成相对发达的农业；反之，一个地方缺少农业自然资源，就很难建设成发达的农业。

其次，农业自然资源影响着农业生产力布局和产业结构。由于农业自然资源的分布具有很大的地域差异性，这种区域性差异构成了农业生产地理分工的物质基础，一些国家和地区正是基于自然资源分布的差异性，形成了特色鲜明的种植和养殖及其加工产业区（带），充分说明农业生产力布局在很大程度上受自然资源状况的影响。同时，由于各地区存在不同的自然资源比较优势，也会逐渐形成各自不同的农业主导产业和主导产品，进而影响某一个地区的农业产业结构。

（二）农业社会经济资源对现代农业发展的影响

随着传统农业向现代农业的转变，农业自然资源的地位和作用有所下降，而农业社会经济资源的地位和作用不断上升，现代生产要素的投入对农业增长的贡献越来越大，特别是大量新科技成果在农业生产中广泛应用，使得自然资源相对下降，新技术、新机械、新品种、新肥料、新种养方法和新

---

[1]　奥西多·舒尔茨：《改造传统农业》，商务印书馆1987年版，第4页。

的农艺等大量使用，农业技术进步和推广又促进了农业劳动者素质提高，劳动力资源中智力因素也不断上升，推动着农业生产率大幅度攀升。同时，农业科技进步还会促进农业产业结构调整和升级，不但改变了农、林、牧、渔业内涵及其结构，而且延长了农业产业链，推动着一些新兴产业的出现和发展，如种植业发展中逐渐出现了作物新品种繁育、农业生产资料生产供给、冷藏保鲜、包装运输、农产品加工、农产品销售、信息服务、金融信贷、农业保险、观光旅游等新型产业，各种新产业、新业态、新环节还会随着科技发展而不断增多，农业增值空间越来越大。

第二节　现代农业发展的资源约束问题分析

本节以山东省为例，对现代农业发展的资源约束问题进行分析。山东省是我国的农业大省，农业发展长期受制于土地、水、生态环境等自然资源条件的约束，包括人均耕地面积的下降、灌溉水平的低科技化、农业生态环境问题增多等，这些问题也反映出山东省农业资源弱化的情况。事实上，在农业资源利用和农业发展过程中，山东省的情况既反映了全国的普遍现象和一般特征，又具有一定的典型性和鲜明的个性特征。因此，对山东省现代农业发展的资源约束问题进行例证分析，研究农业资源对农业经济发展的影响，揭示现代农业发展中存在的问题，研究结论和对策建议对推动山东省乃至我国现代农业发展都具有一定的理论参考价值。

一、农业发展中的自然资源约束

（一）山东省农业资源及农业发展基本状况

1. 山东省农业资源基本情况

山东省作为我国的一个农业大省，农业在国民经济和社会发展中的地位十分重要。山东省陆地总面积为 1567 万公顷，占全国陆地总面积的 1.6%，在全国排名为第 19 位。① 山东省地理位置优越，气候适宜，地形平原面积广阔，东部濒临渤海、黄海，并与辽东半岛、朝鲜半岛、日本南部诸岛隔海相望；西部与河北、河南、安徽、江苏四省毗邻。到 2017 年年末，山东省拥有农用地面积为 1151.43 万公顷，其中耕地面积 760.7 万公顷；常住人口达到 10005.83 万人，常住人口城镇化率达到 60.58%，城镇常住人口超过 6100 万人，农村人口 3900 万人。目前全省从事第一产业的人口数约 1856.6 万人，占到所有劳动人口总数的 28.30%，山东省农业人口和农业就业人数均呈现下降趋势（参见表 3-1）。但是，山东省人均耕地的总面积却只有 0.08 公顷，仅为全国平均水平的 1/4，② 也就是说山东省以仅占全国 1.6% 的土地养育着占全国 7.1% 的人口。③ 农业生产长期受到人多地少、水资源短缺等资源因素的约束。

表 3-1　2000—2017 年山东省农业人口和就业劳动力变化情况

单位：万人

年份	年末总人口	农业人口	年末总就业人数	第一产业就业人数
2000	8997	6566	5441.8	2887.7
2005	9248	6066	5840.7	2350.3
2010	9579	5698	6401.9	2273.1
2015	9847	5120	6632.5	1963.2
2017	10006	4984	6560.6	1856.6

资料来源：根据 2018 年《山东省统计年鉴》有关数据整理而得。

2. 山东省现代农业发展的基本现状

长期以来，山东省在现代农业发展道路上已经取得了较好的成绩，农村

---

① 来源中华人民共和国人民政府官方网站：http：//www.gov.cn/.
② 来源山东统计信息网：http：//www.stats-sd.gov.cn/.
③ 源于中华人民共和国国家统计局网：http：//www.stats.gov.cn/. 和山东统计信息网：http：//www.stats-sd.gov.cn/.

基础设施条件和生产生活环境不断改善，农业产业化发展水平不断提高，现代农业示范区建设成绩突出。山东省在农业生产、农产品出口贸易和县域农业发展等方面均走在全国前列，还享有"中国的菜篮子"和"温带水果之乡"等美誉，现代农业发展取得了可喜成绩。2017 年，山东省实现第一产业增加值 4876.7 亿元，按可比价格计算，比上年增长 3.5%；一、二、三产业结构为 6.7∶45.3∶48.0。2017 年山东省实现农业增加值 2802.3 亿元，比上年增长 4.6%；粮食总产量达到 4723.2 万吨，增长 0.5%，创历史第一高产年；全省无公害农产品、绿色食品、有机农产品和农产品地理标志获证企业 3561 家，比上年增加 122 家，产品 7508 个，增加 106 个，产地总面积 375.1 万公顷，增长 30.7%。① 山东省农业生产条件不断改善，地方政府对农业支持力度逐渐加大，农业发展形势较好。

3. 现代农业示范区建设成绩突出

近年来，山东省的农业示范区建设发展迅猛，发展成效显著。农业示范区建设是现代农业的重要载体，能够有效提升农产品的质量和技术含量，能够探索现代农业发展创新模式，使农业生产、储运、销售等各个环节实现规范化、科学化，在一定程度上也能够使农业增产增效，实现农民增收的目标。2010 年，山东省的滕州、寿光、平度就成功入选了全国 51 个现代农业示范区县。后来，省政府又选取了三个市和 16 个县（区、市）作为第一批省级示范区。随着山东省重视对生态农业、循环农业和休闲旅游农业的发展，相继培育了一大批生态循环农业示范区。2017 年，山东省评选出济南市章丘区等 10 个省级生态循环农业示范县，胶州市里岔镇等 16 个省级生态循环农业示范区，还有 33 个山东省生态循环农业示范企业，以及 105 个省生态循环农业示范基地。另外，山东还公布了商河县等 10 个省级休闲农业和乡村旅游示范县及一大批山东省生态休闲农业示范园区名单，等等。现在有些农业示范园区的发展状况良好，形成了不少成功模式，积累了丰富的发展

---

① 《山东省 2017 年国民经济和社会发展统计公报》，山东省统计局，2018 年 4 月 4 日。

经验，积极发挥着对全省现代农业发展的引领作用。

4. 山东省各地市之间农业发展不均衡

山东省东、中、西部地区间的自然资源、经济社会发展水平、农业基础设施情况等很不均衡，不同地区之间农业发展差距也比较大，东部地区现代农业发展较好，农业现代化水平比较高，中部地区次之，西部地区农业发展水平相对落后。总体来看，山东省东部地区农业发展水平高于中部地区，而中部地区农业发展水平又高于西部地区，从东部沿海地区到西部内陆地区，农业生产力水平由高到低呈现阶梯状分布，这与全国情况基本相似。山东东部沿海地区不但经济发展和城市化水平相对较高，现代农业发展也在全省处于领先地位。以青岛市为龙头的胶东半岛地区，农业经济发展和农业现代化水平最高；以山东省省会城市济南为龙头的中部地区，农业经济发展和农业现代化水平相对较高；鲁西南和鲁南地区农业经济发展和农业现代化水平相对较低，在全省综合排名后六位的几个地市主要集中在西部地区。因此，山东省积极推行区域平衡发展战略具有重要意义。通过促进山东省西部地区农业现代化和产业化的快速发展，能够有效弥补地区间发展不平衡的差异，有利于山东省充分利用农业资源和整体实施农业农村现代化战略。

（二）山东省农业土地资源短缺对农业发展形成制约

目前山东省的耕地资源稀缺程度提高是制约现代农业可持续发展的重要因素之一，主要表现为以下几个方面。

1. 耕地面积不断减少加剧了人地矛盾

山东省耕地面积在不断减少，且人均耕地面积呈下降趋势。新中国成立以来，山东省的耕地面积总体上一直存在不断减少的趋势。据统计，从1955年到2017年，山东省耕地面积由924.4万公顷减少到760.7万公顷。目前全省人均耕地面积不足0.08公顷，低于全国0.10公顷的平均水平，仅为世界平均水平的32%。近年来，随着工业化和城镇化以及基础设施建设进程加快，山东省农用地，特别是耕地面积持续减少，而建设用地不断增加，非农用地挤占农业用地的问题越来越突出（参见表3-2）。

表3-2　山东省农业土地面积变化情况　　　　　　　　单位：万公顷

年份	全省土地面积	农用地	耕地	园地	牧草地	建设用地
2013	1579.01	1156.75	763.35	72.84	0.58	276.38
2015	1579.01	1154.81	762.06	72.42	0.58	279.22
2017	1579.11	1151.43	760.70	71.76	0.58	284.44

资料来源：根据 2014—2018 年《山东省统计年鉴》有关数据整理而得。

2. 耕地质量和生态功能方面的约束

从整体上看，山东省耕地质量问题较多，中低产田面积所占比重较大，耕地生态功能呈下降趋势。一方面，通过对土壤有机质和养分数据分析，山东省土壤有机质和养分的平均水平为 13.4g/kg，远远低于全国平均值 24.9g/kg的水平，甚至也达不到华北小麦主产区 17.2g/kg 的平均水平。另一方面，山东省在耕地养分供给方面不平衡，各种耕地和农业土壤的养分富集情况差异大，存在的问题较多，粮食耕地缺少氮、磷、钾中某一种或两种元素的面积也较大，有的农业土地被严重污染和重金属点位超标，一些地方长期存在对土地重用轻养问题，轮作休耕制度不健全，甚至存在对土地进行掠夺式耕种问题，过度消耗土地肥力，造成耕地质量下降。

3. 不合理耕种问题带来的约束

在山东省一些地方，仍然存在粗放型农业生产经营方式，由于农民在农业生产中片面追求产量，盲目大量地使用化肥、农药等化学类农业生产资料，长此以往会导致土壤污染和土地中有机质含量减少，土地肥力不断下降，土壤板结化、盐碱化、沙化等问题越来越多，耕地的生态性能和承载力下降。为了从根本上扭转这种不利局面，推进农业生产中科学施用化肥，2015 年山东省农业厅专门印发了《山东省 2016—2020 年化肥减量使用行动方案》，在全省启动了化肥减量使用行动，提出到 2020 年化肥使用总量在 2014 年基础上下降 5% 的目标。近年来，虽然山东省化肥用量增势得以扭转，但不合理施肥问题仍比较突出，平均每公顷土地化肥施用量依然维持在 1.2 吨左右，过量的施用化肥不仅使其边际效用呈递减趋势，而且未被有效利用的化肥残留使土壤性状恶化、生态功能下降，一些富营养物质随雨水冲刷流失到河、湖、海等，会引发藻类滋生和严重的水体污染。同时，由于农业生产过程中大量使用农药，还会带来严重的土地污染、农业面源污染和食品安全问题，严重威胁农业健康持续发展。

（三）山东省淡水资源供需矛盾对农业发展影响很大

1. 淡水资源供需矛盾逐渐加剧

山东省的水资源情况总体表现为总量严重不足且呈现下降趋势，随着人口增加，人均水资源占有量越来越低，降水量和水资源地区分布不均衡，淡水资源供需矛盾不断加剧。目前，山东省水资源总量仅占全国水资源总量的 0.6% 左右，人均水资源的占有量为全国平均水平的 8.4% 左右。由于淡水资源短缺，农业供水受到很大影响，而随着农业灌溉条件的改善和灌溉面积的扩大，农业需水量增长明显，再加之农业用水存在的问题较多，更加剧了农业水资源供求矛盾，影响了农业生产和农业经济发展。

2. 农业耗水量大和用水缺口不断扩大

目前，山东省年用水总量已经超过年水资源总量，其中农业作为用水大户占据用水较大比重，而且农业用水比较粗放和利用效率较低，用水缺口不断扩大，有些地方由于地下水严重超采，带来漏斗面积不断扩大和引发地表沉降现象。根据统计资料显示，从山东省各行业部门用水情况比较来看，农业用水属于用水大户，农业用水占到全省用水总量的 60%—70% 左右（参见表3-3所示）。同时，农业用水主要满足农业灌溉，用于农业灌溉的用水量达到 90% 左右，但是农业灌溉用水利用率较低，当前灌溉用水能够有效利用的仅为 40%左右。

表 3-3　山东省农业水资源利用情况　　　　　单位：亿立方米

年份	水资源总量	用水总量	农业用水	农业用水占用水总量比例
2010	309.12	222.47	159.65	71.76%
2011	347.61	224.05	154.26	68.85%
2012	274.08	221.79	154.23	69.54%
2013	291.70	217.94	149.72	68.70%
2014	148.44	214.52	146.72	68.39%
2015	168.44	212.77	143.29	67.35%
2016	220.32	213.99	141.50	66.12%
2017	225.61	209.47	134.03	63.99%

资料来源：根据 2018 年《山东省统计年鉴》有关数据整理而得。

3. 水资源浪费严重和水资源质量呈下降趋势

水资源不能合理有效开发，且用水过程中污染和浪费现象并存。近年来，由于山东省工业化、城镇化发展较快，在排污等处理能力上有所欠缺，导致水资源保护和治理不到位，山东省水资源质量出现逐年下降的趋势。[1] 2017 年，山东省废水排放量多达 499884 万吨，其中工业废水排放量为 145686 万吨，占总废水排放量的 29.14%。同时，农业生产过程中大量使用的农药、化肥等化学成分也随着雨水等流到湖泊、河流中，农村规模养殖过程中产生的牲畜粪便和生活垃圾处理不当，都会对农村水源产生严重污染，水污染不仅对农业生产产生不利影响，还直接影响其他相关产业发展和城乡居民生活用水。

4. 灌溉面积扩大使得农业用水更趋紧张

由于农业灌溉条件不断改善和灌溉面积逐渐扩大，进一步加剧了农业水

---

[1]　来源山东统计信息网：http://www.stats-sd.gov.cn/.

资源供求矛盾。从2012—2017年，山东省农业灌溉面积由4986.88千公顷增长到了5191.06千公顷，耕地灌溉比例由66.40%提高到68.24%，灌溉面积增加对农业淡水资源供应提出了新要求，也会进一步提高农业水资源紧缺程度（参见表3-4）。

表3-4 山东省农业有效灌溉面积变化情况

年份	耕地面积（千公顷）	有效灌溉面积（千公顷）	占耕地面积比重（%）
2012	7510.76	4986.88	66.40
2013	7635.67	5022.24	65.77
2014	7633.54	5081.95	66.53
2015	7620.65	5126.78	67.27
2016	7606.95	5161.16	67.85
2017	7607.00	5191.06	68.24

资料来源：根据2013—2018年《山东省统计年鉴》相关数据整理而得。

（四）光热等气候资源及其对山东农业生产的影响

山东省属于温带季风气候，气候特征为夏季高温多雨，雨热同期，降水较为集中（参见图3-1）。夏季昼长夜短、光照资源充足，农作物一般一年两熟。全省降水量自东南沿海向西北内陆呈现逐渐递减状态（参见图3-2），许多地区春夏季之交、降水量稀少，由于气温快速上升，土壤水分蒸发量比较大，容易形成干旱等自然灾害，严重影响农业生产和农民的收成。同时，山东省季风气候易发生旱涝交替的自然灾害，出现次数较为频繁，特别是在冬春季容易形成干旱少雨灾害，而在夏秋季又容易形成洪涝灾害，经常给农业生产造成危害，2018年夏季山东省多地发生严重的洪涝灾害，给这些地区的农业生产、农村基础设施和农民收入等都带来严重损失。

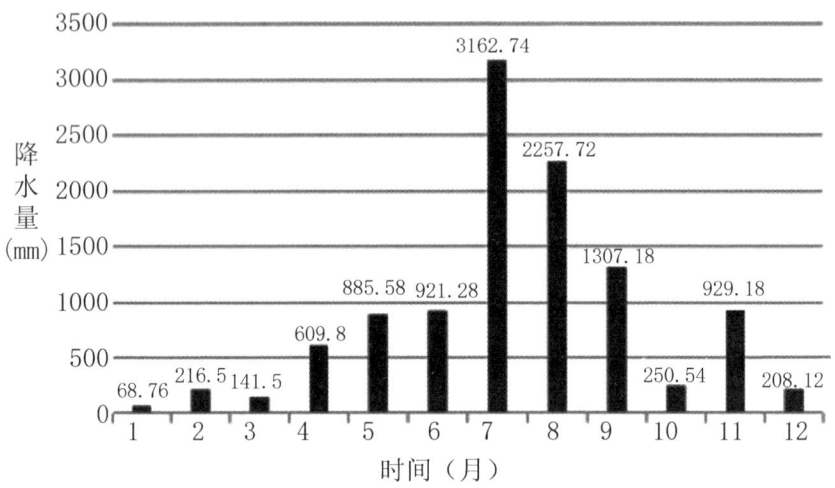

图 3-1　近年来山东省各月平均降水量分布

资料来源：根据相关年份的山东省统计年鉴公布数据计算。

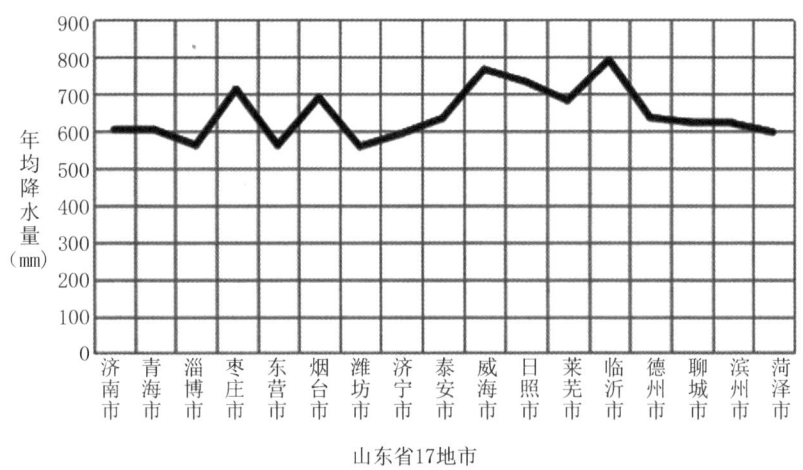

山东省17地市

图 3-2　近年来山东省 17 地市年平均降水量

资料来源：根据相关年份的山东省统计年鉴公布数据计算。

（五）其他自然资源及其对农业生产的影响

随着人口增加和经济社会发展，山东省能源消耗呈快速增长态势，近年来从省外和国外调入能量在全省消耗能量中占较大比重，在能源的供给与需求方面存在较大矛盾，而且农、林、牧、渔能源耗用量呈现逐年迅速增加的趋势（参见表3-5），表明农业发展的能源约束日趋明显，这给全省今后在农业生产及能源使用方面提出了新要求，给实现农业生产耗能减量化、高效化和厉行节约，以及通过增加科技投入和利用现代先进的技术手段提高能源的利用效率等提出了新要求。

表3-5　山东省综合能源平衡的基本情况　　　　单位：万吨标准煤

年份	可供消费的能量总量	外省（区、市）调入量	本省调出量	调入结余量	能源进口量	能源出口量	贸易逆差	当年库存差额	农、林、牧、渔业耗用量
2011	31212	21420	-13972	7448	8417	-412	8005	-239	360
2012	32687	19959	-15415	4544	11529	-366	11163	6	408
2013	34235	20828	-14438	6390	13663	-524	13139	-460	420
2014	35363	23441	-15873	7568	13381	-654	12727	-152	437
2015	36759	25721	-16454	9267	13409	-745	12664	194	474
2016	38723	33132	-16694	16438	8948	-528	8420	-155	682
2017	38684	30043	-17373	12670	13987	-2466	11521	50	690

资料来源：2016年和2018年《山东省统计年鉴》。

二、农业社会经济资源对农业发展的影响

自新中国成立以来，山东省一直重视农业的发展，逐渐成长为一个农业大省，在农业化学化、机械化以及科技、资金、人力等方面都进行了很大的投入，农业生产力和综合能力得到了快速提升。特别是近年来，山东省更是

加大了农业财政支持力度，投入不断增加为农业健康稳定发展奠定了基础。但是，目前山东省农业机械化、科学化和现代化水平亟待提高，农业机械化、现代化等水平还远落后于发达国家和地区。同时，山东省在农业现代化发展过程中还存在着资金、科技、信息化等各种经济社会资源要素的限制。

（一）农业化学化基本状况

1. 农药施用过度现象严重

近年来，从山东省农药施用情况来看，农药施用总量和单位播种面积施用农药量都呈现逐年降低的趋势（参见表3-6）。但是，当前山东省单位播种面积用药量仍然维持在较高水平，还普遍存在着超标准施用或者滥用农药的现象。根据有关科学研究表明，超标准施用农药会带来严重的二次污染，真正能作用在农作物上的农药只有不足36.6%，那么剩余的农药便随灌溉、降雨、风吹等进入土壤、大气、河流和地下水中。如果按照36.6%的农药有效利用率计算，仅2017年一年之内山东省就有5.15万吨的农药流入大气、水、土壤之中，不但提高了农业生产成本，而且还会导致病虫害免疫性和抗药性增强，对农产品与环境造成严重污染。

表3-6　2011—2017年山东省农药施用情况

年份	农药施用量（t）	总播种面积（hm^2）	单位播种面积用药量（kg/hm^2）
2011	164812	10865438	15.17
2012	161955	10866977	14.90
2013	158384	10976440	14.43
2014	156350	11037922	14.16
2015	151004	11026572	13.69
2016	148640	11278610	13.18
2017	140670	11107794	12.66

资料来源：根据2012—2018年《山东省统计年鉴》公布数据整理而得。

2. 化肥施用不合理和效益低

化肥是现代农业生产的一种重要生产资料，科学施用化肥对农作物生长和提高单位面积产量有重要作用，在一定程度上也可以促进土地生产率的提高。但是，联合国粮农组织研究显示，化学肥料对农作物仅仅只有45%—50%的贡献率，而且由于不合理使用肥料，不但肥效会大打折扣，而且还会造成土地和环境污染。长期以来，山东省一些地方在农业生产过程中化肥施用量处于较高水平（参见表3-7），甚至存在过量施用化肥的现象，且氮、磷、钾肥料的施用量不均衡和不合理，不但严重影响了肥力肥效，造成土壤营养结构失衡和板结，而且一部分营养物质随着降雨流失到江河湖海，造成水体污染，引发藻类滋生并泛滥成灾，严重威胁水生动植物的生存安全。

表3-7 山东省农业化肥施用情况　　　　　　　单位：吨

年份	农用化肥施用量（折纯量）	氮肥	磷肥	钾肥	复合肥
2011	4736435	1586061	497007	456529	2196839
2012	4762576	1595602	486125	437203	2243647
2013	4726568	1581705	488009	440709	2216144
2014	4680809	1544112	482364	419841	2234491
2015	4634965	1510133	480791	403624	2240416
2016	4564633	1460428	470611	396379	2237215
2017	4399594	1391591	452457	383260	2172287

资料来源：根据2012—2018年《山东省统计年鉴》有关数据整理而得。

3. 农用塑料薄膜投入量大和隐患增多

塑料薄膜也是现代农业生产中被广泛使用的生产资料，一方面，农用塑料薄膜的使用促进了农业生产率的提高；另一方面，由于大量投放农用塑料薄膜而回收处理不当，也会给土壤和农业生产造成"白色污染"的负面影响。当前我国农用塑料薄膜可降解性较差和降解时间长，对农用塑料薄膜的回收率和处理效率普遍过低，致使土壤和农作物受到严重污染。统计资料显示，近年来，山东省农用塑料薄膜和地膜使用量呈明显的下降趋势（参见表3-8），但由于在农用塑料薄膜和地膜的使用过程中，一些废旧塑料不能保证有效回收而残留在田野，可能对土壤和农业形成长期污染，进一步恶化了农业生态环境。

表3-8　山东省农用塑料薄膜使用情况

年份	农用塑料薄膜使用量（t）	地膜使用量（t）	地膜覆盖面积（hm²）
2011	318317	138669	2505055
2012	318055	137006	2401509
2013	318727	136830	2381218
2014	305168	126249	2218705
2015	301575	123397	2171923
2016	297961	121014	2091689
2017	287098	114244	1989055

资料来源：根据2012—2018年《山东省统计年鉴》有关数据整理而得。

（二）农业机械化与电气化水平有待提高

农业机械化和电气化是现代农业发展的重要动力和条件，对提高农业生产率起着十分重要的作用。整体来看，随着农业现代化水平的不断提高，山东省在农业生产方面投入的机械量越来越大，品种也日益丰富，农用机械总动力从2000年的70252362千瓦增加到2017年的101440500千瓦，增长幅度较大；人均农业机械动力和单位面积动力也都有不同程度的增长。同时，山东省农业电气化水平逐步提高，农村用电量有较大幅度提升，从2000—2017年，全省农村用电量由2002665千瓦时增长到4884532千瓦时，增长了1倍多（参见表3-9）。但是，山东省近两年农业机械总动力、人均和单位面积农业机械动力等指标均有大幅度下降，特别是与其他一些经济相对发达省市相比，农业机械化和电气化水平仍然存在一定的差距，进一步提高农业机械化和电气化水平的任务较重。

表3-9　山东省农业机械动力投入情况

年份	农业机械总动力（千瓦）	人均农业机械动力（千瓦）	单位面积动力（千瓦/公顷）	农村用电量（万千瓦时）
2000	70252362	0.78	10.58	2002665
2001	76895719	0.85	11.64	2140460
2002	81556313	0.90	11.12	2382781
2003	83367391	0.92	11.79	2722367
2004	87518715	0.96	12.59	3041359
2005	91993292	1.00	13.32	3465395
2006	95552848	1.03	13.89	3761665
2007	99177864	1.06	14.47	4081805
2008	103499933	1.10	13.78	4000131
2009	110806595	1.17	14.75	4152305
2010	116289789	1.22	15.48	4390335
2011	120982537	1.26	16.11	4565183
2012	124198666	1.30	16.54	4657860
2013	127398306	1.33	16.68	4713759
2014	131007840	1.34	17.16	4800381
2015	133530195	1.36	17.52	4823032
2016	97864900	0.99	12.87	4888396
2017	101440500	1.01	13.34	4884532

资料来源：根据2001—2018年《山东省统计年鉴》公布数据整理和计算而得。

（三）农业科技投入及其支农情况

自改革开放以来，山东省农业科技得到了很好的发展，全省立足省、市、县三级发展农业科技，农业科技成果整体呈现上升趋势，科技对农业的贡献率也是逐年提升。但是，山东省农业科技发展也面临许多问题，比如农业的 R&D 经费内部支出、科技成果、研发人员、有研究与试验发展活动单位数等占各行业总量的比例偏低，2017 年山东省农业相关 4 项指标分别占比仅为 0.79%、14.31%、0.35% 和 1.14%（参见表 3-10）。这说明农业科技进步的重要性依然没有得到充分重视，这就势必会对农业发展产生一定的限制。因此，进一步提高农业科技水平、加强农业科技成果转化和提高农业科技含量依然任重道远。

表 3-10　2010—2017 年山东省农业科技投入情况

年份	重要科技成果数量（个）	农业重要科技成果数量（个）	R&D 经费内部支出（万元）	农业 R&D 经费内部支出（万元）	有研究与试验发展活动单位数（个）	农业有研究与试验发展活动单位数（个）	研究与试验发展人员（人）	农业研究与试验发展人员（人）
2010	2367	391	6720045	10779	2988	48	275360	841
2011	2379	305	8443766	28040	3023	52	327256	1297
2012	2393	338	10203266	26628	3742	47	382057	1200
2013	2332	297	11758027	23887	4306	34	409441	954
2014	2955	440	13040695	23887	5238	34	432430	954
2015	3011	385	14271890	23887	6432	34	447191	954
2016	3016	421	15660904	23887	7848	34	476407	954
2017	2537	363	17530070	138316	2988	34	275360	954

资料来源：2011—2018 年《山东省统计年鉴》。

（四）农业资金投入和金融支持的潜力较大

在农业资金支持方面，山东省财政支出中用于"三农"方面的支出呈现逐年增长的趋势，对农业的金融支持力度不断加大。近年来，山东省积极推进地方金融改革，农村地区迅速崛起一大批村镇银行、小额贷款公司、金融租赁担保公司、财务公司、创投公司等金融机构，对"三农"贷款额度不断增加。2016 年，山东省涉农贷款余额达到 24687.8 亿元，其中 427 家小额贷款公司发放信贷资金总额达 743.5 亿元。[①] 2014 年山东省推行新型农村合作金融改革试点，通过组建农村新型合作金融机构为"三农"提供多样化金融服务，到 2016 年年底，全省 100 多个区县的 280 多家农业合作社获得互助信用贷款试点资格，参与成员超过 2 万家。大量资金投入为农业稳定健康发展奠定了基础，对于改善农业基础设施和生产条件提供了有力保证。但是，与其他经济相对发达省市相比，山东省对农业财政投入仍显不足，支农信贷规模偏小，普通农户和农村中、小、微企业贷款难和贷款贵的问题仍然突出，农业和农村融资还存在许多困难，农业发展面临资本瓶颈。

（五）农业劳动力质量不高不利于农业发展

农业劳动者的文化水平高低是衡量农业劳动力素质的一个重要指标，从整体上看，随着农村各类教育和文化事业的发展，山东省农村劳动力文化素质不断提高，农村劳动力的文盲率有所下降，具有较高学历的人数明显增加，其中农村劳动力具有大专及以上文凭的由 2005 年的 2.25% 已上升到 2015 年的 7.70%（参见表 3-11）。山东省农村人口文化素质提高，对实现农业持续发展和农业农村现代化具有重要意义。但是，与区域内城镇劳动力相比，山东省农业劳动力平均受教育年限及文化水平普遍偏低，文盲、半文盲

---

① 根据《2016 年山东省国民经济和社会发展统计公报》公布数据。

人数多且所占比重大，反映出农村劳动力素质偏低；山东省与国内其他经济发达省市农村劳动力文化素质相比还有不少差距，与发达国家和地区的农业劳动力相比在质量上差距更大，农村劳动力文化素质低还会阻碍其对技术、技能掌握和经营管理水平的提高，造成农村劳动力综合素质偏低，往往对现代农业发展、乡村振兴和科教兴农战略实施形成制约。

表3-11　山东省农村劳动力文化程度变化情况　　　　单位:%

文化程度	年份		
	2005	2010	2015
不识字或识字很少	5.43	4.34	2.42
小学	18.20	16.51	16.46
初中	56.14	55.97	55.81
高中（中专）	17.98	20.18	17.61
大专及以上	2.25	3.00	7.70

资料来源：根据2010—2016年《山东省统计年鉴》公布的相关数据整理而得。

第三节　资源对现代农业发展影响的实证分析

为了进一步揭示各类农业资源对现代农业发展的约束，以及农业资源的利用效率对现代农业发展水平影响进行评测，本节在对山东省农业发展中受农业资源影响情况分析的基础上，构建山东省现代农业发展的资源影响评价指标体系，根据整理的数据，运用主成分分析法研究山东省现代农业受各种资源的影响情况及其综合发展水平。

一、评价指标体系构建及理论分析

（一）评价指标体系的设计思路与原则

指标选取主要是根据现代农业和农业资源的特征及其关系，并结合山东省的地域实际情况，考虑设置科学、易操作的评价指标体系。在构建评价指标体系时，既要考虑其覆盖面，能全面反映评价主体所包含的内容，又要有重点地进行归纳和筛选，并尽可能做到定性与定量相结合，消除指标信息的重复性。现代农业发展水平的资源影响评价指标，结合山东省的实际情况，把评价体系目标分成若干个子系统，每个子系统表示为若干个指标，指标选取尽量做到客观而全面。

评价指标的选取原则：一是坚持整体性和层次性统一的原则，对现代农业的资源影响因素进行分析。在涉及水、土地等自然资源和资金投入、劳动力、技术等社会经济资源时，各种影响因素的重要性并不完全一样，应当体现一定的层次性，并正确评价现代农业发展在资源影响情况下处于何种阶段；二是坚持典型性和可操作性统一的原则，选取指标尽可能剔除影响较小的因子，而选择具有典型性和代表性的因子，能够客观全面反应农业生产过程中资源利用的特点，指标的选取还要考虑可操作性，便于数据的收集和量化；三是针对性和前瞻性统一的原则，选取指标既要充分考虑山东省的实际情况，有重点的构建山东省现代农业受资源影响的评价指标体系，还要考虑现代农业发展的动态性，在确定该指标体系时，不仅要选取影响现代农业发展的资源因素，而且还要选取能够反映其发展趋势和前景的一些指标。

（二）评价指标体系的建立

根据以上关于指标体系构建的基本思路和原则，结合山东省现代农业发展中资源影响因素的具体情况，确定评价指标体系共分为三个层次：第一层次主要是从农业自然资源（A1）和社会经济资源（A2）两大类进行划分；第二层次主要是从土地资源（B1）、水资源（B2）、气候资源（B3）、能源资源（B4）、农业化学化（B5）、农业机械化（B6）、农业科学化（B7）、资金投入（B8）、人力资源（B9）等9个方面参考指标；第三层次是在第二层次基础上进一步细化为27个C级具体评价指标，最终构建现代农业发展的资源影响综合评价指标体系（参见表3-12）。

表 3-12　山东省现代农业评价指标体系

总目标层	一级指标	二级指标	三级指标	三级指标单位
现代农业发展评价指标体系	A1：农业自然资源	B1：土地资源	C01：人均耕地资源拥有量	hm²/人
			C02：农业土地产出水平	万元/hm²
			C03：农业土地复种指数	%
			C04：单位播种面积粮食产量	kg/hm²
		B2：水资源	C05：万元产值用水量	m³/万元
			C06：单位耕地面积用水量	m³/hm²
			C07：耕地有效灌溉系数	%
			C08：节水灌溉面积比例	%
		B3：气候资源	C09：年降水量	mm
			C10：全年日照时数	小时
			C11：年平均气温	℃
		B4：能源资源	C12：单位耕地面积耗电量	万 KWh/hm²
			C13：沼气使用率	%
			C14：万元农业产值能耗	tce
	A2：农业社会经济资源	B5：农业化学化	C15：化肥施用水平	t/hm²
			C16：农药施用水平	t/hm²
			C17：农用塑料薄膜使用水平	t/hm²
		B6：农业机械化	C18：单位耕地面积农业机械总动力	KW/hm²
		B7：农业科学化	C19：农业科研人员占比	%
			C20：农业科技经费支出占比	%
			C21：农业科技转化率	%
		B8：农业资金投入情况	C22：农民人均纯收入	元
			C23：农业固定资产投资占比	%
		B9：农业人力资源情况	C24：单位耕地面积劳动力数	人/hm²
			C25：农业劳动生产率	万元/人
			C26：农业劳动力受教育程度	年/人
			C27：农业就业比例	%

1. 关于土地资源指标的解释

（1）人均耕地资源拥有量（C01）：为山东省实际耕地面积与农村人口之比。表示土地（耕地资源）的丰裕程度。

（2）农业土地产出水平（C02）：为山东省农业总产值与实际耕地面积之比。表示耕地的产值水平，土地产出水平高，说明其效益好。

（3）农业土地复种指数（C03）：为山东省农作物的总播种面积与实际耕地面积之比。土地复种指数通常取决于科技水平、劳动力、土壤、水利和气候等因素，但在一定程度上也会受到农民行为的影响，如人为地抛荒耕地等。在气候相似的地区土地复种指数高，说明对于耕地的闲置少，表示耕地的利用程度较高。

（4）单位播种面积粮食产量（C04）：为粮食总产量与播种面积之比。表示粮食单产量。

2. 关于水资源指标的构成

（1）万元产值用水量（C05）：为农业生产过程中的用水总量与农业总产值之比。表示水资源的利用水平，数值高，则水平低。

（2）单位耕地面积用水量（C06）：为山东省农业生产过程中的用水总量与农作物耕种面积之比。

（3）耕地有效灌溉系数（C07）：为山东省有效灌溉面积与耕地面积之比。表示农业水利化水平。反映了在一般情况下，所有耕地中已配备灌溉设备，并能灌溉的耕地面积比例。这是表示耕地抗旱能力的指标，体现了农业生产过程中的有效灌溉条件，有效灌溉率越高，说明农业生产条件越好。

（4）节水灌溉面积比例（C08）：为山东省采用节水设施灌溉农地面积与总灌溉面积之比。表示在农业灌溉中节水的广度，采用节水灌溉技术面积率越高，越有利于现代农业的发展。

3. 关于气候资源指标及其含义

（1）年降水量（C09）：指从天空降落到地面的液体或固态水在地面上沉积的深度。

（2）全年日照时数（C10）：指太阳实际照射地面的时间。

（3）年平均气温（C11）：指空气的温度，在我国一般以摄氏度（℃）为单位表示。

4. 关于能源资源指标的组成

（1）单位耕地面积耗电量（C12）：为山东省农业生产用电量与耕地面积之比。表示每单位耕地需要投入的电量。

（2）沼气使用率（C13）：沼气为二次能源，且为可再生能源，表示农村清洁能源使用情况。

（3）万元农业产值能耗（C14）：为山东省农业可供消费的综合能源总量与农业产值之比。表示每万元农业产值的耗能。

5. 关于农业化学化指标的构建

（1）化肥施用水平（C15）：为山东省农用化肥施用量与耕地面积之比。表示农业生产中的化肥投入水平。

（2）农药施用水平（C16）：为山东省农药施用量与耕地面积之比。表示农业生产中的农药投入水平。

（3）农用塑料薄膜使用水平（C17）：为山东省农用塑料薄膜使用量与耕地面积之比。表示在农业生产中单位耕地面积所投入的农用塑料薄膜量。

6. 关于农业机械化指标的解释

使用单位耕地面积农业机械总动力（C18）：为农业机械总动力与耕地面积之比。表示农业设备的投入水平和农业机械化水平，指农业生产中用机械操作代替手工操作的广泛程度，单位耕地面积农业机械总动力越大，说明农业生产所必需的人工越少，越有利于现代农业的发展。

7. 关于农业科学化指标构成及其含义

（1）农业科研人员占比（C19）：为山东省从事农业研究的科研人员与总科研人员之比。此项指标可以从侧面反映对农业科技的投入情况。

（2）农业科技经费支出占比（C20）：为山东省对农业研究的科技经费支出与总科技经费支出之比。本指标可以在一定程度上反映对农业科技的投入水平。

（3）农业科技转化率（C21）：指有实用价值并已经过试验、开发、应用、推广直至形成新技术或新产品的农业科技成果占农业科技成果总量的比值。

8. 关于农业资金投入指标组成

（1）农民人均纯收入（C22）：为山东省农民人均总收入与人均总支出之差。体现了对现代农业发展的支撑力度，直接反映了农户投资水平。

（2）农业固定资产投资占比（C23）：为山东省农业固定资产投资与总投资之比，它是反映农业投资水平的一项重要指标。

9. 关于农业人力资源的考察指标

（1）单位耕地面积劳动力数（C24）：为农业从业人员与耕地面积之比，表示在农业生产过程中单位耕地面积的劳动力投入水平。

（2）农业劳动生产率（C25）：为农业生产总值与农业从业人员之比，表示农业劳动力的利用效率。

（3）农业劳动力受教育程度（C26）：表示农业从业人员的文化及质量水平。计算公式为：农业劳动力受教育程度＝（小学毕业人数×6＋初中毕业人数×9＋高中毕业人数×12＋大专毕业人数×15＋大专及其以上毕业人数×18）/农村劳动力总数

（4）农业就业比例（C27）：为山东省农业从业人员与农村劳动力总数之比。表示农民收入的多样化情况，也间接反映了农业规模化程度，农业就业比例越高，对农村资源压力越大，越不利于现代农业发展。

二、各项指标权重的确定问题

通常以权重系数来表示评价指标的重要程度，权重的赋予主要根据各评价指标在总体评价体系中所起的作用进行定量分配，主要包括主观赋权法和客观赋权法两大类。主观赋权法包括专家打分法、层次分析法（AHP）等，

这类方法采取主观评估来确定指标权重，主要通过问卷、咨询评分展开，其优点是简便易行和取得信息成本低，其缺点是由于受到人为主观因素的影响而影响客观真实评价；客观赋权法包括主成分分析法、因子分析法等，这类方法主要是根据各项指标的数量特征，将指标进行合成，通过相关软件测算指标权重，有效地保证了指标权重的客观性。本书主要采用客观赋权法中的主成分分析法确定各指标权重。

（一）主成分分析法的基本原理和程序

1. 主成分分析法的基本原理

主成分分析法简称 PCA 方法（Principal Component Analysis），其主要分析思路是采取降维的方法，即通过投影的方法实现数据的降维。主成分分析的原理是将所有指标的信息通过少数几个指标来反映，在低维空间将信息分解为互不相关的部分。通常数学上的做法就是当研究涉及 p 个指标时，对这 p 个指标进行线性变换得到新合成的变量 F。每个 F_i 应尽可能多地反映 p 个原始变量的信息，通常用方差来度量"信息"，$var(F_1)$ 越大表示所包含的信息越多。所以，得到的合成变量 F_1，F_2，$\cdots$，F_p 分别称为原始变量的第一主成分，第二主成分，$\cdots$，第 p 主成分，而且各成分方差在总方差中占的比重依次递减。在实际工作中，仅选取前几个方差较大的主成分，以简化系统结构。其具体模型如下：

$$X = \begin{bmatrix} x_{11} & x_{12} & \cdots & x_{1p} \\ x_{21} & x_{22} & \cdots & x_{2p} \\ \vdots & \vdots & & \vdots \\ x_{n1} & x_{n2} & \cdots & x_{np} \end{bmatrix}$$

$$F_1 = u_{11}X_1 + u_{21}X_2 + \cdots + u_{p1}X_p$$

$$F_1 = u_{12}X_1 + u_{22}X_2 + \cdots + u_{p2}X_p$$

$$\cdots\cdots$$

$$F_p = u_{1p}X_1 + u_{2p}X_2 + \cdots + u_{pp}X_p$$

其中，x_{11}，x_{12}，$\cdots$，x_{np} 为 n 个样本，u_{1i}，u_{2i}，$\cdots$，u_{pi}（$i=1$，2，$\cdots$，p）为 X 协方差矩阵 R 的特征值的对应特征向量，F_1，F_2，$\cdots$，F_p 则为主成分。

2. 主成分分析法计算步骤

（1）对原始数据进行无量纲化处理，以消除原始变量带来的不合理的影响，在此采用的是将数据进行标准化处理。对原始 p 维随机变量 n 个样品的矩阵 X 进行标准化处理，得到矩阵 Y。标准化公式为：

$$y_{ij} = \frac{x_{ij} - \bar{x}_j}{s_j} \qquad \text{公式（3.1）}$$

其中，$X = \{x_{ij}\}$；$Y = \{y_{ij}\}$；$i=1$，2，$\cdots$，n；$j=1$，2，$\cdots$，p。

$$\bar{x}_j = \frac{\sum_{i=1}^{n} x_{ij}}{n} \qquad \text{公式（3.2）}$$

$$s_j^2 = \frac{\sum_{i=1}^{n} (x_{ij} - \bar{x}_j)_2}{n-1} \qquad \text{公式（3.3）}$$

（2）对数据进行同向化处理，消除正向和负向指标差异的影响。这里采用的方法是对负向指标乘以-1。

（3）根据标准化的矩阵 Y，计算得出相关系数矩阵 R，即：

$$R = \begin{bmatrix} r_{11} & r_{12} & \cdots & r_{1p} \\ r_{21} & r_{22} & \cdots & r_{2p} \\ \vdots & \vdots & & \vdots \\ r_{p1} & r_{p2} & \cdots & r_{pp} \end{bmatrix}$$

r_{ij}（i，$j=1$，2，$\cdots$，p）为原变量 x_i 与 x_j 的相关系数，$r_{ij}=r_{ji}$，其计算公式为：

$$r_{ij} = \frac{\sum_{k=1}^{n} (x_{ki} - \bar{x}_i)(x_{ij} - \bar{x}_j)}{\sqrt{\sum_{k=1}^{n} (x_{ki} - \bar{x}_i)^2 \sum_{k=1}^{n} (x_{ij} - \bar{x}_j)^2}} \qquad \text{公式（3.4）}$$

（4）计算相关系数矩阵 R 的特征值和特征向量。对特征方程 $|\lambda I - R| = 0$ 进行求解，再将求得的特征值按由大到小进行排列，即 $\lambda_1 \geqslant \lambda_2 \geqslant \cdots \geqslant \lambda_p \geqslant 0$。然后，求出 λ_i 对应的特征向量 e_i（$i = 1, 2, \cdots, p$），要求 $|e_i| = 1$，即 $\sum\limits_{j=1}^{p} e_{ij}^2 = 1$，其中，$e_{ij}$ 表示向量 e_i 的第 j 个分量。

（5）计算各主成分的贡献率及累计贡献率。如上所述，主成分分析是把总方差分解为 p 个不相关随机变量的方差之和 $\lambda_1 + \lambda_2 + \cdots + \lambda_p$，则总方差中属于第 i 个主成分的比例，即第 i 个主成分的贡献率为：

$$\frac{\lambda_i}{\lambda_1 + \lambda_2 + \cdots + \lambda_p}$$

由此可得，前 m 个主成分的累计贡献率为：

$$\frac{\sum\limits_{k=1}^{m} \lambda_k}{\sum\limits_{k=1}^{p} \lambda_k} \quad (m = 1, 2, \cdots, p)$$

（6）选择主成分的个数。选取原则有两个，一是累计贡献率 α 超过 85%，二是特征值大于 1。由此可以求出 λ_1，λ_2，$\cdots$，λ_p 所对应的第 1，第 2，$\cdots$，第 m（$m \leqslant p$）个主成分。

（7）计算主成分载荷。主成分载荷主要用以反映主成分 F_i 与原变量 X_j 之间的相互关联度，原变量 X_j（$j = 1, 2, \cdots, p$）在各主成分 F_i（$i = 1, 2, \cdots, m$）上的载荷为 l_{ij}（$i = 1, 2, \cdots, m; j = 1, 2, \cdots, p$）。

$$l_{ij} = p(f_i, x_j) = \sqrt{\lambda_i} e_{ij} (i = 1, 2, \cdots, m; j = 1, 2, \cdots, p) \qquad \text{公式（3.5）}$$

（8）计算所选出的 m 个主成分的得分及综合得分。

所选出的 m 个主成分的得分分别为：

$$Z_1 = r_{11} x_1 + r_{12} x_2 + + r_{1k} x_k$$

$$Z_2 = r_{21} x_1 + r_{22} x_2 + + r_{2k} x_k$$

$$\cdots \qquad\qquad\qquad\qquad\qquad \text{公式（3.6）}$$

$$Z_m = r_{m1} x_1 + r_{m2} x_2 + + r_{mk} x_k$$

其综合得分为：

$$H = \frac{w_1 Z_1 + w_2 Z_2 + \cdots + w_m Z_m}{w_1 + w_2 + \cdots + w_m}$$

公式（3.7）

3. 关于数据来源及数据说明

根据前面所建立的山东省现代农业评价指标体系，在采集相关数据的基础上，对山东省现代农业的发展情况进行了综合评价。数据样本区间为2001—2015年，数据主要来源2002—2016年《中国统计年鉴》《中国农村统计年鉴》《山东省统计年鉴》《山东省农村统计年鉴》和山东省农业信息网等官方网站，其中绝大部分数据均是根据年鉴中的统计数据计算而来，最终统计汇总了这15年间山东省现代农业受资源影响的评价指标的基础数据，以便进行下面的实证分析。

（二）实证检验及结果分析

1. 山东省现代农业受资源影响的发展水平测算

首先，根据前面构建的山东省现代农业评价指标体系，运用主成分分析法并结合SPSS软件，对2001—2015年的原始数据进行标准化处理，进一步得出标准化的指标数据（参见表3-13）。

表3-13 2001—2015年山东省现代农业发展评价指标标准化数据

	2001	2002	2003	2004	2005	2006	2007	2008
C01	-1.6958	-0.7804	-0.8769	-0.9340	-0.7879	-0.8047	-0.6310	0.2634
C02	-1.2832	-1.4041	-1.1903	-0.8880	-0.7415	-0.4957	-0.1795	-0.1422
C03	2.5987	0.0837	0.5059	0.6411	0.6897	0.7981	0.8192	-0.8406
C04	-1.4764	-2.4408	-1.1374	-0.6640	-0.0762	-0.0520	0.2409	0.5585
C05	1.9128	1.9700	0.9998	0.5169	0.3708	0.2900	-0.0907	-0.2922
C06	2.1570	1.4053	0.2040	0.2218	0.3575	1.0946	0.5862	-0.2757
C07	2.3387	-0.8545	-0.0455	0.4748	0.7939	1.0770	1.3036	-1.1106
C08	-1.7303	-1.3798	-1.0930	-0.7988	-0.6313	-0.3788	-0.2631	-0.0065

续表

	2001	2002	2003	2004	2005	2006	2007	2008
C09	-0.7973	-2.0142	1.5511	0.7891	1.0955	-1.0650	1.2325	0.5040
C10	0.7778	1.5597	1.5597	0.7992	1.3664	-0.7286	-1.6170	-0.7743
C11	-0.0087	1.1058	-1.3939	0.8352	-0.7570	1.1854	1.2332	-0.6217
C12	-1.8663	-1.8580	-1.3007	-0.8147	-0.2212	0.1952	0.6470	0.0651
C13	-1.3866	-1.2254	-1.0856	-0.9815	-0.8076	-0.5197	-0.3904	-0.0084
C14	2.1375	1.7668	1.7047	0.1671	-0.2065	-0.2604	-0.3442	-0.4687
C15	1.2389	-0.4549	0.0484	0.6011	1.0065	1.5829	1.8807	-0.4440
C16	-0.2259	0.0421	1.3498	-0.0875	0.1858	1.8679	1.3556	0.5894
C17	-1.1851	-0.9574	-0.0234	1.0291	1.2878	1.8123	1.7716	-0.1507
C18	-1.3451	-1.5944	-1.2715	-0.8877	-0.5392	-0.2664	0.0131	-0.3169
C19	-1.1196	-1.1801	-0.9880	-0.8916	-0.9298	-0.7496	-0.5664	-0.0973
C20	0.0338	-0.8193	-0.9892	-1.9116	-0.8906	0.0361	1.0457	0.9736
C21	-1.7647	-1.1238	-0.8457	-0.7489	-0.5796	-0.3620	-0.3015	-0.2290
C22	-1.0986	-1.0542	-0.9958	-0.8897	-0.7640	-0.6339	-0.4505	-0.2555
C23	-0.9797	-0.9279	-1.0752	-1.0629	-1.0777	-1.1575	-0.6371	-0.0376
C24	2.2526	1.1104	1.0196	0.8673	0.3456	0.3060	0.1451	-0.3136
C25	-1.2518	-1.2130	-1.1281	-0.9302	-0.7359	-0.6167	-0.3465	-0.0744
C26	-2.0616	-1.6235	-1.2294	-0.6585	-0.1272	0.0162	0.0547	0.1696
C27	2.1925	1.7001	1.1941	0.6235	-0.4836	-0.6351	-0.6924	-0.1103

续表

年份	2009	2010	2011	2012	2013	2014	2015
C01	0.1963	0.5314	0.6207	0.9392	1.0782	1.0977	1.7839
C02	0.1454	0.5361	0.6881	0.7338	1.2081	1.4356	1.5772
C03	-0.8163	-0.7493	-0.6698	-0.9665	-0.7802	-0.6474	-0.6662
C04	0.5909	0.5469	0.7098	0.8640	0.7399	0.6746	0.9212
C05	-0.4652	-0.6536	-0.7494	-0.7833	-0.9466	-1.0153	-1.0642
C06	-0.3318	-0.4262	-0.6870	-0.8105	-1.0232	-1.1542	-1.3178

续表

年份	2009	2010	2011	2012	2013	2014	2015
C07	-0.9421	-0.6163	-0.4400	-0.8953	-0.6935	-0.3184	-0.0719
C08	0.2206	0.4460	0.9173	1.2257	1.0009	1.1568	1.3143
C09	0.0154	0.1431	0.3975	-0.4476	0.3409	-1.1495	-0.5956
C10	0.0370	-0.5353	-1.0205	-0.3634	0.1732	-0.5016	-0.7321
C11	-0.3749	-1.1299	-1.2984	-0.8048	-0.1355	1.3451	0.8200
C12	0.2527	0.5461	0.7616	0.7820	0.8513	0.9662	0.9937
C13	0.2293	0.4232	0.7011	0.8876	1.1862	1.4304	1.5476
C14	-0.5004	-0.5679	-0.6371	-0.6813	-0.7098	-0.7177	-0.6821
C15	-0.5198	-0.4644	-0.5868	-0.8523	-0.9512	-0.9848	-1.1004
C16	0.1719	-0.2174	-0.2280	-0.7483	-1.0762	-1.2407	-1.7386
C17	-0.4215	-0.0880	-0.2579	-0.4578	-0.4304	-0.8997	-1.0291
C18	0.1502	0.5007	0.8006	0.8764	1.0798	1.3207	1.4796
C19	-0.1110	1.4514	1.2957	0.8276	0.6406	1.1388	1.2791
C20	0.8875	0.2111	-0.4602	-0.5807	-0.1373	0.5669	2.0342
C21	-0.0476	0.3757	0.4240	1.0891	0.7989	1.4398	1.8751
C22	-0.1136	0.1454	0.5471	0.8753	1.2241	1.5775	1.8864
C23	1.0078	0.9832	0.9967	1.0515	0.9604	0.7929	1.1631
C24	-0.3574	-0.4236	-0.5912	-0.8066	-1.0248	-1.1840	-1.3451
C25	0.0780	0.3271	0.6392	0.8940	1.2000	1.4615	1.6968
C26	0.2840	0.3245	0.6358	0.7970	1.1220	1.1393	1.1569
C27	-0.3919	0.0999	-0.2671	-0.3542	-0.8363	-1.3514	-0.6879

其次，计算出山东省现代农业评价指标的相关系数矩阵 R，如表 3-14 所示。

表 3-14　山东省现代农业评价指标的相关系数矩阵

	X1	X2	X3	X4	X5	X6	X7	X8	X9
X1	1.000	0.952	-0.861	0.783	-0.883	-0.925	-0.654	0.955	-0.134
X2	0.952	1.000	-0.727	0.860	-0.930	-0.884	-0.443	0.973	-0.102
X3	-0.861	-0.727	1.000	-0.660	0.776	0.861	0.920	-0.810	0.033
X4	0.783	0.860	-0.660	1.000	-0.968	-0.818	-0.345	0.894	0.233
X5	-0.883	-0.930	0.776	-0.968	1.000	0.915	0.481	-0.958	-0.162
X6	-0.925	-0.884	0.861	-0.818	0.915	1.000	0.661	-0.917	-0.176
X7	-0.654	-0.443	0.920	-0.345	0.481	0.661	1.000	-0.542	0.088
X8	0.955	0.973	-0.810	0.894	-0.958	-0.917	-0.542	1.000	-0.048
X9	-0.134	-0.102	0.033	0.233	-0.162	-0.176	0.088	-0.048	1.000
X10	-0.518	-0.637	0.373	-0.739	0.693	0.421	0.072	-0.641	-0.005
X11	-0.082	0.010	0.239	-0.186	0.124	0.215	0.315	-0.087	-0.501
X12	0.817	0.902	-0.681	0.955	-0.968	-0.811	-0.34	0.928	0.112
X13	0.973	0.994	-0.777	0.844	-0.921	-0.900	-0.520	0.980	-0.137
X14	-0.742	-0.805	0.702	-0.937	0.937	0.778	0.400	-0.859	-0.153
X15	-0.807	-0.643	0.826	-0.373	0.525	0.751	0.848	-0.658	0.252
X16	-0.689	-0.665	0.427	-0.340	0.444	0.585	0.329	-0.589	0.329
X17	-0.416	-0.302	0.288	0.059	0.033	0.243	0.401	-0.225	0.487
X18	0.920	0.990	-0.694	0.895	-0.946	-0.864	-0.383	0.977	-0.062
X19	0.910	0.923	-0.747	0.782	-0.860	-0.838	-0.512	0.917	-0.103
X20	0.504	0.547	-0.277	0.512	-0.471	-0.316	-0.068	0.450	-0.174
X21	0.961	0.963	-0.765	0.813	-0.904	-0.908	-0.498	0.966	-0.124
X22	0.954	0.976	-0.690	0.759	-0.849	-0.863	-0.438	0.939	-0.198
X23	0.914	0.896	-0.806	0.762	-0.830	-0.829	-0.627	0.897	-0.129
X24	-0.951	-0.940	0.866	-0.879	0.956	0.928	0.614	-0.969	0.013
X25	0.968	0.994	-0.740	0.826	-0.903	-0.889	-0.477	0.969	-0.145
X26	0.889	0.934	-0.769	0.936	-0.979	-0.891	-0.470	0.962	0.058
X27	-0.679	-0.775	0.591	-0.868	0.877	0.724	0.276	-0.803	-0.132

	X10	X11	X12	X13	X14	X15	X16	X17	X18
X1	−0.518	−0.082	0.817	0.973	−0.742	−0.807	−0.689	−0.416	0.920
X2	−0.637	0.010	0.902	0.994	−0.805	−0.643	−0.665	−0.302	0.990
X3	0.373	0.239	−0.681	−0.777	0.702	0.826	0.427	0.288	−0.694
X4	−0.739	−0.186	0.955	0.844	−0.937	−0.373	−0.340	0.059	0.895
X5	0.693	0.124	−0.968	−0.921	0.937	0.525	0.444	0.033	−0.946
X6	0.421	0.215	−0.811	−0.900	0.778	0.751	0.585	0.243	−0.864
X7	0.072	0.315	−0.348	−0.520	0.400	0.848	0.329	0.401	−0.383
X8	−0.641	−0.087	0.928	0.980	−0.859	−0.658	−0.589	−0.225	0.977
X9	−0.005	−0.501	0.112	−0.137	−0.153	0.252	0.329	0.487	−0.062
X10	1.000	−0.164	−0.784	−0.604	0.711	0.043	0.036	−0.168	−0.679
X11	−0.164	1.000	−0.006	−0.020	0.014	0.264	−0.028	0.161	0.004
X12	−0.784	−0.006	1.000	0.882	−0.951	−0.364	−0.341	0.101	0.941
X13	−0.604	−0.020	0.882	1.000	−0.788	−0.707	−0.671	−0.354	0.978
X14	0.711	0.014	−0.951	−0.788	1.000	0.327	0.296	−0.213	−0.848
X15	0.043	0.264	−0.364	−0.707	0.327	1.000	0.720	0.741	−0.558
X16	0.036	−0.028	−0.341	−0.671	0.296	0.720	1.000	0.697	−0.604
X17	−0.168	0.161	0.101	−0.354	−0.213	0.741	0.697	1.000	−0.197
X18	−0.679	0.004	0.941	0.978	−0.848	−0.558	−0.604	−0.197	1.000
X19	−0.607	−0.210	0.807	0.922	−0.713	−0.700	−0.645	−0.385	0.909
X20	−0.658	0.230	0.517	0.532	−0.400	−0.182	−0.197	−0.223	0.526
X21	−0.564	0.046	0.874	0.970	−0.784	−0.668	−0.640	−0.263	0.957
X22	−0.524	0.063	0.811	0.980	−0.694	−0.703	−0.752	−0.419	0.952
X23	−0.520	−0.247	0.752	0.913	−0.674	−0.787	−0.680	−0.514	0.869
X24	0.610	0.033	−0.928	−0.951	0.889	0.653	0.512	0.146	−0.939
X25	−0.587	0.011	0.867	0.996	−0.766	−0.695	−0.710	−0.369	0.976
X26	−0.665	−0.010	0.974	0.929	−0.945	−0.511	−0.459	−0.006	0.954
X27	0.650	−0.147	−0.929	−0.756	0.926	0.224	0.205	−0.280	−0.822

续表

	X19	X20	X21	X22	X23	X24	X25	X26	X27
X1	0.910	0.504	0.961	0.954	0.914	−0.951	0.968	0.889	−0.679
X2	0.923	0.547	0.963	0.976	0.896	−0.940	0.994	0.934	−0.775
X3	−0.747	−0.277	−0.765	−0.690	−0.806	0.866	−0.740	−0.769	0.591
X4	0.782	0.512	0.813	0.759	0.762	−0.879	0.826	0.936	−0.868
X5	−0.860	−0.47	−0.904	−0.849	−0.830	0.956	−0.903	−0.979	0.877
X6	−0.838	−0.316	−0.908	−0.863	−0.829	0.928	−0.889	−0.891	0.724
X7	−0.512	−0.068	−0.498	−0.438	−0.627	0.614	−0.477	−0.470	0.276
X8	0.917	0.450	0.966	0.939	0.897	−0.969	0.969	0.962	−0.803
X9	−0.103	−0.174	−0.124	−0.198	−0.129	0.013	−0.145	0.058	−0.132
X10	−0.607	−0.658	−0.564	−0.524	−0.520	0.610	−0.587	−0.665	0.650
X11	−0.210	0.230	0.046	0.063	−0.247	0.033	0.011	−0.010	−0.147
X12	0.807	0.517	0.874	0.811	0.752	−0.928	0.867	0.3974	−0.929
X13	0.922	0.532	0.970	0.980	0.913	−0.951	0.996	0.929	−0.756
X14	−0.713	−0.400	−0.784	−0.694	−0.674	0.889	−0.766	−0.945	0.926
X15	−0.700	−0.182	−0.668	−0.703	−0.787	0.653	−0.695	−0.511	0.224
X16	−0.645	−0.197	−0.640	−0.752	−0.680	0.512	−0.710	−0.459	0.205
X17	−0.385	−0.223	−0.263	−0.419	−0.514	0.146	−0.369	−0.006	−0.280
X18	0.909	0.526	0.957	0.952	0.869	−0.939	0.976	0.954	−0.822
X19	1.000	0.430	0.883	0.883	0.923	−0.854	0.912	0.822	−0.591
X20	0.430	1.000	0.487	0.513	0.482	−0.492	0.535	0.463	−0.440
X21	0.883	0.487	1.000	0.966	0.836	−0.952	0.972	0.926	−0.776
X22	0.883	0.513	0.966	1.000	0.860	−0.899	0.991	0.873	−0.692
X23	0.923	0.482	0.836	0.860	1.000	−0.840	0.896	0.788	−0.541
X24	−0.854	−0.492	−0.952	−0.899	−0.840	1.000	−0.936	−0.976	0.863
X25	0.912	0.535	0.972	0.991	0.896	−0.936	1.000	0.916	−0.741
X26	0.822	0.463	0.926	0.873	0.788	−0.976	0.916	1.000	−0.926
X27	−0.591	−0.440	−0.776	−0.692	−0.541	0.863	−0.741	−0.926	1.000

从表 3-14 的相关矩阵中可以看出，所选取的各项指标之间具有较强的相关性。这说明指标信息之间存在重叠，因而对所选取的 27 个三级指标适合采取主成分分析法计算权重。对于主成分个数的确定前面已做过介绍，可依据主成分的累计贡献率达到 85% 或特征值大于 1 来进行判断。由主成分特征根和贡献率（Total Variance Explained）可知，特征根 $\lambda_1 = 18.569$，$\lambda_2 = 3.376$，$\lambda_3 = 2.094$ 前三个主成分的累计方差贡献率达到了 89.035%，即涵盖了大部分信息。这表明前三个主成分能够代表最初的 27 个指标来表示资源约束下山东省现代农业综合实力的发展水平，故提取前三个指标即可。三个主成分分别记作 Z1、Z2、Z3，主成分的特征值及贡献率如表 3-15 所示。

表 3-15 山东省现代农业评价指标的主成分及贡献率

主成分	特征值（λ）	贡献率（w）
Z1	18.569	68.776%
Z2	3.376	12.503%
Z3	2.094	7.756%

通过 SPSS 测算列出了三个特征根所对应的特征向量，即各主要成分解析表达式中的标准化变量的系数向量，故可确定三个主成分的表达式分别为：

Z1 = 0.052ZX11 + 0.053ZX12 − 0.045ZX13 + 0.048ZX14 − 0.052ZX15 − 0.050ZX16 − 0.031ZX17 + 0.053ZX18 − 0.003ZX19 − 0.034ZX110 − 0.004ZX111+0.050ZX112+0.053ZX113−0.046ZX114−0.037ZX115− 0.033ZX116−0.014ZX117+0.052ZX118+0.050ZX119+0.028ZX120+ 0.052ZX121+0.051ZX122+0.049ZX123−0.053ZX124+0.053ZX125+ 0.052ZX126−0.043ZX127

Z2 = − 0.057ZX21 − 0.003ZX22 + 0.063ZX23 + 0.106ZX24 − 0.068ZX25 + 0.021ZX26 + 0.133ZX27 + 0.007ZX28 + 0.142ZX29 − 0.151ZX210 +

$0.057ZX211+0.112ZX212-0.022ZX213-0.125ZX214+0.202ZX215+$

$0.168ZX216+0.265ZX217+0.029ZX218-0.042ZX219+0.046ZX220-$

$0.009ZX221-0.044ZX222-0.077ZX223-0.022ZX224-0.026ZX225+$

$0.070ZX226-0.149ZX227$

$Z3 = 0.004ZX31 + 0.063ZX32 + 0.159ZX33 - 0.060ZX34 + 0.058ZX35 +$

$0.126ZX36 + 0.214ZX37 - 0.007ZX38 - 0.334ZX39 - 0.124ZX310 +$

$0.385ZX311+0.001ZX312+0.047ZX313+0.050ZX314+0.087ZX315-$

$0.108ZX316-0.088ZX317+0.057ZX318-0.005ZX319+0.226ZX320+$

$0.049ZX321+0.097ZX322-0.022ZX323+0.025ZX324+0.068ZX325-$

$0.016ZX326-0.009ZX327$

$H = 0.033ZX1+0.046ZX2-0.012ZX3+0.047ZX4-0.045ZX5-0.025ZX6+$

$0.013ZX7+0.041ZX8-0.011ZX9-0.058ZX10+0.038ZX11+0.054ZX12$

$+0.042ZX13 - 0.049ZX14 + 0.007ZX15 - 0.011ZX16 + 0.019ZX17 +$

$0.049ZX18 + 0.032ZX19 + 0.048ZX20 + 0.043ZX21 + 0.042ZX22 +$

$0.025ZX23-0.042ZX24+0.043ZX25+0.049ZX26-0.055ZX27$

其中 ZXi 为标准化后的指标数据。通过对数据进行一系列计算后得到，F1、F2 及 F3 的得分，然后计算综合得分，即综合得分 =（第一主成分贡献率×F1 得分+第二主成分贡献率×F2 得分+第三主成分贡献率×F3 得分）/贡献率累计之和。这样就得到 2001—2015 年山东省现代农业受资源影响发展的综合水平值。同理，二级指标中的土地资源（B1）、水资源（B2）、气候资源（B3）、能源资源（B4）、农业化学化（B5）、农业机械化（B6）、农业科学化（B7）、农业资金投入（B8）和农业人力资源（B9）的综合发展水平值可得，具体参见表 3-16 和表 3-17。

表 3-16 2001—2015 年山东省现代农业各二级指标综合发展水平

年份	B1	B2	B3	B4	B5	B6	B7	B8	B9
2001	-0.7952	0.8194	0.5095	-0.4062	0.2934	-1.3451	-1.0354	-1.0449	0.2652
2002	-1.2778	0.5172	1.2397	-0.4723	-0.2251	-1.5944	-1.0560	-0.9971	-0.0159
2003	-0.8038	0.0275	0.9183	-0.2512	0.7356	-1.2715	-0.9349	-1.0316	-0.0427
2004	-0.5754	0.0056	0.8064	-0.5480	0.2643	-0.8877	-1.1308	-0.9679	-0.0276
2005	-0.3224	0.0712	0.8889	-0.4049	0.5893	-0.5392	-0.7857	-0.9056	-0.2494
2006	-0.2314	0.3437	-0.3342	-0.1832	1.7502	-0.2664	-0.3768	-0.8704	-0.2310
2007	-0.0103	0.1360	-0.8220	-0.0097	1.5940	0.0131	-0.0029	-0.5348	-0.2091
2008	0.0478	-0.2549	-0.6619	-0.1326	0.1257	-0.3169	0.1599	-0.1571	-0.0788
2009	0.1268	-0.2409	-0.0537	-0.0005	-0.1452	0.1502	0.1998	0.3929	-0.0937
2010	0.3221	-0.2312	-0.6223	0.1432	-0.3072	0.5007	0.6861	0.5238	0.0851
2011	0.4473	-0.1656	-0.9929	0.2859	-0.3734	0.8006	0.4601	0.7502	0.1083
2012	0.5364	-0.1427	-0.4644	0.3386	-0.7699	0.8764	0.5237	0.9549	0.1374
2013	0.7030	-0.3123	0.1166	0.4497	-0.9819	1.0798	0.4782	1.1050	0.1213
2014	0.7764	-0.2914	-0.1411	0.5661	-1.1150	1.3207	1.0904	1.2231	0.0207
2015	1.0566	-0.2816	-0.3869	0.6251	-1.4349	1.4796	1.7243	1.5597	0.2102

表 3-17 2001—2015 年山东省现代农业综合发展水平

年份	F1 得分	F2 得分	F3 得分	综合发展水平
2001	-7.46681134	-1.458097148	2.1761702	-5.783002519
2002	-5.690784346	-3.486225999	1.029298044	-4.79580426
2003	-4.838515467	-0.874689249	-2.388150898	-4.068427897
2004	-3.681674009	0.548001404	-0.688079882	-2.826932079
2005	-2.699311098	1.553329043	-1.385811693	-1.3987700371
2006	-2.309373739	3.111214812	1.505469581	-1.215853848
2007	-1.171061739	4.135761545	1.046633894	-0.232648095
2008	0.816976726	0.253449501	-1.065778578	0.573831547

续表

年份	F1 得分	F2 得分	F3 得分	综合发展水平
2009	1. 527689166	−0. 303996085	−0. 655940546	1. 080249477
2010	2. 45071472	−0. 317188541	−1. 00092108	1. 761345576
2011	3. 214990221	−0. 06581529	−1. 207721281	2. 369003118
2012	3. 934019371	−0. 886044316	−0. 728351728	2. 85100026
2013	4. 398850213	−0. 615525467	−0. 453901191	3. 2719599
2014	5. 303734135	−0. 683894728	1. 825864463	4. 159940337
2015	6. 210557186	−0. 910279483	1. 991206224	4. 843037594

从上表统计结果显示，山东省现代农业整体发展水平有持续提高的趋势。其中，2001—2007 年其综合发展水平测评值是负值，这 7 年可能由于人们对资源的认识不足，导致对农业资源的保护与有效利用不到位，因此现代农业发展水平不高，综合测评值为负。自 2004 年开始，中央开始加大对农业的支持力度，以后连续十几年中央一号文件均聚焦"三农"问题，国家逐渐将"三农"作为工作的重中之重。但是，由于政策实施存在一定的时滞性，山东省以后几年现代农业发展体现的政策效应尚不明显，以后政策效应逐步显现出来。自 2008—2015 年，山东省现代农业综合发展水平测评值为正值，且增长幅度较大，标志着山东省逐渐认识到农业资源对现代农业发展的约束，连续多年对农业资源投入利用和现代农业发展进行政策支持，惠农政策体系不断完善，现代农业发展明显提速。

最后，根据上述主成分分析法的计算，将资源约束下山东省现代农业评价指标体系的权重计算整理如下（参见表 3-18）。

表 3-18　山东省现代农业评价指标体系最终权重

总目标层	一级指标	二级指标	三级指标	三级指标权重
现代农业发展评价指标	A1：农业自然资源 0.5165	B1：土地资源 0.1669	C01：人均耕地资源拥有量	0.0420
			C02：农业土地产出水平	0.0481
			C03：农业土地复种指数	0.0296
			C04：单位播种面积粮食产量	0.0472
		B2：水资源 0.1436	C05：万元产值用水量	0.0479
			C06：单位耕地面积用水量	0.0382
			C07：耕地有效灌溉系数	0.0106
			C08：节水灌溉面积比例	0.0469
		B3：气候资源 0.0613	C09：年降水量	0.0038
			C10：全年日照时数	0.0442
			C11：年平均气温	0.0133
		B4：能源资源 0.1447	C12：单位耕地面积耗电量	0.0510
			C13：沼气使用率	0.0465
			C14：万元农业产值能耗	0.0472
	A2：农业社会经济资源 0.4835	B5：农业化学化 0.0393	C15：化肥施用水平	0.0157
			C16：农药施用水平	0.0209
			C17：农用塑料薄膜使用水平	0.0027
		B6：农业机械化 0.0497	C18：单位耕地面积农业机械总动力	0.0497
		B7：农业科技投入 0.1219	C19：农业科研人员占比	0.0404
			C20：农业科技经费支出占比	0.0350
			C21：农业科技转化率	0.0465
		B8：农业资金投入 0.0817	C22：农民人均纯收入	0.0448
			C23：农业固定资产投资占比	0.0369
		B9：人力资源 0.1909	C24：单位耕地面积劳动力数	0.0468
			C25：农业劳动生产率	0.0465
			C26：农业劳动力受教育程度	0.0495
			C27：农业就业比例	0.0481

2. 山东省现代农业受资源影响及其发展水平分析

（1）农业资源对现代农业发展的作用不尽相同。总体来看，在重点考察影响山东省现代农业的9个二级指标中，其综合发展水平在时间序列2001—2015年表现为水资源、气候资源、农业化学化有下降的趋势，人力资源没有明显的变化，其余5项指标均呈现稳定上升的趋势。首先，土地资源的开发利用水平稳步上升。近年来山东省城镇化和工业化进程加快、农地占用量较大，随着农村劳动力"非农"就业和转移速度的加快，农村土地实行"三权分置"制度促进了土地流转，各类农业经营主体对土地的投入加大，土地的生产率不断提升，土地资源对农业发展的贡献水平逐步提高。其次，水资源开发利用呈下降趋势，各地农业用水方面浪费严重，且水资源污染问题严重；气候资源与能源资源呈现相反的变化趋势，气候资源由于受到严重污染而对现代农业的发展起到阻碍作用，而农业生产中对能源的利用呈缓慢稳步上升态势，随着科技的进步，农业生产可以广泛利用能源来提高农业产量和经济效益；农业生产中对化学品农资的利用量呈现下降态势，国家和地方政府采取了相关限制化肥、农药等化学生产资料使用的政策，倡导发展生态农业和有机农业，使得农业化学品的使用大幅下降。最后，农业机械化和科学化水平表现为持续上升态势，国家关于农机具购置价格补贴政策，以及促进农村土地流转政策，有利于实行农业规模化经营，山东省各地农业生产机械量投入增加，国家实施科教兴农战略，农业科技资金投入呈上升趋势，注重对新型农民技术培训和农业科技的推广应用，推动农业科学化发展。

另外，山东省农业人力资源的综合发展水平多年来呈现波动状态，一方面，越来越多的农村劳动力从事非农生产经营活动，大批农村青壮年劳动力离乡进城，农业从业人员整体素质暂时下滑；另一方面，由于近年来实行土地规模经营，农业生产率不断提高，农业生产经营者收入有所提高，吸引一批知识型劳动力和返乡农民工经营农业，农村职业技术教育和技术培训工作也提高了农业劳动力素质，现代农业发展具有很大的人力资本潜力。

（2）现代农业的综合发展水平稳步提高。从整体来看，在2001—2015

年 15 年的时间段内,山东省现代农业综合发展水平保持着稳步提升的趋势
(参见图 3—3)。2007 年以前,山东省现代农业综合发展水平值为负值,
2007 年以后山东省农业综合发展水平值转变为正值。由于各类农业资源在农
业发展利用过程中存在不稳定性,且各类资源变化相互之间交叉影响,使山
东省现代农业发展出现一定幅度的波动,但并没有改变农业整体发展呈现稳
步提升的基本趋势。

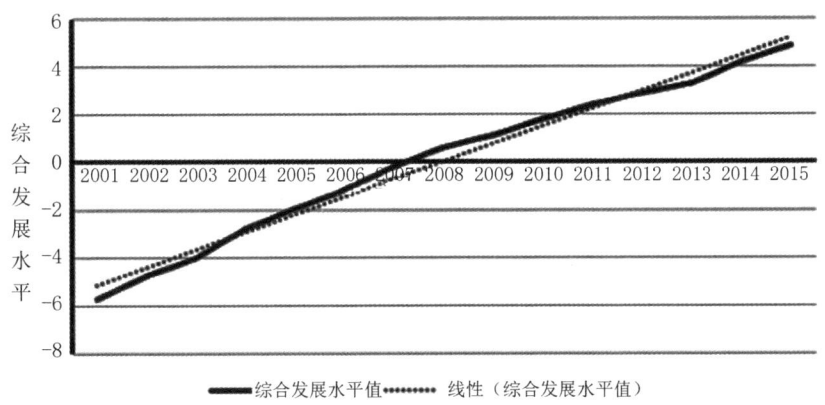

图 3-3 山东省现代农业综合发展水平

资料来源:根据相关年份山东省统计年鉴数据整理。

综上所述,通过对山东省现代农业发展二级指标的综合发展水平以及整
体综合发展水平趋势进行分析,看出山东省现代农业发展势头较好,也可以
发现资源要素在现代农业发展中起着重要的作用,必须重视资源对现代农业
发展的影响和约束。

第四节　资源约束下现代农业发展问题及应对策略

通过前面定性和定量分析可以看出,山东省现代农业发展受资源约束的

问题突出，由于资源稀缺程度提高对现代农业的发展产生负面影响越来越严重。此处进一步结合社会调研，分析资源约束下现代农业发展存在的各种问题及应对策略。

一、资源约束下现代农业发展中存在的突出问题

（一）缺乏完善的资源保护制度与政策体系

首先，没有形成严格的农业资源保护法律制度体系。现代农业发展模式是对传统农业进行的深刻变革，涉及新旧动能转换和各类农业资源的合理高效配置，需要完善的相关法律制度和政策体系保护与支持，特别是对具有严重稀缺性的农业自然资源开发利用进行制度规范和法律保护，通过完善法律制度规范和引导各种农业经营主体合理使用农业资源。目前，我国现代农业发展及其资源保护的相关法律制度体系还不完善，包括农村地权制度目标不明确、农村财产保护制度缺失、农业经营制度不完善等，农业要素市场竞争无序和资源配置市场混乱，现有的保护农村土地等资源的法律法规和保护现代农业主体发展的制度未形成配套体系，对违规和失范者也难以取得有效约束目的，对现代农业发展方向、模式及其资源利用配置缺乏有效规划和制度设计。

其次，缺乏资源保护与农业发展模式创新的政策激励体系。农业资源的保护和合理配置，一方面依靠健全的法律制度进行规范和约束，另一方面还要依靠有关政策体系的激励和支持。在实践中没有体现对农业资源开发利用效率进行奖惩，由于没有形成对农地等农业资源合理利用和保护的机制，虽然国家有关部门已经划出18亿亩耕地红线，但是长期以来由于监管不力、违法违规成本较低和缺乏激励政策，各地乱占耕地和毁坏农田现象频繁出现，突破耕地红线的风险一直没有消除。许多地区普遍存在粗放式耕作和土地资源浪费严重，土壤污染问题造成耕地质量下降，而掠夺地力和人为破坏土地生态系统的事件时有发生，对耕地的复垦修复及保护措施和政策缺位，

一些地方政府热衷于搞土地财政而将大量农田转变为非农用地，大量开发建设用地不断蚕食农用地。目前，山东省一些地区由于工业化、城镇化加速，基础设施和商品房建设项目增多，开发力度逐渐加大，农用地占比不断下降，建设用地数量持续扩大（参见表3-19），因而农地资源保护的任务异常艰巨。

表3-19　2016年山东省各市土地利用情况　　单位：公顷

地区	土地调查面积	农用地	建设用地	未利用地
全省总计	15791136	11514295	2844433	1432408
济南市	799841	538672	168103	93066
青岛市	1129155	800088	249833	79233
淄博市	596492	416198	121864	58430
枣庄市	456353	329692	87300	39361
东营市	824326	428438	139533	256356
烟台市	1385150	1058330	209747	117072
潍坊市	1614314	1157375	309545	147394
济宁市	1118698	770437	189697	158563
泰安市	776141	583789	130406	61947
威海市	579774	442019	89891	47864
日照市	535857	421718	84491	29648
莱芜市	224603	146017	40439	38148
临沂市	1719121	1317067	289371	112683
德州市	1035767	813613	187771	34384
聊城市	862801	694482	157320	10999
滨州市	917219	634867	168965	113388
菏泽市	1215523	961493	220156	33873

资料来源：2018年《山东省统计年鉴》。

另外，农业水资源等也面临同样的问题，由于农业水资源供需矛盾加剧，不少地方存在农田灌溉方式比较粗放，农业水资源利用系数低，地下水超采现象严重，对于农业水资源的保护管理政策和机制尚不完善，山水林田湖草等一系列资源修复体系也都缺乏相应的法规和政策保护，更没有形成配套的法律制度和政策体系。

（二）农业资源短缺与资源低效利用现象并存

事实上，无论是山东省还是我国其他省、区、市，发展现代农业所需的各种资源都存在不同程度的短缺现象，尤其是土地、水、生态环境等自然资源条件对现代农业发展的约束越来越明显。同时，还普遍存在农业资源利用效率低、浪费严重和农业资源质量下降的现象，长期以来存在的粗放式耕种、对土地不合理开垦利用和对生态环境的人为破坏等，进一步加剧了农业经济发展和资源之间的矛盾。

首先，耕地资源供需矛盾日益加剧不利于现代农业发展。土地资源是人类从事农业生产最基本的物质基础条件，随着人口的不断增加和人们生活水平的不断提高，人们对食物的需求量有所增加，而社会经济发展和城镇化过程中占用的土地资源量大幅度增长，土地非农化问题导致农用地面积减少，农民粗放式耕种导致土地利用率低下，加剧了耕地资源供需矛盾，这给我国的粮食安全和现代农业持续发展带来很大隐患。

其次，淡水资源短缺成为现代农业持续发展的资源瓶颈。淡水资源已经成为我国现代农业发展重要的制约因素，我国人均淡水资源仅为世界平均水平的1/4，约2241立方米，已经被列为淡水资源严重稀缺国家，目前农业用水在山东省乃至全国占比都在70%左右，耗水量巨大，再加之许多地区农业灌溉方式粗放，水资源利用率低，用水缺口越来越大。特别是山东省的淡水资源主要来自大气降水，人均的水资源占有量仅为全国平均水平的1/13，相当于世界平均水平的1/52，属于严重缺水地区。近年来由于气候变化，山东省水资源总量呈现不断减少的趋势，更加剧了水资源供需矛盾（参见表3-

20）。同时，目前山东省水资源开发利用程度较低，平均综合水资源的开发利用率仅有 51.9%，农业用水日益紧缺已成为制约现代农业持续发展的资源瓶颈。

表 3-20 2003—2017 年山东省水资源变化情况 　单位：亿立方米

年份	水资源总量	地表水资源量	地下水资源量
2003	489.69	349.29	140.40
2005	415.86	295.85	120.01
2007	387.11	280.19	106.93
2009	284.95	173.80	111.16
2011	347.61	237.49	110.12
2013	291.70	191.07	100.64
2015	168.44	84.30	84.14
2017	225.61	139.14	86.47

资料来源：根据 2018 年《山东省统计年鉴》有关数据整理而得。

最后，严重的环境污染对农业资源和农业发展产生负面影响。日益突出的生态环境问题，不但减少了农业自然资源的可利用量，而且也降低了农业自然资源的质量，制约着现代农业可持续发展。目前，山东省农业农村承受着大量来自工农业生产污染物、有害废弃物和生活垃圾等多元化的侵害，有相当数量的污染物没有得到及时有效处理（参见表 3-21）。因此，山东省环境污染问题没有从根本上解决，并造成土地和水资源等质量下降，严重影响了农业生产和农产品质量安全。

表 3-21   2011—2017 年山东省主要污染物排放和处理情况

单位：万吨

年份	废水 排放量	二氧化硫 排放量	氮氧化物 排放量	烟（粉） 尘排放量	工业固体 废物产生量	工业固体 废物综合利用量
2011	443331	183	179	78	19533	18298
2012	479100	175	174	70	18343	17073
2013	494570	164	165	70	18172	17134
2014	514423	159	159	121	19199	18380
2015	550230	153	142	108	19797	18308
2016	507591	113	123	87	22510	18976
2017	499884	74	116	55	23925	19026

资料来源：根据 2018 年《山东省统计年鉴》有关数据整理而得。

另外，生态和生物资源退化严重影响现代农业可持续发展，山东省森林覆盖率在全国处于较低位置，生物资源退化严重，农业生态环境问题增多，山东省很多稀缺的特色农畜产品面临环境恶化、产量与品质下降状况，甚至有的生物物种面临灭绝的危险，现代农业发展的资源环境制约因素增多。

（三）农业投入不足限制了现代农业持续发展

首先，农业的财政投入不足和投入结构不合理限制了现代农业可持续发展。虽然近几年山东省逐渐增加农业的财政投入，但是，与其他产业相比，对农业投入水平仍然明显偏低，对农业的投资刚超过 10% 的比重，这与农业具有弱质性、历史欠账多、基础设施建设资金需求量大等不相匹配。同时，存在财政投入结构不合理问题，政府资金投入到农业生产性部门偏少，财政资金投放目标分散和不明确，急于改善的农业基础设施建设和公共服务领域缺乏资金支持，投入方向不合理严重影响资金投入效益，制约了农业科技发展和基础设施建设，导致农业生产的后劲不足。

其次，农业的财政投入存在的问题多和投入不平衡。财政在农业方面的投入资金被挤占和挪用现象严重，大量财政支农惠农资金不能及时足额到位，对不同地区之间存在财政投入极不平衡问题，对经济和农业较发达的沿海地区投资力度大于中西部地区，这样使得农业生产力水平相对落后的地区农业发展更为困难，农业基础设施建设滞后问题难以解决，进一步扩大地区农业发展的不平衡性。

最后，农业科技投入不足阻碍了农业技术创新和农业资源高效利用。虽然近年来山东省作为农业大省一直在增加农业的科技投入，但是农业科技的财政资金支持力度仍然不够，目前山东省农业科技投入只有 1.30% 的投入强度，这与日本的 3.40%，英国的 2.29%，以及法、德、美等国的 2.0%—2.5% 投入强度相比，差距依然较大。特别是农业公共科技的资金投放不足，往往导致农业基本生产条件不够完善，不利于农业资源利用效率的提高和生态环境保护技术的支持。同时，由于农业科技投入不足，难以培养造就一支强大的农业科技研发和推广人才队伍，长期以来山东省农业研发机构中缺乏科技尖端人才和科技方面的领军人物，严重影响了农业科技创新和高新科技成果的培育，农业技术推广力量薄弱制约了农业技术成果的及时推广应用。据统计，目前发达国家不足 400 个农业劳动人员中就有一名农业技术推广的专业人员，而山东省的比例大约为 2000:1。

另外，由于市场机制在农业科技资源配置中还没很好地发挥作用，导致从企业到民间科技创新力量薄弱，而且农业科技研发的重点集中于农业产量和农业经济效益的提高，有关农业资源高效利用和农业生态保护等科技投入较少。再加之没有形成合理的科技收益分配机制，科技研发及推广人才的收益较低，导致人才流失严重。这些问题造成了农业科技贡献率和转换效率都较低，目前山东省农业科技贡献率只有 50% 左右，不但远低于发达国家 70%—80% 的科技贡献率水平，也低于国内经济相对发达省市水平，如浙江省农业科技贡献率已达到 62%。

（四）农业劳动力素质偏低影响农业资源配置效率和农业模式创新

首先，农村大量优秀劳动力流失导致农业从业人员整体素质偏低。现代农业发展对农业从业人员的技术素质提出了更高的要求，机械化操作、标准化生产、公司化管理、设施化栽培等技术和技能因素都会影响现代农业的发展，只有相关农业从业人员自身以一定的科学文化、技术和技能素质，才能更好地成为现代农业发展的主体。由于目前我国农村优秀劳动力流失严重，导致经营农业的劳动力素质整体偏低，这种农业劳动力状况不适应现代农业发展的形势需要，影响农业资源有效配置和农业经营模式创新。

其次，农业劳动力的知识和技能储备不合理影响现代农业发展。由于现阶段我国农村基础教育与农业农村完全脱离，农业潜在劳动力和新生代劳动力所具有的知识、技术储备与"农"字脱钩，这显然不能满足发展现代农业和农业农村现代化建设的需求。据统计，长期以来山东省的一些农村中小学在校学生流失已成为严重的社会问题，其中相当一部分辍学青少年进城或者在当地打工，大多数从事非农活动。由山东省第二次农业普查结果可知，农业生产一线劳动力以妇女、老人为主，山东省的农业从业人员男女之比为9∶11;从年龄上看，从事农业生产者主要集中于41岁以上的中老年群体，占比达到58.4%;从文化程度上看，农民主要为小学、初中文化水平，共占86%，目前文盲、半文盲人群主要分布在农村。

另外，农民文化技术素质不高限制了农业主体功能的发挥。目前中小农户分散经营仍然是我国农业主要经营方式，农民是农业生产和推动农业经济发展最主要的主体。但是，由于农民文化知识和技术水平偏低，传统农业经营观念转变较慢，不容易接受和适应新事物，不能主动及时掌握农业科技知识和信息，法律意识、生态环保意识和市场观念淡薄，这些因素制约了农业资源高效配置和农业经营模式创新，也严重影响了农业增效、农民增收和农村增绿。因此，农民文化素质偏低难以适应农业发展模式的转变，不利于现代农业健康持续发展。

二、突破资源瓶颈促进现代农业持续发展的对策建议

针对现代农业发展中的资源制约因素及存在的突出问题，提出以下具体政策和措施建议，以有效缓解现代农业发展中的资源制约瓶颈，促进现代农业发展模式创新和农业持续健康发展。

（一）完善农业资源保护的法律制度和政策体系

第一，完善有关农业资源保护的法律法规体系。逐步建立健全有关农业自然资源保护的法律制度，从国家层面上看，对于现有的《土地管理法》《土地承包法》《基本农田保护条例》等有关农业资源保护的法律法规，要根据现代农业发展及农业自然资源管理需要不断加以修订、补充和完善，使其真正成为促进农业资源保护和农业可持续发展的法律后盾。同时，进一步加强生态环境立法，不断完善关于土地资源、水资源、生物资源、农业生态环境等方面的法律法规和制度。从山东省等地方层面来看，主要是在贯彻落实好国家有关法律法规的基础上，逐步建立和完善地方有关保护农业资源的法规制度，不断健全执法监督体系和机制，特别是尽快建立健全科学高效的生态环境监管机制，构建符合不同地区实际情况的农业农村生态环境评价标准体系和规范，逐步加大对破坏农业自然资源和生态环境等违法行为的查处力度，依法保护农业资源和生态环境。因此，建立完善的制度与政策体系，积极发挥国家及各级政府对农业发展和农业资源有序利用的宏观调控与监管功能，明确现代农业发展过程中涉及的每个生产经营者、监管者和消费者的权利和义务关系。

第二，正确处理政府与市场的关系，充分发挥市场和政府"两只手"的

作用。一方面，农业农村是发展社会主义市场经济的重要阵地，需要充分利用市场机制这只"看不见的手"对农业资源进行合理高效配置，处理好对土地、水、生态资源和资本、技术、人才等要素供求关系，促使农业资源、生产要素、生态可持续利用与农业农村社会经济发展相协调。另一方面，在尊重市场规律和农业发展规律的前提下，还要发挥好政府这只"看得见的手"的作用，有关部门应不断完善促进农业资源与生态环境管理制度，协调好农业自然资源供需关系和及时化解相关矛盾，依法处理破坏农业资源和生态环境的事件，确保实施农业资源保护与农业可持续发展战略，进而促使生态资源在可持续发展的过程中得到妥善的保护。同时，政府部门要加强对农业自然资源和环境的科学管理，尽快将农业自然资源和生态环境管理划归国民经济核算体系之中，将有关农业自然资源与生态保护方面的内容直接纳入政绩考核中，确保对农业自然要素和生态环境宏观决策水平的全面提升。

第三，推进农地产权制度与流转制度改革。进一步明确农业自然资源产权划分，构建起符合市场经济体制的产权制度，从而促进农田保护工作能够得以进一步明确。我国现行的农村土地流转制度不完善，束缚了土地等农业生产要素的合理配置。改革初期，土地的家庭联产承包责任制一定程度上调动了农民的生产积极性，但当前的小农户分散经营的土地制度已不适合农业规模经营和现代化发展的要求，土地小规模分散经营不但提高了农业经营成本，而且阻碍农业机械化、科学化和现代化发展，通过完善农地流转制度，可以更好地解决土地分散经营及其造成的经营效益低的问题。但是，目前土地流转机制不健全又严重阻碍农地流转、农业规模经营和农业生产经营效率的提高。所以，积极推进土地产权制度与流转制度改革，使土地资源在农业生产中能够合理流动起来和得到高效配置，缓解现代农业发展的农业资源约束及压力。

（二）构建新型资源节约型农业评价和保护体系

第一，确立资源节约型和绿色环保的农业发展理念。农业农村现代化和实施乡村振兴战略都离不开农业模式的创新，农业模式创新首要的就是建立资源节约型和绿色环保型农业发展新模式。因此，各级政府有关部门的工作人员、农村基层干部、农民和新型农业经营主体都要加强对资源节约型农业模式的学习了解，提高农业资源紧缺的忧患意识和责任意识，转变农业发展和经营模式，尽快实现由粗放式农业向集约型和资源节约型农业转化，实现由数量型农业向质量效益型农业转变，牢固树立"绿水青山就是金山银山"的绿色环保发展理念。尤其是各级政府要将发展资源节约型和绿色环保型农业的一些相关理论知识、法规、政策等纳入"培训体系"之中，加大社会宣传普及力度，使资源节约、优质高效、生态环保等农业发展理念深入人心，并逐步贯穿于农业经营主体的生产经营实践中。

第二，建立健全农业资源节约型和农业生态保护体系。尽快建立和完善农业资源的节约与保护体系，使土地、水等农业资源在技术支撑下能够高效利用，以确保从粗放型耕作模式向集约型和高效型种植模式转变。坚守耕地红线，以最严格的制度保障耕地规模及其合理利用，落实好耕地的占用和补贴平衡制度，监督各个环节、各级组织对占补平衡制度的有效落实。建立严格的建设用地审批制度，严格控制建设用地侵占耕地面积，对建设用地的总量和强度都要严格控制。落实国家耕地保护补偿政策，有效实施耕地质量的监测与评估，加强农业生态环境检测、监管工作，防止污染物对农地、水源和农作物造成严重污染，不断完善农业农村生态环境的监控和保护制度体系。

第三，优化农业资源保护与创新机制。要逐步完善农业资源的保护与创新机制对我国未来农业发展具有重大意义，建立符合地方实际情况的农业资源保护与创新机制，不仅符合国际农业发展的潮流，而且符合我国基本国情和地方区域农业发展的实际情况，起到引领农业现代化和农业可持续发展的重要功能。例如，紧紧围绕农业资源保护和节约目标，加大对相关科技开发和推广的投入，实施节能减排、节地增效和农业资源循环利用等示范工程，利用现代科技改造盐碱地、荒滩地等，引导发展低碳农业和生态循环农业；加强水资源的管理和保护，做好污水净化处理和加强水资源循环利用，对农业水资源的消耗总量和消耗强度进行严格控制；加强农业资源质量监测和管控，保证水土资源合理高效使用。

第四，要不断优化现代农业创新机制。在农业生产经营方面，要不断提高农业产业化水平，促进农业产业化经营模式创新，保证多农业经营主体参与农业产业化经营，并在农业产业化各个环节取得合理收入；在处理农业发展和资源环境的关系方面，坚持走可持续发展农业和生态循环农业发展之路，注重对各类自然资源节约和可持续利用，根据各地农业资源及农业发展情况，积极实施退耕还林、退耕还草、退耕还湖等措施，用科学手段逐步恢复农业应有的生态功能，全面加强多功能性农业建设；在农业发展的产业链方面，不断完善农业产业化标准体系，加强科技投入，尽可能延长农业的产业链，充分发挥现代农业在吸纳就业、提高附加值和增加农民收入中的作用；加快推进农业质量安全标准及其评价体系建设，保证农产品的质量安全和卫生标准，在推行农业投入减量化和降低农业生产成本的基础上，提高农产品质量和农业综合效益。

第五，积极探索现代农业发展新模式。无论是山东省还是我国其他地区，都应当根据不同地区的地情和农情探索现代农业的不同发展模式，推动现代农业发展模式的不断变革和创新。农业发展要充分考虑资源短缺的基本情况，积极发展节水、节肥、节能农业，着重发展现代生态农业、无公害农业、有机农业、低碳农业、循环农业和多功能性农业等节能环保农业模式，大力培育休闲观光农业、精准农业、设施农业、立体农业等现代高效农业模式，注重发展少投入自然资源、多投入劳动力和科技等社会经济资源的集约型农业，紧紧围绕农业增效、农民增收和农村增绿的目标，加快农业农村现代化进程。

（三）逐步加大农业投入，促进农业科技进步和农业模式创新

第一，加大农业投入力度，完善农业投入机制。农业属于弱势产业，发展现代农业离不开基础设施、公共服务条件的完善，离不开各级政府对农业进行财政投入、补贴和政策支持。特别是在我国目前存在城乡二元经济结构突出问题的条件下，除了加大政府对农业的财政投入和补贴以外，还要坚持工业反哺农业、城市支持乡村和多予少取放活的方针政策，地方政府要将中央的相关惠农政策贯彻好、落实好，在财政预算上逐渐加大对农业投资力度，尽可能降低农业经营风险和改善农业资金短缺的局面。

第二，完善农业资源节约的技术创新与支持体系。整合城乡各类科技文化资源，制定科学、合理、高效的资源节约评价指标体系和农业科技研发推广的激励政策，逐渐加大对农业科技投入的力度，加快农业科技成果研发和推广，提高农业科技人员的素质和待遇，完善各类激励政策和措施，激发科技人员在研发农业技术、推广资源节约型农业模式、加强农民技术指导等方面的积极性和主动性。通过开展各种科技推广、农户技能培训、科技下乡等活动，逐步提高农民的文化技术素质和经营能力，提高农民生产经营的组织化和社会化程度，积极发展各类农民专业合作社和农业协会，加强对发展节约型农业的分工协作、技术推广与市场对接的管理，保证农业资源合理开发和高效利用，为现代农业发展及其模式创新提供强有力的科技支撑。

第三，推进农业科技创新和农业技术成果的推广应用。一是切实加强农业科研平台建设。加大对农业的科技研发力度，积极推动农业科研资源的互联互通。以农科院、农业研究所、高校科研机构、企业研究机构等为主体，围绕主要粮食作物、蔬菜、水产品、果品、畜产品等优势产业，大力推进良种培育，扩大新型实用农业生产和加工技术的科技投入，建立知识产权下的

现代农业科技流通平台，促进高效实用农业技术成果转化应用。二是加大农业科技资金投入。各级政府在继续加大对农业科技攻关项目投入的基础上，要出台各种优惠政策，鼓励和吸引社会、企业等对农业技术开发应用的投资，建立多元化的农业科技投入机制，切实提高农业科技资金的投入水平。

第四，拓宽农业融资渠道，支持农业科技发展和农业发展模式创新。政府要鼓励支持农业科研与推广资金的多元化筹集，可以合理界定农业科技的公益性、准公益性和商品性等不同种类，对具有很强公益性技术实行财政支持研发和推广，对于准公益性农业技术政府有关部门给予合理研发及推广费用补贴，鼓励科研机构和企业开发商品性农业技术成果，通过政府购买或者使用者付费原则进行推广应用。政府应扩大对农业自然资源及生态环境保护技术创新的资金扶持力度，划拨出专项经费，成立农业科技发展基金，专项应用于开发生物技术防治、低残留农药等新技术、新方法的研发及其推广应用。同时，引导大型涉农企业、工商企业等进行农业资源开发和生态保护技术方面的投资，促进我国农业走上依靠科技进步，实现可持续发展的道路。

（四）提高农业劳动力素质和培育新型农业经营主体

农业从业人员综合素质的高低，直接关系到各类农业资源的使用程度和利用效率，也关系到现代农业发展模式创新和农业现代化的成败，农民作为农业资源的主要使用者和现代农业的重要实践者、推动者，其文化技术素质低已成为制约我国现代农业发展及模式创新的重要因素之一，一些新型农业经营主体由于发展时间有限和经验不足，各种素质也有待提高。因此，要千方百计提高农民和其他农业经营者的综合素质，尽快实现资源节约型农业和农业经营模式创新等目标，现阶段需要重点抓好以下几个方面的工作。

第一，大力发展符合现代农业发展要求的农村教育事业，提高农村劳动力和潜在劳动力的整体文化素质。随着现代农业的发展，农民不仅要成为农业的生产经营者，同时还要能够为实现劳动力自由流动、非农就业的知识积累和综合素质的塑造，其中文化素质高低直接影响农民对信息、技术的获取能力和生产效率乃至非农就业状况。山东省和全国一样，应大力促进城乡教育平衡发展，解决长期以来的城乡教育资源、师资力量分配不均的问题，各级政府应当落实农村基础教育的财政投入政策，保障农村适龄儿童入学率以及教育质量。同时，尽快改变我国城乡教育模式趋同和围绕高考指挥棒设置教学内容的状况，应当根据农业农村经济发展实际和农村中学毕业生合理分流趋势，为以后准备在农业农村就业和创业的青年提供相应的知识和技能储备，提高其适应农业农村现代化发展的文化技术素质。

第二，发展农村成人职业教育和加强农业职业技术培训。各地要举办各类行之有效的农村"扫盲学校"或"扫盲班"，不但要减少农村文盲、半文盲人数，而且更要提高农村劳动力技术、技能素质，特别是利用信息技术、互联网的能力素质。在农村举办各类夜校、业余培训班、农闲培训班等形式，帮助农民补文化课和传授新的农业生产技术、新品种、新方法和新发展理念，有效提高农民的思想观念、文化技术和经营管理等综合素质。鉴于目前广大农民的技术、技能素质普遍偏低，缺乏实际应用的职业技能，制约了农业科技成果的转化、农村劳动力向非农产业的转移和农业经营模式转变，因而要不断加大政府对农民技术培训的经费投入，为培养大批知识化、技术化和智能化的新型农民，以及为落实科技兴农战略、改变传统的农业生产和增长方式创造条件，通过广泛推进各种形式的职业技能培训，促进农民技术技能等综合素质提升和农村劳动力向非农产业部门转移流动。

第三，改革农村教育投入和管理体制。目前我国农村推行"以县为主"的教育管理体制存在一定的弊端，由于一部分县级政府财政支付能力不足，造成农村教育投入有限和历史欠账多，农村教育落后不但影响农村人口整体文化素质的提高，而且也会增加农村劳动力转移和非农就业成本。因此，应尽快落实从中央到省市、再自省市到地方各级财政共同分担的教育财政投入体制，减轻经济欠发达地区教育经费严重不足的压力，为改善农村教育环境和提高教育质量创造条件。另外，要积极探索和改革农村单一的应试教育模式，尽快改变农村教育与农村生产生活实际严重脱钩的局面，真正体现农村教育与"农"字挂钩的农村教育管理体系。

第四，将农民培训体系纳入制度化和法制化轨道。农村职业教育和农民技能培训是一项牵扯各级政府、各类部门的系统工程，而且具有投入大、时间长、管理多头和操作复杂等特点，容易导致管理松散、流于形式和培训水分大、效果差等后果，甚至可能出现套取国家培训经费和补贴而没有进行实质性培训的造假现象。因此，对农民技术培训内容、方式、地点、师资、经费、考核和管理等都要纳入计划管理，逐渐将农民技术培训法制化、制度化和规范化，做到资金投入、培训主体和培训内容方式等有法可依，资金使用和培训方法要规范，检查、验收和监督程序要完整。为了使农民积极主动地接受教育培训和真正成为受益者，同时需要全社会力量的共同参与和积极监督。

第五，加强培育新型农业经营主体，提高农业经营者的生态环保意识。农业资源的可持续利用是现代农业发展和农业现代化的基本要求，目前农民的生态环保意识和可持续发展观念都比较淡薄，存在化肥、农药等化学生产资料过量使用、水资源和土地资源的不合理利用、焚烧秸秆等造成空气污染等破坏环境的现象。因此，要通过加强宣传教育，使农民逐渐确立农业生产的生态环保意识和农业可持续发展观念，举行丰富多彩、形式生动多样的生态环保宣传教育活动，并将各种材料、案例通俗易懂地讲给农民听、展示给农民看，使资源节约和农业可持续发展观念深入人心，从而影响农民的生产经营活动，为资源节约型现代农业发展模式创新奠定广泛的群众基础。

第四章 加强农业供给侧改革
推动农业发展模式创新

我国长期存在的农业供给侧结构性问题和农产品供需矛盾，浪费了大量土地等农业资源，损失了一定的农业生产经营效益，进一步加剧了我国资源紧张和生态环境恶化的程度，降低了农业市场竞争力。因此，加强农业供给侧结构性改革既是提高农业发展质量、效益、竞争力和加快农业现代化进程的客观需要，也是缓解农业经济快速发展与资源短缺、生态环境压力大矛盾的重要选择。同时，鉴于农业供给侧结构性矛盾与当前我国农民素质较低、小农户分散经营、农业生产经营方式落后、农业产业融合度较低和农业产业链较短等问题密切相关，加强农业供给侧结构性改革必须与培育新型农业经营主体、创新农业发展与经营模式策略配套实施。本章仍然结合山东省相关情况讨论我国农业供给侧结构性改革、培育新型农业经营主体、现代农业发展及经营模式创新等问题。

第一节 农业供给侧结构性改革的必要性及其任务

一、推进农业供给侧结构性改革的必要性

2017 年，中央一号文件指出，推进农业供给侧结构性改革就是要根据市

场需求的变化，要着力解决农业发展过程中存在的结构性矛盾，主要目标是增加农民收入、保障有效供给和提高农业供给质量，以及发展绿色生态可持续农业，培育新型农业经营主体，加快发展多种形式的规模经营等。具体来说，农业供给侧结构性改革的必要性及意义主要表现为以下几个方面。

（一）农业结构性问题突出必须推进农业供给侧改革

我国农业虽已取得十多年连增的成就，却依然存在农产品品质低、农业生产效益低、农民收入低等突出问题，表面上看这些问题是农业生产供大于求，实质是农业生产经营方式落后，农产品品质低、成本高而无法满足市场需求（陈锡文，2016）[①]。因此，通过发展农业适度规模经营提高农业生产率，发展多层次产业大融合并让农民分享三次产业融合所带来的红利（许经勇，2017）[②]；通过改善农村人力资本投资和培育现代新型职业农民，尽快调整农业结构，转变农业生产经营方式，使农产品降成本、提质量、增效益和适应消费需求，增强农业的竞争力。

从山东省的情况来看，长期以来，山东省十分重视经济结构调整，三次产业结构逐步优化，农业产业和产品结构调整有序推进。2017 年，山东省实现生产总值（GDP）72678.2 亿元，按可比价格计算，比上年增长 7.4%。其中，第一产业增加值 4876.7 亿元，增长 3.5%；第二产业增加值 32925.1 亿元，增长 6.3%；第三产业增加值 34876.3 亿元，增长 9.1%；实现农、林、牧、渔服务业增加值 282.0 亿元，增长 12.9%。三次产业构成已调整为 6.7∶45.3∶48.0。山东省粮食基本实现自给有余，2017 年粮食总产量达到 4723.2 万吨，创历史第一高产年；当年全省林业增加值 116.0 亿元，比上年增长 9.9%，年末林地面积 349.0 万公顷，活立木总蓄积量 13040.5 万立方米，森林覆盖率为 17.51%；畜牧业增加值实现 997.8 亿元，比上年增长

---

① 陈锡文：《农业供给侧结构性改革要进行三大创新》，《农村工作通讯》2016 年第 8 期。

② 许经勇：《深入推进农业供给侧结构性改革的几个问题》，《吉首大学学报（社会科学版）》2017 年第 3 期。

3.7%；渔业增加值达到960.6亿元，下降0.5%，水产品总产量（不含远洋渔业产量）881.4万吨。休闲旅游农业得到较好的发展，全年旅游消费总额实现9200.3亿元，比上年增长14.5%，目前省内共拥有A级旅游景区1075家，省级以上旅游度假区45家，省级旅游强乡镇527个，省级旅游特色村1180个。但是，山东省农业无论是产业结构还是产品结构，都存在着许多突出问题，如果这些问题得不到妥善解决，势必会严重制约农业经济持续健康发展。

目前，山东省需要推动以下农业供给侧结构性改革来化解农业结构性矛盾：一是尽快解决种植结构不合理问题，由于粮食连年增产，主要农产品供求关系不断改善，但结构性矛盾比较突出，一些优质特色、绿色安全的农产品比较缺乏，有的农产品存在"卖难"现象，而有的农产品则供不应求；二是缓解农业生产与国际市场存在的矛盾冲突，随着近年来玉米、大豆、棉花和食用植物油等资源性产品进口量不断增加，给山东省种植业生产带来较大冲击，必须减少库存量较大的玉米种植面积，增加缺口较大的大豆、饲草料等作物生产；三是需要纠正农业结构不符合农业增效和农民增收目标的偏差，随着农资价格和人工费用等生产成本的不断上升，农民进行大众化种养所取得的比较效益越来越低，必须引导农民发展高效特色种养业、农牧结合产业和休闲农业等，实现一、二、三产业间的融合，通过优化产业产品结构促进农业增效和农民增收。

（二）农业资源环境承受的巨大压力必须推行农业供给侧改革

我国农业供给侧的矛盾和问题不仅表现为农产品供给未能很好地适应消费需求的变化，而且还给我国农业资源环境带来了很大的压力，不仅影响当前的生产发展和农民增收，而且还直接影响农业的长远可持续发展（宋洪远，2016）①，甚至由于农业资源不足和消费者对供给侧的产品信任不足等问题影响了农产品竞争力，成为我国农业供给侧改革的重要因素（何秀荣，2016）②。目前我国农业资源透支利用和环境污染十分严重（参见表4-1），生态修复压力较大，必须适应人民群众对绿水青山、洁净空气、安全食品的迫切需要，把保护和修复农业生态、增加优质生态产品供给作为农业供给侧结构性改革的重要任务，实现农业物质投入精准化、减量化，引导农民科学施肥、合理用药，对水土流失区、土壤重金属污染区等开展综合治理，走资源生态可持续发展的道路（祝卫东，2016）③。因此，2017年中央一号文件明确提出质量兴农，推动农业向绿色、生态、可持续的方向发展，实现农业增效、农民增收、农村增绿。一方面，要通过加快推进农业供给侧结构性改革，加快推进农业绿色发展，减轻自然资源消耗压力、缓解环境约束与农业发展的矛盾（孔祥智，2016）④。另一方面，还要更加注重制度创新、机制创新和科技驱动，用改革的办法调整优化农业结构，确保农业可持续发展和食品安全（吴海峰，2016）⑤。

表4-1　我国农业资源不合理利用及污染状况⑥　　　　单位：%

项目	化肥利用率	农药利用率	农膜残留率	江河湖泊受污染程度	耕地受重金属污染程度
占比	40	35	40	70	6

---

① 宋洪远：《关于农业供给侧结构性改革若干问题的思考和建议》，《中国农村经济》2016年第10期。

② 何秀荣：《农产品供给侧改革主要是提升农产品竞争力》，《农林经济管理学报》2016年第2期。

③ 祝卫东：《关于推进农业供给侧结构性改革的几个问题》，《行政管理改革》2016年第7期。

④ 孔祥智：《农业供给侧的三大问题》，《农经》2016年第3期。

⑤ 吴海峰：《推进农业供给侧结构性改革的思考》，《中州学刊》2016年第5期。

⑥ 祝卫东：《关于推进农业供给侧结构性改革的几个问题》，《行政管理改革》2016年第7期。

从山东省情况看，亟需缓解农业资源与生态压力，山东省属于资源环境约束程度高的省份，由于长期过分追求土地产出能力，耕地地力严重透支，由于种植结构不合理加剧了农业淡水资源供需矛盾，化肥农药投入结构失衡加大了生态环境的压力，必须通过加快农业结构调整改变依赖过度消耗资源的粗放型农业经营方式，促进农业可持续发展。

二、农业供给侧结构性改革的基本任务

从根本上讲，农业供给侧结构性改革就是要以市场需求为导向，以粮食安全、农业产业结构调整、区域布局优化、农产品质量提升、农业自然资源循环利用、农业生态环境保护、各相关产业融合为重点内容，就是通过农业生产结构调整，去库存、降成本、增效益和提质量，使农产品更为符合消费者需求，从而达到农业增效、农民增收、农村增绿和推动农业持续发展的目标。

（一）农业供给侧结构性改革要调整农业产业和产品结构

首先，随着我国粮食连年增产，供求总量基本平衡，但结构性问题日益凸显，生产与市场脱节，以高生产成本维系着高产量导致产品积压，浪费了农业资源和牺牲了生态环境，即生产成本过高和资源错配等突出问题使得中国农业受"天花板"和"地板"双重制约，在倒逼农业供给侧结构性改革（朱俊峰，2016）①。我国的土地等农业资源稀缺程度越来越高，随着工业化、城镇化进程加快，耕地非农化现象越来越严重，成为农业健康稳定发展和粮食安全的潜在威胁。2017 年，国务院印发《全国国土规划纲要（2016—2030 年）》，规划了耕地保有量等控制指标（参见表 4-2），实行严格的耕地保护制度，防止突破 18 亿亩耕地保护红线，严格控制耕地非农化

---

① 朱俊峰：《坚持市场化取向推进农业供给侧结构性改革》，《中国发展观察》2016 年第 6 期。

（曹俊杰，2017）①，在此前提下进行合理开发利用土地资源。

表4-2　我国耕地保有量等主要控制或预期指标②

指标名称	2015 年	2020 年	2030 年
耕地保有量（亿亩）	18.65	18.65	18.25
用水总量（亿立方米）	6180	6700	7000
森林覆盖率（%）	21.66	>23	>24
草原综合植被盖度（%）	54	56	60
湿地面积（亿亩）	8.0	8.0	8.3
国土开发强度（%）	4.02	4.24	4.62
新增治理水土流失面积（万平方千米）	—	32	94

近年来，为了节约土地等资源和提高农业质量效益，山东省政府提出要加快发展高端高质农业、高效特色农业，促进农业标准化、规模化和绿色化生产，加快现代农业、渔业、林业、畜牧业示范园区建设，加强农业标准化生产基地创建活动，引导和带动农业标准化生产。2016 年，山东省还出台了《关于进一步调整优化种植业结构的意见》，明确新一轮种植业结构调整"一保、二稳、三促"的重要目标，即确保口粮绝对安全，争取到 2020 年全省小麦播种面积稳定在 5600 万亩以上，产量 450 亿斤以上；稳定棉花、蔬菜种植面积，到 2020 年全省棉花面积稳定在 700 万亩左右、蔬菜面积稳定在 3200 万亩左右；促进花生、大豆和杂粮杂豆、饲料饲草发展，到 2020 年全省花生面积发展到 1200 万亩左右，大豆和杂粮、杂豆面积达到 350 万亩左右，饲用玉米、饲草料种植面积达到 1000 万亩。在此基础上，提出因地制宜开展耕地轮作休耕试点，探索改小麦和玉米两季轮作制为小麦和大豆、杂粮杂豆、薯类、夏花生、蔬菜、饲用玉米和饲草等作物轮作制，适当减少

---

① 曹俊杰：《工商企业下乡与经营现代农业问题研究》，《经济学家》2017 年第 9 期。

② 中华人民共和国国土资源部：《全国国土规划纲要（2016—2030 年）》2017 年 2 月。

籽粒玉米播种面积。

其次，由于农业产业和产品结构不合理造成土地浪费问题越来越突出，必须推进农业供给侧结构性改革，依靠科技创新手段解决好农业结构性矛盾和农业生产成本高等问题，在保证粮食安全的基础上合理发展特色优势果蔬业、苗圃业、畜牧业、水产养殖业和观光休闲农业等，及时调整小麦、玉米、大豆等重要粮食作物种植结构，因地制宜开发利用土地资源和发展农业经济。同时，通过发展农业科技园区，示范推广农业科技成果和农业结构调整经验，充分利用现代科技成果推动农业产业和产品优化升级。近年来，山东省提出以农业产业需求为导向，着力提升现代种业发展水平，加快培育一批具有广阔应用前景和自主知识产权的突破性品种，鼓励高等院校和科研院所的人才、技术等资源依法向种业企业流动，做大做强"育繁推一体化"种子企业。同时，加强农业技术创新团队建设，推动农业重大应用技术、绿色关键技术的研发与集成，促进科技与农业产业紧密融合。在农业科技园区建设方面，山东目前拥有黄河三角洲国家农业高新技术产业示范区和 19 个国家农业科技园区，数量居全国首位，发挥了示范引领科技兴农和提升农业结构的作用。2017 年山东省还出台《关于加快全省农业科技园区体系建设的实施意见》，计划在"十三五"期间有特色、有竞争优势的设施蔬菜、特色果品、海水农业、海洋养殖等方面布局，新建 1—2 个国家级农业高新技术产业开发区，新建 10 个左右国家级农业科技园区，新建 20 个左右省级农业高新技术产业开发区，发挥农业科技园区的高新技术培育、成果转化、农业服务和结构调整等作用，打造特色果蔬、花卉苗木、中草药、食用菌等优势产业集群，进行农业名优品种等原产地保护、挖掘传承区域农业文化、打造休闲旅游农业新业态。

（二）农业供给侧结构性改革要优化农村一、二、三产业结构

首先，我国不但存在农业内部产业结构不合理，而且还存在农村一、

二、三产业融合不足等结构性问题。当前我国农村一、二、三产业融合问题主要集中于农业与农业生产性服务业融合不足，农业生产要素投入结构不合理及农业生产性服务业发展滞后成为农业与其他产业融合的瓶颈（汪小勤、汪娟，2017）①。目前学术界一般用农业对三次产业的完全消耗系数，即用三次产业对农业的中间投入率来判断农业生产要素投入结构是否合理，我国与一些发达国家相比，第一、二产业的完全消耗系数的平均水平差距不大，而农业生产要素投入差距主要集中于服务业对农业的投入，我国农业对第三产业的完全消耗系数仅为 7.92%，而 OECD 国家均值已达 16.27%，德国第三产业对农业的投入则高达 25.87%（参见表 4-3）。因此，我国必须尽快转变农业生产要素投入结构，促进农村一、二、三产业的融合发展。

表 4-3　中国农业对三次产业完全消耗系数及其与部分发达国家的比较②

单位:%

国家	第一产业	第二产业	第三产业
中国	13.79	19.82	7.92
美国	18.17	19.50	21.01
日本	12.64	22.62	18.05
法国	17.16	19.84	18.64
澳大利亚	22.62	9.82	22.95
德国	7.99	26.56	25.87
OECD 国家均值	12.48	18.27	16.27

其次，在科学安排种养殖业结构的基础上，加快发展农产品精细加工产业，合理发展休闲旅游农业，拉长农业产业链和价值链，加快农业服务市场

---

① 汪小勤、汪娟：《产业融合视角下探究农业供给侧结构性改革》，《商业经济研究》2017 年第 6 期。

② 汪小勤、汪娟：《产业融合视角下探究农业供给侧结构性改革》，《商业经济研究》2017 年第 6 期，第 143 页。

发育,从根本上改变农村服务业落后状况,实现农村一、二、三产业深度融合。近年来,山东省为深化农业供给侧结构性改革,积极采取稳定粮食播种面积,主动调整种植结构。2017 年,山东省基本维持原来的小麦播种面积,玉米播种面积比上年减少 1.5%,棉花播种面积减少 37.5%;在畜牧业方面加速退出中小规模养殖户,促进大型规模养殖户成长;大力培育休闲农业经营主体和示范点,当年各类休闲农业经营主体已超过 1.9 万家,年营业额突破 630 亿元,拥有国家级休闲农业和乡村旅游示范县、示范点达到 50 个。同时,山东省在全国较早提出了发展农业"新六产",促进农村一、二、三产业融合发展的战略,山东省具有良好的农业产业化经营的基础,积累了丰富的经验,农业产业链不断延长,农村第二、三产业发展势头较好,应当抓住机遇,以发展农业"新六产"为契机,进一步拓宽农业产业领域,加强农村三次产业之间的融合,打造农业发展的新模式。对于此项内容将在本章第三节进行具体讨论。

(三) 农业供给侧结构性改革要保证农业提质增效

推进农业供给侧结构性改革,必须坚持问题导向,提高农业供给质量和效益。2017 年,山东省围绕农业提质增效促进农业供给侧结构性改革,推出了"山东标准"和"食安山东"两项重要战略措施。首先,通过实施"山东标准"战略加快农业标准化建设,推进农业供给侧结构性改革。坚持绿色可持续发展理念,从根本上改变农业发展过度依赖资源消耗和主要追求数量指标的做法,逐渐实现农业发展更加注重满足质量效益和绿色生态的目标,坚持标准化生产与执法监管并重,强化标准化对农产品质量安全的支撑和引领作用,通过实施农业标准化战略进一步提升山东省农产品质量安全水平。计划到 2020 年,基本完善全省粮食、棉花、油料、蔬菜、食用菌、果茶、中草药、土肥监测、植保、生产服务等十大类农业地方标准及相关农业生产技术规程,培育瓜菜、果品、茶叶、食用菌、中草药、粮食、棉花、油料等农业标准化示范区或基地达到 1000 余家，全省"三品一标"产地认定面积占比达到 60%，有效使用标志"三品一标"数量达 8680 个。其次，为推动山东省由农业大省向农业强省、品牌强省转变，山东省政府出台"食安山东"品牌建设的实施意见，以"食安山东"建设为统领，以"安全、健康、口碑"为核心，通过持续培育农业品牌打造山东食品安全整体形象，提出将山东建设成为全国食品和食用农产品消费最安全、最放心的地区之一，争取到 2020 年实现 80% 以上市、县创建成为省级以上食品安全城市和食品安全先进县，132 个涉农县全部创建成为省级以上农产品质量安全县。通过大力推广测土配方施肥、生物农药和绿色控害植保技术以及农业废弃物利用技术，防治农业面源污染，建立健全产地环境检测、监测结果通报制度和质量诚信体系，全面加强原粮质量监管和预测预报。

（四）加快培育新型农业主体和创新农业发展模式

农业供给侧结构性改革的主要目标也包括农业主体，必须重视培育新型农业经营服务主体，促进构建现代农业体系（张红宇，2016）①。通过实施提升人力资本素质计划，逐步壮大有文化、懂技术、会经营的新型农民队伍，培养一批会农业品牌经营的优秀企业家和职业经理人，培育各类新型农业经营主体，让各类经营主体愿意进入农业、更多高素质劳动力乐于从事农业，真正激发农业发展的活力与潜力，积极引导新型主体运用农产品商标和地理标志，提升品牌农产品对经济增长贡献率，以提高农业整体竞争力（向俊、陈晓，2013）②，为推进农业供给侧结构性改革提供强劲的内生动力。同时，通过培育大批新型农业经营主体加强农业创新驱动，开创现代农业发展与经营新模式，不断提高农业效益和农产品竞争力。关于培育新型农业主体和创新农业发展与经营模式推动农业供给侧结构性改革问题，将分为两部

---

① 张红宇：《推进农业供给侧结构性改革定盘要"四着"》，《中国农村金融》2016 年第 8 期。

② 向俊、陈晓：《城市工商资本下乡问题研究》，《中国工商管理研究》2013 年第 10 期。

分内容进行讨论。

第二节　培育新型农业经营主体
推动农业供给侧改革

2017 年 5 月，中共中央办公厅、国务院办公厅印发的《关于加快构建政策体系培育新型农业经营主体的意见》指出，加快培育新型农业经营主体，对于推进农业供给侧结构性改革、引领农业适度规模经营发展、带动农民就业增收、增强农业农村发展新动能具有重要意义。从山东省情况来看，2016 年 8 月，山东省政府批准《山东省整体推进新型农业经营主体发展实施方案（2016—2020 年）》，要求通过不断扩大新型农业经营主体发展规模，推动农业供给侧结构性改革，大力培育专业大户、家庭农场、农民专业合作社、龙头企业等。

一、培育新型农业经营主体对推动农业供给侧改革的意义

（一）新型农业经营主体是推动农业供给侧改革的主力军

首先，发挥新型农业经营主体在农业供给侧结构性改革中的引领功能。传统的分散经营的小农户和农民由于受到素质的局限，在促进农业供给侧结构性改革中难以起到挑大梁的作用，这一历史重任必然落在新型农业经营主体身上。因此，推进农业供给侧结构性改革必须充分发挥各类新型农业经营主体的引领力量。目前我国新型农业经营主体主要包括家庭经营型、合作经营型、集体经营型、企业经营型四大类（张红宇，2016)[1]，按照其在生产经营中表现出来的组织形态，也可以分为种养大户、家庭农场、农民专业合

---

① 张红宇：《推进农业供给侧结构性改革定盘要"四着"》，《中国农村金融》2016 年第 8 期。

作社、农业产业化龙头企业及各类涉农企业、农业社会化服务组织等类型，另外还应当包括城镇返乡创业人员、新型职业农民等。

其次，随着新型农业经营主体的成长和发展，其自身不仅能够利用先进技术条件进行农业规模化、集约化、标准化和专业化生产，创新农业生产方式和营销方式，提供优质农产品，而且也能带动普通农户有效对接市场，通过提升规模经营水平和完善利益分享机制，更好地带动农民增加收入和发挥发展现代农业的引领作用。

（二）培育新型农业经营主体助力转变农业生产经营方式

首先，新型农业经营主体依靠自身的优势可以主导现代农业经营模式。新型农业经营主体可以很好地带动普通农户连片种植与规模饲养，并提供专业服务，新型农业经营主体通过集群集聚发展，参与现代农业产业园、农业科技园和农业产业化示范基地等建设，促进农业专业化布局和规模化生产，形成"一村一品、一县一业"等特色优势产业和乡村旅游基地，提高产业整体规模效益和多路径提升规模经营水平。比如，鼓励工商企业下乡经营农业可以凭借自身资金、技术、人才、管理等优势发展现代新型农业，与农户联合搞订单农业和股份合作经济，延长农业产业链，让农民和其他参与主体分享现代农业发展收益（曹俊杰，2017）[①]。

其次，新型农业经营主体可以引导转变传统农业经营模式。新型农业经营主体经营农业更有条件推行标准化、社会化和企业化，克服了小农户依赖投入化肥、农药等来提高农业产量的弊端，增加现代农业新要素的投入不但有利于提高农产品质量和卫生安全指标，而且可以为实现农业增效、农民增收和农村增绿奠定基础，新型农业经营主体在发展精准农业、设施农业、生态休闲农业等方面也更具优势，从而更好地实现农业经济、社会和生态等综合效益，这完全符合推行农业供给侧结构性改革的初衷。

---

① 曹俊杰：《工商企业下乡与经营现代农业问题研究》，《经济学家》2017 年第 9 期。

（三）新型农业经营主体为农业供给侧改革提供动力

由于新型城镇化战略推进了农业优质人力资源向城镇转移，导致农业生产经营者的整体素质下降，不但制约了传统农业向现代农业转型，而且助推形成农业供给侧问题（王文强，2017）[①]。因此，农业供给侧结构性改革亟须优质人力资源进入农业生产经营领域，既要注重发展种植大户、家庭农场、农民专业合作社和农业龙头企业等新型农业经营主体，还要加快培育新型职业农民并给予各项政策扶持（孔祥智，2016）[②]。加快培育新型职业农民和新型农业经营主体，引导鼓励企业家和各类高素质人才投资经营现代新型农业，将越来越多的社会优秀人才吸引到农业领域，可以扩大农业供给侧结构性改革的主体力量，增强改革的驱动力。

二、培育新型农业经营主体引领农业供给侧结构性改革

依靠各类新型农业经营主体推动农业供给侧结构性改革，进而带动农业发展和经营模式创新，应当成为我国农村长期实施的一项战略。

（一）大力培育新型农业经营主体提高农业发展动力

新型农业经营主体既是农业供给侧结构性改革的推动者，又是促进现代农业发展和农村全面振兴的主力军，应当通过大力培育新型农业经营主体来提高农业和农村改革发展动力。据统计，截至 2016 年年底我国农户家庭农场、农民合作社、农业产业化经营组织、农业社会化服务组织等新型农业经营主体已超过 420 万家，城镇返乡创业人员 570 万人，新型职业农民超过 1270 万人，新型农业经营主体已经成为农业现代化发展的引领力量（参见

[①] 王文强：《论增强农业供给侧结构性改革的主体力量》，《农村经济》2017 年第 4 期。
[②] 孔祥智：《农业供给侧结构性改革的基本内涵与政策建议》，《改革》2016 年第 2 期。

表4-4）。

表4-4　2016年我国新型农业经营主体和新型职业农民发展情况①

名称	家庭农场（万家）	农民合作社（万家）	农业产业化组织（万家）	农业产业化龙头企业（万家）	农业社会化服务组织（万个）	城镇返乡创业人员（万人）	新型职业农民（万人）
数量	87.7	179.4	38.6	12.9	115	570	1270
相关项目占比情况	占承包耕地面积的13.4%	占全国农户总数的44.4%	占农作物播种面积的60%	占农产品市场供应的33.3%	—	占进城农民工总量的2%左右	约占农业劳动力总数的5.8%

近年来，山东省十分重视对新型农业经营主体的培育和发展，并取得了较好的成绩，相关工作也走在了全国的前列，各类新型农业经营主体逐渐成为现代农业发展的重要推动力量。据山东省统计局发布的消息，2017年山东省农业龙头企业销售收入达到1.7万亿元，土地经营规模化率超过40%，山东省拥有农民合作社、家庭农场等新型农业经营主体数量在全国省区、市中位居第一。另据山东省农业厅公布的数据，截至2018年5月底，山东省年销售收入过500万元的农业产业化龙头企业已超过9600家，依法登记的农民合作社达到19.4万家，工商部门登记注册的家庭农场有5.5万家，各类社会化服务组织多达21多万家（毛鑫鑫、王川，2018)②。同时，全省实现土地流转面积3174.8万亩，占家庭承包土地面积的34.4%。各类新型农业经营主体已成为农业现代化的推动者，也是现代农业发展及其模式创新的引领者。

---

① 资料来源：综合2017年6月5日人民日报评论和中国资讯网2017年3月8日公布数据整理。城镇返乡创业人员占比和新型职业农民占比分别根据进城农民工数量、农业从业人数总量计算而得。
② 毛鑫鑫、王川：《山东省8项政策支持培育新型农业经营主体》，《农业工程》2018年第6期。

（二）完善新型农业经营主体培育发展的协调机制

新型农业经营主体培育发展涉及各级政府、农村基层组织、农户、涉农企业、金融机构和社会等各方面，参与部门多、环节多、范围广和过程复杂，必须要求有关部门和其他相关主体密切配合，形成共同支持新型经营主体培育发展的协调机制。2016年8月，山东省人民政府批准了由省农业厅编制的《山东省整体推进新型农业经营主体发展实施方案（2016—2020年）》，规划到2020年，在培育壮大新型农业经营主体规模的基础上，实现种植规模50亩以上的种粮大户达到7万户；家庭农场发展到8万家，实现1200万亩的经营土地面积；加入农民合作社的农户争取达到650万户；培育1万家规模以上龙头企业，其中3100家年销售收入超过1亿元，等等。该实施方案还要求，各级政府要加强对新型经营主体发展工作的组织领导，建立工作机制，落实扶持政策，加大资金投入，为新型经营主体培育发展创造有利环境，有关部门要在政策、资金、人员等方面提供有力保障。2018年6月，山东省委、省政府又出台《关于加快构建政策体系培育新型农业经营主体的实施意见》，提出到2020年基本建立符合市场运行规则和产业升级规律、与新型农业经营主体发展需求相适应的政策支持体系。这些发展蓝图与政策方案的出台，既为山东省培育新型农业经营主体指明了方向，也为未来的工作实践提供了规范的制度保障。

（三）完善新型农业经营主体培育的支持政策体系

首先，尽快形成新型农业经营主体培育的财政支持政策。一方面，在财政支农资金分配上，要实行向新型农业经营主体倾斜的政策，支持各类新型农业经营主体尽快成长，推行政府购买农业公益性服务的办法，扶持新型农业服务主体积极打造服务平台；另一方面，在税收惠农政策安排上，逐步扩大农产品增值税进项税额核定扣除试点行业范围，落实新型农业经营主体在产供销和加工、保鲜、储运等各个环节的税收优惠。另外，扩大对新型农业经营主体从事业务的转移支付范围，增加新型主体的收益。

其次，采取更为灵活的支持新型农业经营主体成长的土地支持政策。在用地问题上，一是各级政府要根据有关法律法规，做好土地利用规划，用地政策适当向新型农业经营主体从事农业生产，特别是从事农业新产业和新业态所需建设用地倾斜；二是积极支持新型农业经营主体依法依规盘活现有农村集体建设用地，用以发展农业新产业和新业态，鼓励新型农业经营主体投资或与农村集体经济组织合作共建农业基础设施（毛鑫鑫、王川，2018）[1]，实行设施产权共享的办法，吸引新型农业经营主体参与农业农村基础设施建设，改善农业生产经营条件；三是不断完善农村土地流转机制，积极推行设施农地"三权分置"制度，引导农民以土地经营权、水域滩涂养殖权等入股发展农业产业化经营，加快农地流转，政府有关部门做好宣传引导、规范服务、化解矛盾、监督合同签订和履行过程，为新型农业经营主体进行规模经营创造条件。

最后，逐渐完善壮大新型农业经营主体力量的配套政策体系。发挥政策引领新型农业经营主体发展的功能，支持新型农业经营主体经营农业和提升市场竞争力，增强其规范发展和带动农民增收致富能力。同时，逐步建立健全农业社会化服务体系，培育各类农业服务主体，引导其开展面向小农户的农业生产托管，降低农业生产经营成本，鼓励农业龙头企业创办或入股合作组织，支持龙头企业、家庭农场、农民专业合作社和产业协会等主体之间联合，培育发展一批示范农业产业化联合体和产业联盟，走新型农业经营主体多元融合发展之路，不断提升其发展规模和质量。另外，还需要不断完善农业经济组织的融资、抵押贷款、保险等支持政策，保障新型农业经营主体健

---

[1] 毛鑫鑫、王川：《山东省8项政策支持培育新型农业经营主体》，《农业工程》2018年第6期。

康持续发展。

（四）发挥新型农业经营主体在农业供给侧改革中的主体功能

今后我国要充分培育并发挥各类新型农业经营主体的功能，紧紧围绕"去库存、降成本、补短板、强生态和优结构"的主旨，通过大力培育各类新型农业经营主体引领农业供给侧结构性改革，不断推进农业经营模式创新。

第一，利用新型农业经营主体掌握市场信息灵敏和抗风险能力强等优势，根据农产品市场需求导向安排农业生产经营，创新农业经营模式，加快发展农产品加工、储藏、保鲜和流通业务，延长农业产业链条和构建现代农业发展新业态，更好地解决农产品难卖和"去库存"问题。

第二，通过新型农业经营主体参与现代农业活动，形成农业组织化、社会化、企业化和适度规模经营，进行农业技术创新，提高农业生产效率和经济效益，改善农产品质量，促进新型经营主体和普通农户共同发展和共享收益，依法依规取得国家相关农业补贴，从而有效降低农业生产经营成本。

第三，通过培育和引入新型农业经营主体，加强农业基础设施建设和农业生态环境建设，推进农业科学化、生态化、信息化和标准化建设，创设培育农业品牌，提升消费者对农产品供给的信任度，弥补农业发展的短板。同时，推行绿色和清洁的农业生产方式，缓解农业生态环境压力，实现农业增效与农村增绿的统一，合理配置农业生产要素投入，控制化肥农药等化学性生产资料的过度投入，大力发展资源节约、环境友好、生态循环型农业，搞好农业环境治理和生态修复工作，处理好农业增效、农民增收与农村增绿的关系，增强农业可持续发展能力。

第四，引导各类新型农业经营主体进行新型农业产业经营，不断优化农业产业结构和产品结构，利用自身经营优势树立全产业链供给观，拓展农业经营领域，扩大对农业服务业的投入，推动农村一、二、三产业融合发展，真正形成农业有效供给，引导支持新型农业经营主体发展乡村休闲农业、观光旅游农业、乡村养老业等，催生农村新产业和新业态。

第三节　着力推动现代农业发展与经营模式创新

农业供给侧结构性改革是基于我国农业发展过程中的复杂矛盾和问题，必须以农业创新性思维推动现代农业发展及经营模式、产业结构等根本性变革，特别是积极引导各类新型农业经营主体进行农业发展与经营模式创新。从当前农业供给侧结构性改革需要和农业发展形势来看，需要着力推动以下几种农业发展与经营模式创新。

一、创新农业产业化经营模式

（一）传统的农业产业化经营模式有待创新

首先，传统的农业产业化经营模式动能充分释放需要通过创新来增加农业发展新动能。从我国农业产业化经营模式的历史演变来看，20世纪80年代以后，在胶东半岛等山东省东部沿海农村工业化开展较早的地区，开始采取龙头企业与周边农户联合生产经营的方式，即实行农业产业化经营模式。早期传统的产业化经营模式主要采取"龙头企业（公司）+农户""龙头企业+基地+农户""龙头企业+批发市场+农户"等形式，一般农村龙头企业直接与分散农户或通过生产基地、专业批发市场与农户建立利益共同体，间接地将农民引入市场活动，这种产业化经营模式虽然具有操作简便、利益共享和风险共担等优点，但是在新时期对于农民进一步增收和降低经营风险形成了"瓶颈"。一方面，由于一些农村龙头企业经营风险较高和发展不稳定，一旦企业经营不善或者破产倒闭，与其合作的农户必然受到牵连与损失；另一方面，起主导作用的龙头企业往往注重加工、销售一端而忽视生产一端，分散经营的农民难以保障农业生产源头不出现问题。另外，"龙头企业+农户"的农业产业化经营组织形式还存在固有的契约约束脆弱的缺陷（樊祥成，2016）①，因此，必须通过提高农民组织化程度，通过农民专业合作组织等介入对企业和农户的经济活动、履约等进行监督和约束，实现各方参与主体合作共赢和分享农业增值。

其次，传统的农业产业化经营模式暴露的弊端也越来越多。山东省作为开展农业产业化经营较早的地区之一，农业产业化经营提高了当地农业社会化和组织化程度，缓解了农民"买难""卖难"和"小生产与大市场"的矛盾，促进了传统农业向现代农业的转变。但是，早期形成的这些农业产业化经营模式暴露的弊端也越来越多，这些弊端除了上面分析的几点以外，还集中表现在以下三个方面：一是存在分散的小农户与居于主导地位的企业关系不对等，一旦发生经营风险受损失最严重的往往是处于弱势地位的农户一方；二是这种传统的农业产业化经营模式还具有成本高、不稳定、发展空间不足的特点；三是利益分配不规范、合作主体之间纠纷频繁发生，影响利益主体间长期合作共赢。因此，这些弊端严重制约农业增效、农民增收致富和乡村振兴战略的建设，说明传统农业产业化经营模式能量已经得到充分释放，必须通过发展新型农业产业化经营模式来增加新动能和化解多种矛盾，新型农业产业化既需要吸纳新型农业经营主体加入，又需要利益联结机制和分配机制创新。

（二）新型农业经营主体需要介入农业产业化组织

首先，新型农民专业合作组织承担着农业产业化经营模式创新的重任。随着我国农村市场经济的活跃和农民专业合作社、农业专业协会等组织在各地兴起，充分发挥这些农民联合经济组织的纽带和桥梁作用，带动农户或者直接代表农户的共同利益与公司合作，建立新型农业产业化经营模式，对有

---

① 樊祥成：《山东农业产业化经营的发展与创新经验》，《山东社会科学报道》2016 年第30 期。

效化解传统农业产业化的矛盾以及实现农业增效、农民增收具有重要的现实意义。农民专业合作社或者农业专业协会为同类农产品的生产经营组织，属于自愿联合型和进行民主管理的互助性经济组织，不但可以为社员提供技术、信息和资金等生产要素支持，以及在农业生产资料购买，生产管理，农产品收获、贮藏、加工、运输和销售等诸多环节为社员提供服务，弥补单个农户干不了、干不好的缺点，而且可以代表入社农户的共同利益参与农业产业化经营，弥补了分散农户与大公司合同谈判地位不对等的缺点，活化了农户与公司之间的联结机制。例如，实行"公司+合作社+农户"或者"公司+专业协会+农户"的新型农业产业化运作模式，引导农户先参加农民专业合作社，再通过农民专业合作社或协会与公司进行对接，专业合作社和协会在为分散农户提供必要服务的同时，成为农户参与企业进行产业化经营合作的中介桥梁，让农民分享企业经营收益和土地流转收益，不但减少了农户土地流转风险，而且也降低了企业直接与一家一户合作与谈判的成本。

其次，新型农业经营主体成为推动农业产业化经营模式创新的动力。近年来，随着我国加强对新型农业经营主体的培育，各类农民专业合作社、农业专业协会、种养殖大户、家庭农场、农业产业化龙头企业等快速成长起来，一些农村中介组织、小微企业和农业科技服务机构等也加入农业经营中来，今后还会吸引越来越多的城市工商企业下乡经营现代农业（曹俊杰，2017）①。如果这些新型农业经营主体之间以通过农民专业合作组织与普通农户联合经营的方式，组建更具实力的农业产业化组织，就能够较好地克服传统农业产业化的弊端。从目前情况来看，通过新型农业经营主体推动农业产业化经营模式创新的力量主要有两个：一个是来自农业和农村内部力量，包括农民专业合作社等组织与农户结成新的利益共同体，推行现代农业经营；另一个是来自农业和农村的外部力量，包括城市工商企业和社会资本等参与农业现代化经营，通过租赁土地或者以农地入股形式与农户组成农业生

---

① 曹俊杰：《工商企业下乡与经营现代农业问题研究》，《经济学家》2017 年第 9 期。

产经营联合体，形成多主体联合建立更紧密的利益联结机制，各主体之间可以更好地形成长期合作共赢的关系。

最后，工商资本下乡给农业产业化经营模式创新注入了新动能。2018年中央一号文件提出，加快制定鼓励引导工商资本参与乡村振兴的指导意见，创新投融资机制，鼓励社会各界投身乡村建设。这一文件精神对于推动城市工商资本下乡具有重要的现实意义，城乡工商资本下乡不但能够很好地解决农村谁来种地、怎样种地、人去哪里、钱从何来、农业技术如何提高等一系列难题，而且可以促进农业社会化和产业化经营（曹俊杰，2018）①。与其他的新型农业经营主体相比，工商企业下乡经营农业还具有比较完整的组织架构和产业链等优势，技术创新、适应市场能力和发展能力较强，可以更好地带领农户走进市场、拓展农业产业链和拓展农业产业化发展空间。如果能够利用农民专业合作社或者协会与涉农企业、农户对接，建立新型农业产业化经营的联合体，实行适度规模经营和企业化经营，引领分散农户步入现代化农业经营和发展轨道，就会顺利实现将农业产业化发展由过去主要依靠土地、资金、劳力等传统要素向依靠资本、技术、人才、信息、装备、生态、管理等新型要素体系转变，进一步实现农业要素集中、产业集群和经营集约的目标，推动新型农业产业化、园区化和公司化发展，通过创新农业产业化经营模式，降低交易费用和提高农业规模经营效益，以及提高产业链中各要素的配置效率。

二、发展农业股份合作制经营模式

（一）农业股份合作制经营模式的推出

长期以来，许多农村地区农村集体资产处于虚设状态，农民除了拥有农地承包经营权以外，表面上农民对集体集中控制的资产"人人有份"，实际

---

① 曹俊杰：《资本下乡的双重效应及对负面影响的矫正路径》，《中州学刊》2018年第4期。

"一份没有"。因此，如何实现农村资产集体真正所有，通过发展农业股份合作制经营模式是一种较为理想的做法。近年来，山东省有些地区开始试行农村集体产权制度改革，农民除了合理分享集体经济组织的财产股权以外，对于农户的土地承包经营权、林地承包经营权和宅基地权证等，在尊重承包农户意愿以及不改变承包耕地、林地用途的前提下，可以利用确权登记颁证成果，以投资入股的形式组建土地股份合作社，农民加入合作社组织成为社员，通过不断创新农村集体资产托管经营方式，增加集体经济组织和农民的收入。

同时，有的改革试点单位，还根据有关法规政策，赋予农民集体资产股份占有、收益、有偿退出及抵押、担保、继承权能等，落实农民对集体资产股份的占有权、收益权，引导进城落户农民依法自愿有偿转让土地承包权、宅基地使用权、集体收益分配权等，合理配置利用农村土地资源，激发农村土地资源的价值活力。因此，农业股份合作制经营模式的改革尝试及其成果，对一些农村经济组织、农民专业合作社和广大农户具有一定的吸引力，成为我国农业发展与经营模式创新的一种形式。

（二）推动农业股份合作制经营模式发展的基本路径

首先，推动农村土地产权制度改革，发展农业股份合作制经营模式。比如农户承包土地按折合股份投资入股，将原来村集体经营性资产和其他存量资产纳入新组建的公司或者农业经济合作社，未承包到户的集体"四荒地"、林地、水面等土地资源，采取集中开发或者通过公开招标等方式发展现代农业项目。在坚持依法、公开、公平、公正原则的基础上，按照产权清晰、权能完整、流转顺畅、自愿参与、程序规范的规则，建立和发展农业股份合作制经营模式，实现农业经营实体化、市场化和农村集体资产股份化，不但可以有效保护农民的合法权益，而且通过农村集体产权制度改革，实现集体资产资源优化配置，建立符合市场经济要求的集体经济实现形式和运行新机制，促进农业经济发展和农民增收。

其次，充分尊重农民群众的意愿，化解农业股份合作制改革中的矛盾。发展农业股份合作制经营模式，要发挥农民的主体作用，把决定权、选择权交给农民，在整个公司或者合作社组建以及运营过程中，确保入股农民的知情权、参与权、表达权和监督权，真正让农民成为农村产权改革的参与者和受益者。在完成土地入股和清产核资以后，将公司或者经济合作社经营性资产量化到每个股东和社员，以户为单位发放股权证书，公司或者合作社要与村"两委"事务相分离，紧紧围绕"资源变资产""资金变股金""农民变股东"，以多种形式发展壮大农村集体经济，坚持农村集体所有制不动摇和农民权益不受损，防止内部少数人控制和外部资本侵占，通过多种形式实现保值增值和扩大经营规模，妥善处理各种利益关系，促进农业合作经济发展和农民持续增收。

最后，正确处理市场与政府的关系，确保农业股份合作制改革顺利推进。一方面，需要注意充分发挥市场在资源配置中的决定性作用，新组建的公司或者农业合作社利用土地、其他财产等资源，发展规模种养业、加工业和乡村休闲旅游农业，实行自主经营、自负盈亏、自担风险、自我发展，也可以采取入股农业产业化龙头企业和其他农村经营主体举办的实体、合作经济组织，或者引入工商资本、外来资本发展股份合作，或者组建专业服务合作社，探索以土地经营权入股各类企业和合作经济组织，实现各参与主体合作共赢与共同发展。另一方面，还需要发挥好地方政府和农村基层组织的宏观调控、管理、监督职能，防止农村产权制度改革走偏变样，政府有关部门和村委组织要依照我国法律法规、政策和上级有关文件精神，对股改工作实施方案、成员界定、清产核资、股份量化、公司或合作社设立等具体环节进行认真审查监督，对发现的问题及时纠正，要妥善处理权属矛盾纠纷和历史遗留问题，按照尊重历史、依法办事的原则，解决好债权债务归属问题，规范农民对集体资产股份有偿退出的条件和程序，规定农民集体资产股份继承的办法等。

三、拓展多功能性农业发展模式

（一）发展多功能性农业是新时代的要求

现代农业的多功能性特征拓宽了农业经营模式的思路，在发挥农业在保证粮食安全、保护土地及自然生态环境、涵养水源、提供多样性安全优质产品、扩大劳动就业、保护农村景观、提供休闲旅游服务、传承农业文化等多种功能的条件下，通过发展生态农业、循环农业和多功能性农业等，实现农业结构转型升级和提高农业竞争力，真正解决农业供给端问题。特别是目前我国农业资源透支利用和环境污染问题均十分严重，生态修复压力较大，必须适应人民群众对绿水青山、洁净空气、安全食品的迫切需要，实现农业物质投入精准化、减量化，引导农民科学施肥、合理用药，注重农业生态环保功能（祝卫东，2016）①。一方面，加快推进农业绿色发展，减轻自然资源消耗压力、缓解环境约束与农业发展的矛盾（孔祥智，2016）②；另一方面，还要更加注重制度创新和机制创新，确保农业可持续发展和食品安全（吴海峰，2016）③。

（二）多路径加快多功能性农业发展

首先，重点抓好多功能性特征比较鲜明的休闲农业建设工作。由于休闲农业很好地融合了农业生产、生活、生态等多项功能，将农业生产、休闲旅游、农耕体验、文化娱乐、教育展示、生态环保、农产品加工业、服务业的新型产业形态和消费业态紧密结合，既体现了促进农业增效和农民增收的经

---

① 祝卫东：《关于推进农业供给侧结构性改革的几个问题》，《行政管理改革》2016 年第 7 期。
② 孔祥智：《农业供给侧的三大问题》，《农经》2016 年第 3 期。
③ 吴海峰：《推进农业供给侧结构性改革的思考》，《中州学刊》2016 年第 5 期。

济功能，又具有带动就业的社会功能、传承农耕文明的文化功能和美化乡村环境的生态功能等，对于摆脱资源环境约束、转变农业发展方式和推动农村一、二、三产业融合发展具有重要意义，因而休闲农业被认为是目前较为典型和理想的多功能性农业发展模式。同时，休闲农业还会在实施乡村振兴战略中发挥作用，把发展休闲农业与农业结构优化升级、美丽乡村建设以及农民创业创新、农村文化创意产业发展结合起来，促进农业优化布局、挖掘内涵、提升素质、培育品牌和拓宽农民增收渠道。2016年山东省农业厅等部门下发了《关于积极开发农业多种功能大力发展休闲农业的意见》，提出要充分挖掘各地农业休闲旅游资源，推动休闲农业发展，积极开发农业的多种功能，使休闲农业成为助推农业强起来、农民富起来、农村美起来、建设美丽山东和美丽乡村的重要引擎。根据山东省相关规划，2020年全省休闲农业经营主体达到2万个，休闲农业经营收入超过500亿元，带动受益农户100万户。同时，在打造各大休闲农业产业带的基础上，引导城市周边、名胜景区周边及适宜区域，发展功能多样化的休闲庄园、休闲农园、农家乐、休闲渔村等。

其次，拓展多功能性农业发展模式。除了抓好多功能性较强的休闲农业等建设以外，还要拓宽发展思路，通过广泛应用信息技术和电商平台等发展多功能性农业，利用"互联网+""旅游+""生态+""康养+""文化教育+"现代农业等，发展"农场云""体验式农业""节庆农业""会展农业"等新模式，推进农业、林业、牧业、渔业与生态旅游、教育、文化、康养等产业深度融合。山东省作为一个农业大省，具有丰富的农业休闲旅游资源，多年来在鲁中、鲁南和胶东半岛等旅游业基础较好的地区，兴起了丰富多彩和特色各异的休闲旅游等多功能性农业，扩展了现代农业发展空间，提高了农业附加值。今后要充分利用"旅游+""生态+""康养+"现代农业等，通过改善休闲农业、乡村旅游、森林康养公共服务设施条件，丰富乡村旅游业态和产品，打造各类主题乡村旅游目的地和精品旅游项目，发展富有乡村特色的历史文化景观，支持传统古村落、特色村镇保护，开发保护少数民族特色村寨景观，更好地将现代农业与人们的旅游、休闲、保健和健康消费等联系起来，不断开创具有多种功能的现代新型农业经营模式（参见表4-5）。

表4-5　具有不同功能特征的多种新型农业模式分类

农业的功能特征	新型农业模式的具体类型
资源节约型农业	立体农业；循环农业；精细化农业；无土栽培农业
生态环境保护型农业	生态农业；有机农业；低碳农业；休闲农业；园艺农业
多功能兼备型农业	设施农业；康养农业；体验农业；节庆农业；创意农业
科技与附加值增加型农业	精准农业；信息农业；会展农业；品牌农业；智慧农业

四、加快"互联网+现代农业"模式发展

（一）"互联网+现代农业"的基本内涵

"互联网+现代农业"就是充分利用互联网平台和信息技术等与农业进行深度融合，推动农业生产力快速提高和农业全产业链改造升级，创造新的农业发展业态，加快农业现代化进程。"互联网+现代农业"代表着农业发展的新水平和新趋势，为农业发展方式转变提供了新思路和新动能，可以充分发挥互联网信息技术在优化农业资源配置中的重要功能，特别是现代农业广泛应用互联网、物联网、云计算、大数据、移动互联等现代信息技术，对农业生产、经营、管理、服务以及农产品加工、运输、储藏、销售等农业产业链各个环节，进行实时化监控、精细化操作、智能化管理、便利化服务、快捷化反应和高效化运作，为提高农业质量效益、农业现代化水平提供新模式和新动力。

（二）发展"互联网+现代农业"的意义

首先，"互联网+现代农业"为转变农业发展和经营方式提供了技术平

台。长期以来，传统农业发展和经营方式之所以难以转变，归根结底是由于消息闭塞、技术落后造成农业经营主体视野狭窄、思想保守和生产经营方法陈旧，农业生产要素流通不畅和配置不合理，由于市场信息不灵和服务体系发展滞后而导致农产品流通受到限制，农业效益和农民收入不能有效提高，农民获得农业新技术、新品种、新方法的途径有限。利用"互联网+现代农业"就可以利用完善的互联网技术平台和市场信息服务体系，引导农户生产和经营适销对路的农产品，掌握科学种田、科学养殖、科学加工的技术本领，合理投入生产要素和降低生产交易成本，提高农业生产经营效率和增加农民收入，推动农业产业和品种转型升级，通过引导农民发展农产品电子商务促进农业商品化、市场化、规模化和标准化发展，逐步打破我国传统的小农经济对现代农业发展的制约，实现由粗放型农业向集约型现代农业模式转变。

其次，"互联网+现代农业"拓展了多种农业经营主体的发展空间。对于农户来说，"互联网+现代农业"技术平台拉近了与经营者、消费者的距离，通过生产者、经营者和消费者之间的互联互动与信息沟通，拉近了彼此之间的距离和提高了相互信任程度，还可以通过互联网购买农业生产资料和出售农产品，发展"订单农业"，使农户省时又省力，可以更好地促进农业生产，增加农民收入。对于消费者而言，"互联网+现代农业"实现了食物从源头到餐桌信息公开透明，消费者通过互联网参与监督，农业生产使用的种子、肥料、农药等生产资料是否安全，农产品运输、加工、储藏、保鲜、销售等环节是否卫生，以及农业经营和质量管理是否科学可靠，对于信得过的农产品可以放心和安心购买消费，对于缺乏健康安全的食品不但可以行使否决权，而且可以积极检举揭发和予以曝光，更好地维护消费者权益和社会公众的利益。"互联网+现代农业"还有利于农业企业和农村电商的发展，可以吸引更多的新型经营主体涉足农业，使得一些农业专业合作社、协会等组织积极参与进来，也给城市经营者涉农服务带来了新的发展机遇；互联网技术平台让涉农企业根据销售信息来组织生产，相当于对农业产业链全要素进行重组，不但降低了农产品销售风险，而且由于互联网的信息快速传播和公开透明的特性，激励农业企业更加注重提高产品质量、开发特色产品和加强品牌培育；互联网还加快了农业电商的发展及其业务的扩大，如淘宝、京东等各大电商都在利用互联网平台积极拓展涉农业务，注重发挥各自优势，积极挖掘农产品网上销售潜力，不断扩大农业市场空间。

最后，"互联网+现代农业"可以促进农业可持续发展。加快推进"互联网+现代农业"进程，加强农业生产经营过程的精准化管理，开展作物的长势监测、自然资源遥感测评、农业重大灾害监测预警等农业智能化服务，促进劳动生产率和资源利用率的提高。同时，通过实施"互联网+"农产品电子商务，提高农产品流通效率，破解长期存在的小农户与大市场对接难题，打造基于"互联网+现代农业"的完整产业链，积极推动农业生产、管理以及农产品加工、储运、销售、服务等环节的联网化，加快建设促进农村一、二、三产业融合发展的综合信息服务平台，推动休闲农业和特色农业快速发展，不断提高农业的信息技术含量和附加值，促进农业增效农民增收。另外，"互联网+现代农业"还方便有关部门对农业生产经营活动的监管，对于现代农业健康持续发展具有重要意义。

（三）利用"互联网+现代农业"促进农业众筹

首先，"互联网+现代农业"可以促进大众参与农业众筹模式的发展。农业众筹是现代众筹模式在农业领域的具体应用，它起源于美国，近年来在我国开始兴起，这种模式通过互联网和社交网络革新原有的农业生产流程，通常是由农场主在网上发布项目，网友们进行资金众筹，然后农场主根据网友需求进行种植或者养殖，取得的农产品直接送到众筹人手中，其基本优势是可以获得从创意到市场开拓整个过程的配套服务，实现按需生产，可以缓解农业供求信息不对称、生产的盲目性、产销脱节和食品安全等问题，减少流通环节和降低经营成本，有利于提高农民收入和消费者福利水平，同时为有创新创业和涉足农业意愿的创客们提供一个有效平台。例如，"天农场""大家种""耕地宝"等都是目前运行较好的农业众筹平台，这些平台服务质量优、工作效率高，为用户提供许多个性化的定制服务，直接配送农产品到消费者手里，虽然一些众筹平台也会收取一定的佣金，但它可以帮助创客获得启动资金和大批顾客，也能广泛吸取大家的智慧，提高创业的成功率。

其次，"互联网+现代农业"可以拓宽农业众筹经营模式的空间。目前农业众筹涉及的领域越来越广和内容越来越丰富，主要包括农产品众筹、农业技术众筹、农场众筹和公益农业众筹等项目。因此，利用"互联网+现代农业"促进农业众筹模式发展，可以将农产品销售前置，达到以销促产的目的，这样就减少了中间不少环节，并转变传统的"农业生产—农产品销售"模式为"农产品预售—农业生产"的新模式，服务内容和可选产品也较多；同时，还可以通过互联网筹集资金，解决农业生产和创业过程中资金短缺问题，并带动工业资本下乡，吸引城市人群下乡体验农业，推动城市人才、大学毕业生、知识青年到农村务农创业，引导现代管理、科技等要素反哺农业，带动美丽乡村振兴，促进现代农业发展与经营模式创新。

（四）利用"互联网+现代农业"推进农业农村现代化

首先，利用"互联网+现代农业"全方位推动农业现代化发展。一方面，"互联网+现代农业"可以通过农业信息传播、农业精准化管理、自动控制和智能决策，促进农业专业化分工、提高农业组织化程度和劳动生产率等，达到农业生产要素配置更加合理化、农业管理更为科学化和农业服务针对性强的目标，是今后现代农业发展的重要特征和基本方向。另一方面，"互联网+现代农业"可以通过便利化、实时化、感知化、物联化、智能化等手段，为农地确权、农技推广和农村金融等提供精确、动态的全方位信息服务，全方位提升农业现代化水平。2018年7月，山东省推出《新旧动能转换现代高效农业专项规划（2018—2022年）》，提出大力实施"互联网+现代农业"发展战略，应用物联网、云计算、大数据、移动互联等现代信息技术，推动农业全产业链改造升级，并以农业物联网技术为核心，鼓励农产品生产基地、农产品加工企业依托网络平台开发定制农产品，为消费者提供个性化定制服务。

其次，利用"互联网+现代农业"全面实现农村现代化。"互联网+现代农业"能够低成本地分享城市公共服务资源，顺利吸纳城市辐射到广大农村地区的技术、资本、人才、信息等，为实现城乡均等化的文化、教育、卫生等公共稀缺资源提供了新的平台。"互联网+现代农业"可以为确保国家粮食安全、农民增收、农村增绿和资源环境保护等提供技术支撑；通过互联网服务平台，将农村基层干部、农业管理人员、农业科研人才、技术推广人员、农户和新型农业经营主体等有机连接起来，提高农村综合网络信息服务水平，为开辟农村市场、沟通用工就业信息、农村动态管理等提供便利条件，还可以为农业农村产业发展、乡村治理提供大数据应用服务，不断提高农村现代化水平。

当然，"互联网+现代农业"作为一种新生事物，还存在许多不成熟、不完善的地方，再加上一些农村地区互联网基础设施薄弱，有些农户没有安装计算机设备，有的村没有通宽带，有些农民的移动通信工具不具备利用互联网条件，农村互联网普及率仍然偏低，农业数据资源的利用效率低，农村还存在"信息孤岛"现象，农业信息技术发展面临许多挑战，必须有计划、分步骤稳妥地推进"互联网+现代农业"进程，加强农村基础信息设施建设和基本信息服务工作，加快开发推广适合农民特征的低成本智能终端，利用"互联网+"构建新型农民教育培训体系，做好现代新型职业农民的培育工作，避免出现赶潮流、压指标、盲目攀比和一哄而上的局面，否则会适得其反和阻碍这一新生事物的持续健康发展。

五、开创农业"新六产"发展模式

（一）农业"新六产"发展思路的提出

现代产业融合发展是一个基本趋势，自 2015 年中央一号文件提出推动农村一、二、三产业融合发展以后，2017 年党的十九大报告关于实施乡村振兴战略中，再次强调要坚持农业农村优先发展，促进农村一、二、三产业融合发展等，这无疑为我国今后农业和农村发展指明了方向。在 20 世纪 90 年代，日本、韩国等学者研究发现农业生产的农产品与国民消费的农产品之间存在巨大的价值差，这种价值差主要通过农产品加工和农产品流通等环节流向农村之外，因而农业产业的增值收益未能留在农业生产者手中，制约了农民增收，提出发展"第六产业"理念以增加农民的收入，就是通过鼓励农户搞多种经营和休闲农业等，实现农村产业结构升级和转变农业发展方式。因为按农村一、二、三产业划分，"1+2+3"等于 6，"1×2×3"也等于 6，所以一、二、三产业融合也被称为"第六产业"（姜长云，2016）①。在新时代山东省提出发展农业"新六产"的基本思路，2017 年山东省十一届党代会强调要着力发展现代农业，培植壮大农业"新六产"，其他地区也先后提出鼓励发展农业"新六产"政策，对促进农业增效、农民增收、农村增绿和实施乡村振兴战略具有重要意义。

（二）发展农业"新六产"的重要意义

首先，发展农业"新六产"可以吸引现代生产要素投入农业。发展农业"新六产"和促进农村一、二、三产业融合发展，既是时代发展的客观要求

---

① 姜长云：《推进农村一二三产业融合发展的路径和着力点》，《中州学刊》2016 年第 5 期。

和必然趋势，也是农业供给侧结构性改革的合理选择，农业"接二连三"可以激活农村多业态发展，实现农村一、二、三产业渗透与融合发展，加快推进农业多功能开发、农业产业链延伸和农业新业态发展，进而实现对整个农业产业门类扩展及产业链的再造，促进农业生产要素的合理配置、农业劳动者的多渠道就业、农业生产经营者的多环节增收。

其次，发展农业"新六产"可以促进农业发展理念的创新。如果就农业论农业，农业增值和农民增收空间十分有限，产业比较效益较低，那么通过农业与其他产业的融合互动可以推进农业现代化、农民增收和缩小城乡收入差距（张义博，2015）①。特别是今后借助互联网技术发展农业"新六产"，可以引发农业发展理念的创新，引导种养大户、家庭农场、农民合作社、产业化龙头企业等新型农业经营主体积极参与农业"新六产"建设，吸引更多现代生产要素加入农业及其关联产业，有利于转变传统的农业经营方式，促进农业适度规模经营和提高农业比较效益。

最后，发展农业"新六产"可以拓展农村新业态。随着我国众多新型农业经营主体的参与和多利益联结机制的形成，农村许多相关产业会逐渐走向深度融合发展。现代农业"新六产"发展模式一旦取得成效和成功，就会产生示范效应，可以吸引更多农业经营主体加入进来，还会开创农林牧渔与观光旅游业结合的多种农业"新六产"发展模式，助推高效综合型农业、体验式农业和园艺型农业等发展。山东省提出推动"新六产"发展战略，通过构建农业与二、三产业跨界融合的现代产业体系，转变农业发展方式，培植农村新产业、新业态，提高农民在一、二、三产业融合发展中的收益。2016年，山东农产品电子商务交易额突破了500亿元，农村居民人均可支配收入13954元，增长7.9%；全省乡村旅游消费突破2200亿元，同比增长25%。根据山东省的规划，到2020年全省新兴业态增加值占农村产业增加值的比重将有大幅度提高，新型农业经营主体参与产业融合发展的比例要达80%以

---

① 张义博：《农业现代化视野的产业融合互动及其路径找寻》，《改革》2015年第2期。

上，通过培育"新六产"为农业农村注入发展新动能。

（三）发展农业"新六产"促进农业和农村产业升级

目前，山东省和我国其他一些地方正在形成以农业企业为龙头、多种新型农业经营主体合作和广大中小农户参与的农村产业融合发展格局，应当及时抓住机遇打造农业"新六产"发展模式，促进种养业与农产品加工业、休闲农业、乡村旅游、农业物流、电子商务等多产业融合发展，实现农业产业链和价值链提升，带动农村扩大就业。同时，引导新型农业经营主体将科学技术运用到农业生产、经营、管理和服务过程中，积极发展信息农业和精细化农业，通过应用信息技术和电商平台打造农村电商、定制服务和农业众筹等新业态，促进农业休闲旅游、农事体验、果蔬采摘、划船垂钓、美食购物、产品直销和个人定制等业务开展，加快推进现代新型农业发展和美丽乡村建设。

发展农业"新六产"可以促进"四化"同步发展和农村产业融合升级。一方面，通过发展农业"新六产"可以不断延伸农业产业链条，加快农业功能拓展，形成一些农村创新创业热点，在促进农业增效、农民增收和农村繁荣的同时，可以推动农业现代化、农业信息化、农村工业化和新型城镇化等"四化"同步发展（参见图 4-1）。另一方面，农业"新六产"不但是农村产业融合发展的结果，而且由于其活动的综合性和产业链延长反过来还会加强农村各产业之间的联系，加快农村一、二、三产业之间的深度融合发展（参见图 4-2），从而很好地带动农村产业结构优化升级。

目前，山东省政府提出建设农业"新六产"发展示范省的规划，以建设农村一、二、三产业融合发展试点为重点，大力发展农村新产业新业态，加快培育休闲农业和乡村旅游、田园综合体、海洋生态牧场综合体、农业特色小镇等发展亮点，推动农业"接二连三"，实现农业全环节提升、全链条增值和全产业融合。自 2018—2022 年，山东省计划重点建设农业"新六产"

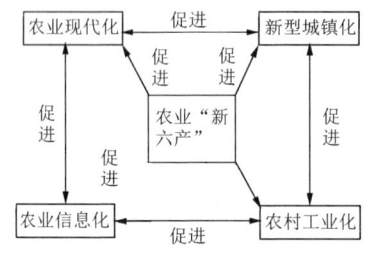 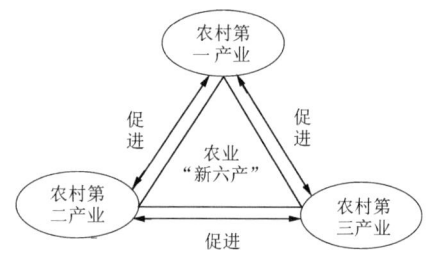

图 4-1 农业"新六产"对"新四化"的影响　　图 4-2 农业"新六产"对农村三次产业的作用

示范县 50 个，培育农业"新六产"示范主体 600 家左右，以此带动全省农村产业融合发展。

六、创立农业全产业链契合发展模式

（一）农业全产业链契合发展模式的含义

农业全产业链发展模式被看作一种全新的农业全产业链经营管理闭合平台，它是以整合上游生产资源为切入点，以农产品供应链平台企业为龙头，将各有关部门联结起来，有机整合科技资源、物流资源、金融资源和政策资源等，以闭合运营的方式实现对农业产业链所有参与者的整体开发和全面服务，保证农产品生产链、资金链和产品链的安全（李仪，2016）[①]。

（二）发展农业全产业链契合模式的意义

目前，山东省农村一、二、三产业发展势头向好，随着现代农业产业链的不断延伸和相关产业的融合发展，现代先进科技与农业产业发展进一步结合，特别是信息技术、互联网技术、物联网技术等广泛引入农业，促进了农产品生产链、资金链和产品链等融合发展，使得农业的内涵越来越丰富。现

---

① 李仪：《"互联网+"背景下的农业商业模式创新：基于农业全产业链闭合平台的视角》，《学习与探索》2016 年第 9 期。

代农业的新功能不断拓展，科技渗透型、产业集群型、园区聚集型、农业内部有机融合型、产业链带动型、价值链提升型等农业发展迅速，为创立农业全产业链发展模式奠定了基础。因此，积极引导各类新型农业经营主体抓住机遇，拓展农业全产业链契合发展模式，主动参与农业各产业链上的经营和利益分配，如可以通过投入优良种苗繁育、农业技术服务、农产品仓储保鲜、包装运输、农产品加工、品牌建设和销售等各环节，分享农业产前、产中、产后各链条环节上的利润，形成农业全产业链一条龙发展的格局（参见图4-3），从而提高农业综合经营效益，推动现代农业经营模式创新。

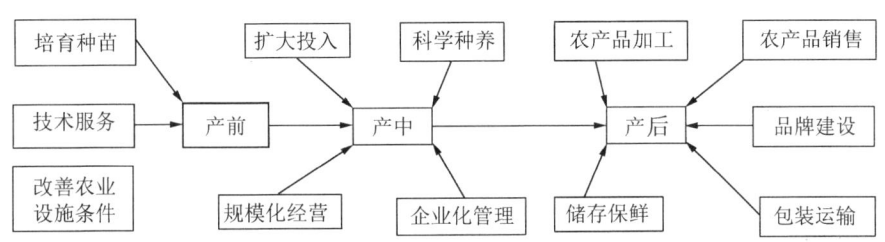

图4-3　农业全产业链发展模式的各环节内容

七、发展精准化智慧农业模式

（一）精准化智慧农业的内涵

所谓精准化智慧农业是指广泛应用现代信息技术的成果，将精准农业与现代智能技术相结合而发展起来的一种新型农业模式，主要包括集成应用计算机与网络技术、移动互联网技术、物联网技术、音视频技术、云计算技术、3S技术（遥感技术RS、地理信息系统GIS和全球定位系统GPS的统称）、无线通信技术，以及利用有关专家的智慧、知识和技能，对现代农业进行远程可视化诊断、精准感知、远程控制、灾变预警和科学决策等智能管理，通过农业信息化、智能化、精确化推动高科技农业发展的过程。从广义上来说，精准化智慧农业还包括农业电子商务、食品溯源防伪、休闲旅游农业和农业信息服务等方面的内容。毫无疑问，现阶段精准化智慧农业不仅使传统农业增添"智力""智慧"元素，而且是现代农业发展的最新、最高级阶段，具有广阔的发展空间和美好的发展前景。

（二）发展精准化智慧农业的意义

首先，发展精准化智慧农业对加快我国农业现代化进程具有重要的现实意义。精准化智慧农业运用传感器和软件通过电脑或移动平台等，借助于互联网、物联网、传感网、云计算等多种信息技术对农业生产进行控制，通过监控、监测、实时图像与视频等功能系统，实现更完备的农业信息感知、数据资源集中处理、智能预警分析、专家在线指导，为农业生产提供精准化管理、智能化决策服务。因此，精准化智慧农业体现了当代信息科学技术在农业上的综合应用，已经成为打破传统农业弊端的一种新型农业生产模式，使传统农业插上了智慧的翅膀，发展精准化智慧农业模式将对我国提高现代农业水平和加快农业现代化进程具有重要意义。今后我国发展精准化智慧农业应当重点突破农业传感器、北斗卫星农业应用、农业智能机器人、农业精准作业等前沿关键技术，积极探索自动化农业车间、智能化植物工厂、智慧牧场、精准化设施园艺和标准化水产养殖场等重要现代化农业模式。

其次，发展精准化智慧农业对实现我国高技术信息农业具有决定性作用。随着移动互联网的普及以及智能设备价格的大幅下降，科技、信息、智能要素在农业上的应用步伐逐步加快，利用云计算与数据挖掘等技术对农业信息数据进行分析整理，指导农业生产和管理，通过集成智能与农业技术体系、农村信息服务体系等融合，达到农业生产整个过程的信息感知、精准决策、自动管理和智能服务，不但实现了农业生产智能化、经营网络化、管理数字化和服务精准化等多重智慧的目标，而且还有利于解决农业劳动力日益紧缺的问题，推动着我国高技术信息农业发展。

最后，发展精准化智慧农业是转变我国农业经营方式的根本途径。精细和精确管理是精准化智慧农业最为突出的特征，智慧农业借助现代科技信息手段进行精耕细作和精准管理，为农业生产提供科学、精确、动态的全方位信息服务，实现农业的科学化与标准化，实现农业资源的最佳配置和最大节约，使农业生产获得最大产出和最佳效益，对于从根本上转变传统农业经营方式具有决定性意义。目前我国农业生产方式仍然较为传统粗放，尽快实现向精确化和精细化农业转型意义重大，发展精准化智慧农业是转变我国农业经营方式的一条根本途径，精准化智慧农业既包含精细化种植、养殖、加工和服务等众多产业，又涉及精准化耕地播种、用药施肥、收割贮藏、保鲜保质、运输销售等产业链上各环节，从而克服了传统农业生产技术落后、效率低和经营的粗放性等弊端。

（三）促进精准化智慧农业的基本途径

首先，发展精准化智慧农业提高农业现代化水平。近年来，一些农业现代化国家都在积极发展精准化、精确化和精细化农业，农业生产效率、农产品质量和农业综合效益都显著提高，如有的现代化农场运用系统、精密运算实现生产管理环节的精准施肥、施药和灌溉等，提高了农业生产率、资源利用率和投入产出率等，这些无疑都显示了现代智慧农业的功能。山东省等一些农业经济相对发达的省市，目前科学技术体系对现代农业发展的支撑作用越来越明显，已经具有发展精准化智慧农业的基础条件，可以规划引导涉农企业、农业产业化组织、农业科技园区和基地等探索精准化智慧农业经营模式，积极推广生产经营经验，迅速提升农业精确化、精细化、智能化程度，降低农业生产的盲目性和经营风险，提高农业生产力和现代化水平。在山东省制定的《新旧动能转换现代高效农业专项规划（2018—2022年）》里，提出实施"智慧农业应用示范工程"蓝图，通过加大智慧农业科技创新平台建设力度，推动农业技术创新，以人机物一体化、装备设施网络化、生产经营智能化为方向，开展关键技术攻关，研发一批推动智慧农业发展的关键技术，建立完善农业大数据采集、共享、分析、使用机制，推动物联网技术在粮食生产、畜牧养殖、渔业、特色林产品和高效经济作物等领域应用。

其次，发展精准化智慧农业促进农村现代化。利用现代信息技术、互联网、物联网、大数据等，指导农民进行农业标准化生产和科学化经营，将对我国实现农业强、农民富、农村美的目标产生深远的影响。通过智能设备合理进行要素配置和农业生产，提高农业资源利用率、劳动生产率和农业经济效益，通过互联网与农业的深度融合再造整个农村产业链，实现农村一、二、三产业交叉渗透和融合，促进农村各项事业全面发展，从而提升农村现代化水平。山东省在规划实施"智慧农业发展示范工程"时强调，要以发展数字农业为重点，着力建设一批智慧农业示范基地，组织开展农业信息化示范试点，依托新型农业主体建设，完善一批农业物联网应用示范工程，提高远程监控、农产品质量安全保障能力，为全面实现农村现代化提供技术支撑。

最后，发展精准化智慧农业促进乡村振兴战略的实施。利用专家系统和信息化终端指导农民生产经营，改变了单纯依靠经验进行生产经营决策的模式，通过农产品电商、土地流转平台、农业大数据等农业信息化平台，大大降低信息收集使用成本，引导农民与新型农业经营主体联合并利用现代科技手段，进行精准化农业生产，拓展农民增收新途径。同时，发展精准化智慧农业促进农村的绿色化与可持续发展，智慧农业通过精细化生产，建立健全互联共享、全程可追溯的农产品质量和食品安全监管体系，智能控制化肥、农药施用量和农业用水总量，减少农业生产污染和改善农村生态环境，实现农业高效节能目标，保证农产品优质安全，促进形成优美农村新格局。山东省要求相关产学研单位开展物联网、精准农业等关键技术研发，建设一批农业互联网技术研发与应用创新平台，实施信息进村入户工程，推动乡村振兴战略的顺利实施。

另外，通过实施智慧农村信息服务行动计划，促进公共投资、基础设施以及文化、教育、卫生等公共资源配置在城乡之间实现公平化和均等化，消除长期存在的城乡数字鸿沟，保证乡村振兴战略的顺利实施。

八、打造农业田园综合体经营模式

（一）农业田园综合体经营模式的形成及其意义

2017 年中央一号文件提出我国要支持有条件的乡村建设集循环农业、创意农业、农事体验于一体的田园综合体，通过农业综合开发、农村综合改革转移支付等渠道开展试点示范。"田园综合体"作为新型农业经营模式，也是实施乡村振兴战略一种理想的综合发展模式，对于促进美丽乡村建设和农业增效、农民增收具有重要的现实意义。田园综合体不但促进农村一、二、三产业融合发展，催生农村新产业和新业态，培育新型农业经营主体，而且很好地将农业、农村发展同城市需求和城市产业对接起来，促进城乡要素和资源合理流动与配置，特别有利于加快城市先进要素和人才回流农村，引导城市工商企业下乡经营现代农业，对于解决城乡二元经济结构问题具有重要作用（曹俊杰，2018）①。

（二）农业田园综合体经营模式具有广阔发展前景

随着近年来人们发展休闲农业理念的形成，休闲农业逐渐向产业化农业和多功能性农业推进，在吸纳多种新型农业经营主体的基础上不断拓展农业新的功能，推进农业与旅游、体验、教育、文化、娱乐、购物、餐饮、康健、养生等产业深度融合。我们不妨将这种模式称为农业田园综合经营模式，这种"田园综合体"作为综合性现代农业发展模式，属于休闲农业与乡村游升级的高端发展模式，这种模式不但符合人与自然和谐共融和农业可持续发展的理念，而且契合中央关于农业供给侧结构性改革和乡村振兴的政策

---

① 曹俊杰：《资本下乡的双重效应及对负面影响的矫正路径》，《中州学刊》2018 年第 4 期。

要求，必然会得到政府政策支持和社会的积极参与，具有广阔的发展前景。

近年来，观光休闲农业和乡村旅游业已成为各地农业发展的新动能，观光休闲农业逐渐成为农业消费市场的主流需求。因此，新型农业经营主体应当顺应农村供给侧结构性改革的新形势，紧紧抓住农村新型产业发展的机会，积极打造农业田园综合经营模式，参与开发农业文化遗产，建设发展具有历史、地域、民族特点的旅游村镇或乡村旅游示范村，挖掘农业文化教育功能，进一步拓展"农业+园区+旅游"等综合经营模式，将农业逐渐发展延伸至休闲、度假、健康、农事体验、科技展示、教育、文化、娱乐、农产品购买、消费和物流等更多维度，将农业生产、生态环境保护和发展休闲旅游业结合起来，促进现代农业可持续发展。

第五章　发展现代生态和有机农业
破解生态难题

随着传统农业向现代农业过渡，以及现代石化农业发展过程中暴露的弊端越来越多，能源过度消耗，水资源日益短缺，大量采用机械耕作加剧了自然生态的破坏，化肥、农药、除草剂、塑料薄膜等石化农业生产资料的大量使用，农民非理性的耕作方式，导致农业生态问题增多和环境污染，以及耕地退化、极端天气事件增多、外来物种入侵和农业病虫害频发等，逐渐引起学界和社会的广泛关注与担忧。20 世纪七八十年代以来，一些发达国家开始探索生态农业和有机农业等发展模式，以后在一些发展中国家也相继关注发展生态农业和有机农业，从而生态农业和有机农业逐渐成为世界农业发展的潮流，也一度成为理论界讨论的热点话题。从 20 世纪 90 年代初开始，我国根据自己的国情开始探索发展现代生态农业和有机农业之路，将发展现代生态农业和有机农业与走农业可持续发展道路联系起来。本章以山东省淄博市为例，探讨现代生态农业和有机农业发展的现状、问题、基本路径和模式，并提出有针对性的对策建议。

第一节　现代生态农业和有机农业的理论与实践

从某种意义上说，千百年来人类从事的古代农业、近现代传统农业活动，基本上都是属于没有受到严重污染的生态农业和有机农业，只不过由于现代石油化学农业的飞速发展，农业生产者为了提高农业产量和经济效益，大量石化农业生产资料被广泛使用，造成了日益严重的生态环境问题，出现了食品安全问题，也困扰着农业的可持续发展。因此，人们在反思现代石化农业发展的不可持续性的基础上，开始关注发展生态农业和有机农业，为了区分与传统生态农业和有机农业的不同，避免出现不必要的概念理解上的争议，我们使用现代生态农业和有机农业概念。

一、现代生态农业的相关理论概述

（一）关于现代生态农业的基本内涵

生态农业一词最初是由美国土壤学家阿尔伯韦奇（W. Albreche）于1970年提出的，以后世界各国关于生态农业的名称不尽相同，有的称有机农业或自然农业，有的叫生物农业或无公害农业等。不同组织和不同国家对生态农业的内涵理解也不完全一致。国际有机农业运动联合会（IFOAM）将生态（有机）农业定义为："所有能够有利于促进环境、社会和经济的粮食纤维生产的农业系统，旨在保护利用植物、动物和景观的自然能力，使农业和环境质量在各方面都达到最佳水平。"美国农业部门解释生态农业为一种完全不用或基本不用人工合成的化肥、农药、动植物生长调节剂和饲料添加剂的生产体系（曹俊杰、王学真，2006）[①]。欧洲定义为通过使用有机肥料和

[①]　曹俊杰、王学真：《中外现代生态农业发展比较研究》，《生态经济》2006年第9期。

适当的耕作与养殖措施,以达到提高土壤的长效肥力的系数,不允许使用化学肥料、农药、除草剂或基因工程技术,但可以使用有限的矿物物质(高振宁,2002)①。因此,生态农业是一种避免环境退化、技术上适宜、经济上可行的现代农业发展捷径,是人类长期追求的一种最为理想的农业模式,代表了未来农业经济发展的方向。同时,现代生态农业还追求农业的高产、高质、高效和无污染,通过使用洁净的土地和生产方式生产出洁净的食品,使人们的健康水平得以提高,使农业经济发展与生态维系、环境保护、资源利用之间的关系得以协调,促进农业健康可持续发展。

综合国内外研究成果,现代生态农业就是坚持因地制宜的原则,以协调、整体、再生、循环的原则作为依据,利用现代科学技术成果并结合传统农业精华,全面规划和系统运用农业工程方法,合理组织农业生产经营活动,协调统一农业经济与生态、环境和社会效益,实现农业优质、高产、高效和可持续发展目标。

(二)现代生态农业发展所遵循的基本原理

现代生态农业是以生态学与生态经济学原理为基础,遵循经济与生态规律,通过经济与生态良性循环实现农村经济高效、持续、协调发展的现代化农业生产体系。因此,现代生态农业的规划与发展要遵循以下基本原理。

1. 环境与生物协同进化原理

环境与生物有着紧密的联系,相互作用,存在于一个统一体中。一方面为了生物的繁衍与生存,能量和物质,如水、空气、热、光等要不断从环境中摄取;另一方面在生物繁衍、生存和活动的过程中,物质及能量也通过排泄、释放及残体形式返还给环境。环境影响生物,生物也影响环境,而受生物影响得到改变的环境反过来又影响生物,使两者处于不断地相互作用、协同进化的过程。生态农业遵循这一原理,可通过因地、因时制宜,合理布

---

① 高振宁:《发展中的有机食品和有机农业》,《环境保护》2002年第5期。

局，用养结合，确保环境资源的可持续利用。

2. 生物种群相生相克及食物链原理

生态系统中的生物之间，通过食物营养关系相互依存、相互制约。由于食物链的量比关系，促使处于相邻两个链节上的生物，无论个体数目、生物量或能量均有一定的比例。生态农业常以农牧结合作为农业结构的核心，首先就要调整农牧之间的营养关系，寻求种植业与养殖业之间的物质供给平衡。在生态农业建设中，一般应利用各种生物种群之间相克相生的食物链关系，构建循环高效的农业复合系统，例如采取立体种植、混合养殖、种养加结合等生产模式，提高农业生产的综合效益。

3. 能量循环再生与功能协调性原理

生态系统中的食物链，既是一条能量传递链，又是一条物质转换链，同时还是一条价值增值链。根据能量传递的"十分之一"法则，食物链越短，结构越简单，净生产力越高。生态农业就是要合理设计食物链，物质分层分级利用，促进光合产物转化增值，废弃物资源化。运用此原理，生态农业要尽可能用较少的外部投入，通过选择较高归还率的作物及立体种植，增施有机肥，合理轮作等方式，形成良好的物质循环体系，物质再生利用需要高度注意，尽可能产生废弃物，或者实现废弃物循环利用，提高各种物质营养的利用率和转化率。同时，农业生态系统是半人工开放性的生态系统，必须保持协调的物质投入和物质输出关系。在农业生产中，如果某种物质投入量过大，则可能在生态系统中产生滞留并带来结构的非稳定态；反之，如果物质输出量过大而补偿不足，则可能使生态系统的资源耗竭，导致结构崩溃。

4. 生态位与整体效应原理

农业生态系统中的生态位丰富、充实，有利于系统组分多样化，并使系统稳定性强、生产力高。但实际的农业生态系统中，常存在许多空白生态位，应当由人工去填补；而这种填补是否成功，则取决于人们对该生态位的生态条件及其周围关系认知的程度。农业生态系统内能量流、物质流、信息流及价值流进行着转化、传递、交换及各种补偿活动，各组分间还进行着正、负反馈作用。而促使这一系统的整体纳入良性循环轨道，是人们决策的目标与调控的方向。即能量流的转化效率高、物流的循环规模大、信息流的传递通畅及价值流的增值显著。同时整体功能高又意味着系统的稳定性高。

另外，生态效益与经济效益统一的发展理念认为，农业生态系统是由社会、经济、自然组成的复合生态系统，具有多种功能与效益，只有生态与经济效益相互协调，才能发挥生态农业的综合效益。因此，在生态农业发展中，要统筹兼顾，尊重自然规律，在改善农业生态环境时，兼顾经济效益，确保农民的切身利益，实现农业生态环境、经济和社会等综合效益的统一。

二、现代有机农业的概念及其相关理论

（一）现代有机农业的含义

长期以来，我国农业生产大量使用化肥、农药等合成化学生产资料，带来了日趋严重的农业生态环境问题，影响了农业持续健康发展。20 世纪 80 年代初，我国开始提出"有机农业"概念，但当时仅局限于理论的探讨，一直到 20 世纪 80 年代后期才逐步开展了关于有机食品基地建设、有机食品标准制定、有机产品出口等相关工作。

有机农业（Organic Agriculture）是指按照一定的特殊生产方式和种植、养殖标准，在农业生产过程中不使用任何农药、化肥、化学性生长剂、饲料添加剂等非天然的打破动植物生长习性的合成物质，严格按照自然规律和动植物自身生长及生态原理，而生产出所谓"纯天然"产品的一种生产方式。使用有机农业生产方法生产出来的农产品被称为有机农产品或者有机食品，从一般意义上讲，有机食品是指通过有机农业种植或者养殖生产出来的食品。有机食品是目前国际上对无污染纯天然食品比较统一的一种提法，即按照有机农业的生产标准进行生产和加工，不论是种植、养殖还是农产品加工等生产过程中均没有使用任何的化肥、农药等化学性的生长剂及生物饲料添加剂，而是严格按照生物本身的生长习性，按照严格的有机农业产品标准生

产出来的食品。

（二）现代生态农业与有机农业的关系

现代生态农业和有机农业是既有密切联系又有一定区别的两个概念。从联系上看，二者都要求防止农业生态恶化、环境污染和食品质量下降，均遵循自然规律、农业生产规律和生物成长规律，追求人与自然和谐的"天人合一"关系，以实现农业可持续发展和保护人类的消费安全健康为目标，广义的生态农业还应当包含有机农业发展模式。

同时，现代生态农业和现代有机农业又有不同的含义及特征。生态农业以安全、环保、低能耗、优质、高效等特点逐渐成为各国追求的现代农业发展模式。尽管理论界对生态农业解释不同，但大家一致强调发展生态农业要尊重自然和生物成长规律，遵循生态学基本原理，农业生产不能与生态环境保护冲突，生物之间相互协调，通过促进系统内部循环来维系系统的平衡，实现农业的可持续发展（曹俊杰、王学真，2006）[①]。而有机农业（Organic Agriculture）是指一种符合现代健康理念要求，在生产过程中基本或完全不使用人工合成的化肥、农药、激素、生长调节剂、食品添加剂、转基因产品等技术和生产资料，借鉴传统农业但应用一系列可持续发展的现代农业技术而从事的农业生产方式（张洪梅、任怀谨，2012）[②]。具体而言，现代生态农业和现代有机农业的区别主要体现在以下几个方面。

首先，现代生态农业和有机农业适用的基本原理不同。现代生态农业是一个将农业生态与农业经济协调起来的复合系统，必须遵循生态学、生物学和经济学等客观规律，运用现代科学技术与方法进行标准化生产经营，以取得最大的经济、社会和生态等综合效益为目标。而现代有机农业是遵循自然规律和生态学原理，按照一定的有机农业生产标准，在生产中不使用化学合

---

① 曹俊杰、王学真：《中外现代生态农业发展比较研究》，《生态经济》2006 年第 9 期。

② 张洪梅、任怀谨：《有机农业发展理论与实践的国内外对比分析》，《世界农业》2012 年第 12 期。

成的农药、化肥、生长调节剂、饲料添加剂等生产资料，不采用基因工程获得的生物及其产品，尊重生物的自然成长规律。

其次，现代生态农业和有机农业生产目标和内涵不同。现代生态农业主要是运用现代科学技术、管理方法手段，并与传统农业技术和优秀经验文化相结合，要求把发展生态种植业与生态林业、牧业、渔业以及农村二、三产业等结合起来，以获取较高的经济效益、社会效益和生态效益等综合效益，即现代生态农业追求的是一种现代化的高效农业模式（曹俊杰，2006）①。现代有机农业追求的是绿色有机、无污染、无公害、高质量和安全卫生的食品，让消费者吃得放心，兼顾生产经营者的经济收入，而不以高产量和高效益为主要目的。

最后，现代生态农业和有机农业生产方法和手段不同。现代生态农业允许通过适量施用化学类农用生产资料，以获取比传统农业更高的土地生产率，同时又不反对继承传统农业的精耕细作、轮作休耕、间作套种、利用生物链原理防治作物病虫害等方法技术。而现代有机农业生产中要求采用有机肥满足作物营养需求，或采用有机饲料满足畜牧业发展需要，基本反对使用人工合成的肥料、农药、饲料添加剂等物质资料，防止现代石油化学生产资料对农业和农产品的污染。

三、现代生态农业和有机农业的实践

（一）国内外现代生态农业发展基本状况

早在 20 世纪五六十年代，英国、德国、瑞士、日本等一些发达国家和地区开始重视现代生态农业发展，一些农场陆续推行生态耕作和养殖活动。在 20 世纪 70 年代以后，随着"国际有机农业运动联合会"（IFOAM）等组织机构的建立，力图在世界范围内推动生态有机农业发展，目前该组织已成

---

① 曹俊杰：《我国发展现代生态农业的条件及对策分析》，《农业经济导刊》2006 年第 9 期。

为世界上最具权威的国际生态有机农业组织。同时，一些发达国家也先后制定了发展生态农业的行动计划，比如德国的"蓝色天使"行动、日本的"生态标准计划"、法国的"标准与环境计划"、加拿大的"环境的选择"行动、澳大利亚的"清洁食品计划"等，对于推动各国生态农业发展具有重要意义。在亚洲地区，日本和韩国是发展生态农业较早的国家，日本相继建成8000多个生态农场，韩国不但成立了有机农业协会，而且在全国建立了1400多个分会，韩国有17000多个农户积极实践生态农业生产。另外，在亚洲、非洲和拉美一些发展中国家，也积极参与生态农业发展活动，消费生态和有机农产品也逐渐成为各国消费者的生活时尚。

我国虽然具有数千年传统生态农业发展的历史，但追求现代生态农业发展目标方面相对于发达国家较晚。自20世纪80年代开始，我国一些地区相继建立了一批生态乡镇、生态村、生态农户等；20世纪90年代中期，我国开始启动第一批生态农业试点县工程，有51个县入围试点建设；2000年，我国在总结前期经验的基础上，着手启动第二批51个生态农业县建设，以后又规划培育2000多个不同级别的生态农业试点。进入21世纪以后，生态农业建设活动在全国全面铺开，我国还先后制定了一些建设生态农业、改善生态环境的发展规划。通过三十余年的现代生态农业实践，先后在全国近500个县开展了生态农业县建设试点工作，试点规模由小到大，试点质量也显著提高，生态农业在我国农业经济发展中显示出巨大的活力和广阔的发展前景，在全国各地受到高度重视和广泛推广，现代生态农业成果越来越丰富，并创立了多种生态农业发展模式。

（二）国内外典型的生态农业发展模式

在国内外现代生态农业发展过程中逐步形成了一些各具特色的典型模式，这些生态农业模式主要包括时空结构型、食物链型、时空食物链综合型等不同类型。其中，时空结构型是根据生物种群之间的互利共生关系而搭建的农业生态系统；食物链型是按照农业生态系统的能量与物质循环规律而建设的一种良性循环的农业生态系统；时空食物链综合型则是上述两种类型的有机结合，使系统中的物质得以高效生产和多次利用，是一种适度投入、少废物、无污染、高产出、高效益的生态农业模式（李伯钧，2009）[①]。

1. 国外典型的生态农业模式

国外形成的较为典型的生态农业模式，既包括一些发达国家也包括一些发展中国家和地区，其共同特点是大多注重能量和物质的循环和高效利用，否定化肥、农药、激素等外部物质的过量投入（颜景辰、雷海章，2005）[②]。具体而言，国外典型的现代生态农业发展模式有以下几种。

（1）瑞典的生态农业模式。瑞典生态农业使用牛、羊、猪等动物粪便作为天然肥料，进行人工除草而不使用化学除草剂，采用轮种豆类、小麦、燕麦、牧草等种植方法，采用生态饲料喂养禽畜或者室外生态放养等饲养方法，以预防禽畜传染病为主，尽量避免使用药物，凡是出售用过抗菌类药的禽畜都必须满1年才行，以保证清除残留在禽畜体内的药物成分。尽管瑞典的生态农作物产量受到影响，但生态农产品的售价要高出普通农产品的1倍以上。瑞典政府为了支持发展生态农业，规定不低于10%的耕地必须用于生态农业种植，并限制不可再生资源的使用，还采取各种政策措施确保生态农业经营者的合理收入。

（2）德国的生态农业模式。德国政府十分重视发展生态农业，对于生态农业标准的要求比较严格，规定生态种植不允许使用化学合成的杀虫剂、除草剂，推广机械除草或培育病虫害天敌的方法；不允许使用易溶的化学肥料，只能使用长效肥或有机肥，保持土壤肥力可借助利用腐殖质的方式，种植方式采用间作或轮作等；不允许使用农产品转基因技术，也不允许使用促进植物生长而合成的化学调节剂；在畜牧业发展过程中，主要采取控制牧场

---

① 李伯钧：《生态农业模式及其实现途径的策略研究》，《安徽农学通报（下半月刊）》2009年第8期。

② 颜景辰、雷海章：《世界生态农业的发展趋势和启示》，《世界农业》2005年第1期。

的载畜量，用天然饲料来饲养动物，禁止使用抗生素等物质。德国对生态农业生产过程采取严格监管措施，由国家授权的检测中心对申请转入生态农业生产的企业进行检查，每年至少进行1次，也可不定期进行抽查，保证生态农业发展质量。

（3）菲律宾的玛雅农场生态农业。菲律宾虽然属于发展中国家，但是开展现代生态农业建设比较早，并形成了具有自己特点的生态农业发展模式，其玛雅农场生态农业模式最为有名。玛雅农场位于菲律宾首都马尼拉附近，从20世纪70年代开始发展生态农业，经过10多年建设，由原来的一个面粉厂逐渐发展成为农、林、牧、副、渔综合发展的生态农场，建立起一套农业生态系统，实现了内部资源的良性循环利用。面粉厂加工后的大量麸皮被用作畜牧业和渔业的饲料，动物粪肥用来生产沼气，沼渣则用作有机肥料，沼液在经过藻类氧化塘的进一步处理后用于养鱼养鸭，沼气发电为农场提供动力，不但防止养殖污染，而且促进了罐头和肉食加工企业的发展，农场经济效益提高，各种生产废弃物得到循环有效利用。同时，农场生产的粮食又被送到面粉厂进行加工，又开始了新的资源循环利用。菲律宾玛雅农场发展生态农业充分运用了生态学原理，资源被充分合理和重复循环利用，实现了农业生产的环保、节能、高效和可持续发展。

（4）以色列的生态农业模式。以色列的生态农业采用的是农工一体化即生态农场的模式，如著名的基布兹共同农场，它以充分利用太阳能和水（节水喷、滴灌）为宗旨，达到农牧业综合发展，努力寻求低成本的蛋白质生产。在干旱缺水、农业生产条件较差的情况下，以色列注重农业人才的引进，加强了对生态农业技术的研究，其农业总产值每年以15%的速度递增，生态农业也获得了又好又快的发展。

另外，国际上比较典型的现代生态农业模式还有不少，如英国的可持续生态农业模式，主要是在培育高生物潜力的品种基础上，采取生物性轮作、生物防治和有机肥料等降低农场外部资源消耗，实现农业可持续发展；日本等国家推行环境保护型可持续农业，控制化学物质在农业生产中的投放，加强生态环境保护，提高农业综合效益；荷兰盛行的"设施农业"发展模式，通过研制农业精细技术和改善农业基础设施条件，提高土地利用率与产出率，增强农业的生态功能和可持续发展能力，等等（曹俊杰、王学真，2006）[①]。

2. 我国形成的较为典型的生态农业模式

与国外相比，我国的现代生态农业发展具有明显的个性特点：一般是将我国传统农业生产经验与现代农业生产技术、方法相结合而形成的，具有劳动密集和技术密集相结合的特征，不完全否定化肥、农药、激素等外部化学物质的适当投入，追求技术和能量的高效，并通过合理投入和时空巧妙的组合，使农业达到持续、稳定和协调发展。经过多年的实践，我国形成了既具有不同产业特色的多样性的生态农业模式，又具有不同地域特色的现代生态农业发展模式（孔志峰，2006）[②]。

（1）种植型生态农业发展模式。种植型生态农业可以说是我国分布最广和最为常见的一种生态农业发展模式，生态种植是以生态经济学原理和生态学为依据，在改善和保护生态环境的前提下，对当地现有农业资源加以充分合理利用，重视现代农业科学技术在农业生产中的运用，发展生态种植业，为市场提供生态安全的粮食、蔬菜、水果、茶叶等农产品。目前，在保护生态环境和高效利用资源的大环境下，人们越来越对有机食品、无公害农产品和其他安全生态类食品情有独钟，这将成为今后生态种植业发展的目标和方向。

（2）种养结合的"猪—沼—果"生态农业模式。该模式是利用现代科学技术和方法，全面整合各类复杂的农业资源，采用"沼气池—猪舍—厕所"三位一体的工程，围绕当地特色农业产业，因地制宜开展沼液、沼气、沼渣等综合利用，既可以提高农业资源的利用效率和维护好农村生态环境，

---

①　曹俊杰、王学真：《中外现代生态农业发展比较研究》，《生态经济》2006 年第 9 期。

②　孔志峰：《中国生态农业运行模式研究》，经济科学出版社 2006 年版，第 10—16 页。

又可以很好地提高农产品质量和增加农民收入。此生态农业模式的功能包括农户日常照明做饭可用沼气，果树或其他农作物可用沼肥（沼渣），沼液拌饲料可以养猪，在发展种植业方面采取套种饲料作物、蔬菜、水果等。农户除养猪外，还包括养鸡、养牛等养殖业；发展果业也可兼顾蔬菜、粮食、经济作物等种植业。因此，种养结合的"猪—沼—果"生态农业，属于综合循环和高效利用农业资源的一种现代生态农业发展模式，具有很高的推广价值。

（3）农、林、牧复合型生态农业模式。该模式是由两个及其以上产业构成的复合生态农业，它是借助资源接续利用或接口技术的时空互补性而形成的。接口技术是指联结不同产业之间能量转换与物质循环的连接技术，如养殖业需要的饲料与饲草等，可通过发展种植业和林业来保证，种植业需要的有机肥可由养殖业产生的牲畜粪便提供，其中利用有机肥生产技术、粪便发酵和秸秆转化饲料技术等均属接口技术，是保障平原农、牧业可持续发展的关键技术。其中，较为典型的农、林、牧复合型生态农业模式及技术包括"粮饲-猪-沼 肥"生态模式及配套技术、"林果-粮经"立体生态农业模式及配套技术、"林果-畜禽"复合生态农业模式及配套技术，等等。农林牧复合型生态农业模式一般比较适合平原和丘陵地区。

（4）草地生态恢复和生态畜牧业生产模式。草地生态恢复模式通常是按照植被自然的分布规律，运用现代草地利用、管理、保护等技术，在牧区采取减牧养草、退耕还草和科学控制放牧数量等措施，畜牧业发展与休牧、养草、植被恢复、防沙治沙等结合的综合治理战略，提高草地生产力和防止草地沙漠化的能力，有利于改善生产和生态环境，促进畜牧业可持续发展。同时，在畜牧业全程生产过程中既要体现生态学和生态经济学的理论，同时也要充分利用清洁生产工艺，从而在保护环境、资源永续利用的条件下生产优质的畜产品。根据环境与规模的依赖关系，现代生态畜牧业可以分为复合型生态养殖场和规模化生态养殖场两种生产模式，前者主要是以畜禽动物养殖为主，辅以发展饲料粮（草）生产基地和畜禽粪便为草地提供有机肥，通过清洁生产技术生产优质畜产品；后者则主要以大规模畜禽动物养殖为主，需要通过一系列环境工程和生产技术进行环境治理，生产优质畜产品以满足市场需要。这种生态农业模式在草原、草坡草山、农牧交错带等地区具有较高的推广价值，对于发展生态畜牧业和进行综合治理、防止土地沙漠化和农业资源持续利用等具有积极意义。

（5）休闲体验型生态农业模式。该模式是指将发展生态农业与农村观光、休闲、旅游、休假、教育、体验和生态文化等有机结合，拓展现代农业的多种功能，形成农村一、二、三产业融合发展格局，取得良好的生态环境效益、社会效益和经济效益。依托生态农业园、特色农业采摘园和生态农庄等，吸引周边游客休闲旅游、观赏民俗文化展览与表演、体验农事活动、采摘果实、品尝特色生态农产品、休假购物等。近年来，在一些地方兴起的设施生态农业模式也具有这种特点，在建设农业基础设施工程、温室大棚的基础上，通过无土栽培技术或者施用有机肥料，以生物与物理防治措施为主要手段进行病虫害防治，结合现代生态农业科技，建立具有生产和观光等众多功能的高效生态农业。

（6）丘陵山区小流域生态农业模式。我国是一个多山的国家，山区（包括山地、丘陵和高原等）面积广大，约占全国陆地面积的2/3，这类区域特点是地貌与生态系统类型复杂、自然物产种类多样，生态资源优势明显，一般适于发展农林、农牧或林牧综合性特色生态农业。丘陵山区小流域生态农业模式主要是采取工程措施、生物措施、农艺措施等，通过修梯田、挖截流沟、修建水库和塘坝等，通过营造水保林、农田防护林、生态保护林和提高植被覆盖率等，调节地表径流，防止土壤侵蚀和水土流失，改善水文生态环境，在此基础上综合利用农业资源发展生态农业。长期以来，山东省中、东部地区根据山区、丘陵分布广泛和生态脆弱的特点，加强小流域生态农业建设，取得了不少成功经验（曹俊杰，2010）①。特别是在一些适合发展种养业的区域，农业逐渐形成了以秸秆和人畜粪便为原料生产沼气，带动种养加协调发展，有些地方将沼气池、猪舍、温室、果菜生产和加工结合起来，形成"猪-沼-果—菜"等"四位一体"的生态农业发展模式。这种节约能源和经营成本的生态农业模式，比较适合于农户分散经营的山区。

（三）国内外现代有机农业的发展情况

1. 国外现代有机农业实践经验丰富

目前，有机农业逐渐成为世界各国追求的目标。1972 年，美国、英国、法国、南非和瑞典等国家发起成立了"国际有机农业运动联合会"。其宗旨是统领全世界的有机运动，建立可持续发展的有机农业，确保有机农业持续发展措施的长效性和可靠性。现在全球有机农业管理较为完善的国家或地区有欧盟、日本、美国、澳大利亚和阿根廷，他们拥有自己的有机产品管理方法和生产标准。有机农业的检查与认证机构是检查与确认加工者、生产者、销售者、贸易者是否严格按照有机农业标准加工、生产、销售有机产品。日本有机农业的发展思想很早便确立了，1971 年就成立了全国性的有机农业研究会，发动农民自觉生产更多更好的健康、无公害的有机农产品。为了确保质量，政府对有机产品开始实行监管。在 1994 年的农业"新政策"中，将有机农业作为环保型农业的一分子，赋予其农业行政支柱地位。日本有机农业发展中非常重视精耕细作，强调有机农业的重要性，提高有机农产品的自给率，倡导少施化肥、少用农药的种植生产方式。

20 世纪 90 年代以后，全球有机产品的生产和销售一直保持着较高的增长态势。随着有机农业技术的逐渐提高、市场机制的逐渐完善，有机产品的需求还将进一步增长。北美国家是世界有机豆类、谷物以及有机水果、蔬菜

---

① 曹俊杰：《山东省几种现代生态农业模式的特征及其功效分析》，《中国软科学》2010年第 12 期。

和乳制品的主产地；南美洲则生产大量的有机橄榄油、糖、棉花、水果、可可、咖啡；中国、泰国、斯里兰卡和马来西亚为主的亚洲国家以有机茶叶、蔬菜、大米、豆类、籽仁、咖啡、香料和油料等为主要产品；澳大利亚、新西兰等是有机牛肉的主要生产供应国；非洲许多非政府组织正在帮助当地农业加快发展有机农业，其中有几个非洲国家还是有机农产品的出口大国，如埃及的有机棉花、水果、蔬菜和香料已经开始向欧洲大量出口，马达加斯加向世界有机市场提供有机香料和热带植物油，坦桑尼亚则向欧洲出口有机茶叶、棉花、香料和热带水果等。

由于世界各地存在着种类繁多的有机认证标准和法规，一个国家的有机产品要想进入其他国家，尤其是发展中国家的有机产品要想进入发达国家的有机市场，会遇到很大的阻力。一种产品如果要进入多个市场很可能就需要申请多种认证，目前国际上的主要认可种类有欧盟（EU）、美国（NOP）和日本（JAS）的有机标准和法规，此外加拿大、瑞士等有机食品的进口国也都有自己的标准或法规。目前全球共有可以开展有机认证的机构已超过500家，数量最多的国家包括日本、美国、韩国、德国等。如果某一种中国有机产品既要在国内销售，又要出口到日本、美国、欧盟以及其他国家，按照目前各国和各地区的认证规则，该产品在获得中国国家标准认证的同时还必须获得日本 JAS、美国 NOP 和欧盟 EU 的认证，实施认证的机构也必须获得中国、日本、美国、欧盟相关主管部门的认可。因此，国际有机农业运动联盟（IFOAM）和联合国粮农组织（FAO）以及联合国贸易与发展大会组织（UNCTAD）合作组成了"国际有机农业一致化和等同性合作工作小组（ITF）"，并开展了大量的工作来协调国际有机界的认证与认可工作，在ITF 项目结束后，三个国际组织又合作发起了"全球有机市场准入项目（GOMA）"，继续开展国际有机界的协调工作，以尽可能地减少和消除国际有机产品贸易中的障碍，最终达到促进全世界有机认证标准和认可准则的一致化之目标。

2. 我国现代有机农业稳步发展

20 世纪 70 年代末和 80 年代初，我国农业科学家就提出要发展和实现经济、生态和社会效益完美结合的生态有机农业。以马世骏为首的我国农业科学家队伍开始在全国范围内进行生态有机农业发展户、生态有机农业发展村、生态有机农业发展乡、生态有机农业发展县等不同层次规模的示范性研究，追求实现经济、生态和社会三大效益的完美结合，并取得了令全世界瞩目的伟大成就。1992 年，根据国务院总体部署，由农业部、财政部、发改委、水利部、科技部、林业部、环保部等七部委联合发起，重点扶持抓好全国 50 个特色生态有机农业示范区县建设，从政府层面拉开了生态有机农业建设的序幕。

我国的特色生态有机农业建设虽然是在国际上大力发展生态特色有机农业的背景下提出，但是必须考虑中国自身的国情。我国基本国情就是人口基数大、农民数量多、土地面积少、农业资源短缺和生态环境压力大。因此，我国发展生态和有机农业既要借鉴国外有关发展经验，也要结合自身实际。20 世纪 80 年代末，国家环保总局南京环境科学研究所与美国加州大学圣克鲁斯分校及洛克菲勒兄弟基金会、温洛克基金等联合，进行有机作物生产系统与常规生产系统的比较研究，在收集大量的有机农业发展资料和进行理论总结的基础上，还积累了大量有机农业种植、养殖生产的经验技术，为中国有机食品的研发与开发打下了坚实的基础。1990 年，浙江临安生产的有机绿茶顺利通过荷兰生态有机农业认证组织 Skal 的认证出口到荷兰，终结了中国生态特色有机食品没有出口的历史。

1994 年 10 月经国家环保总局批准，在国家环保总局南京环境科学研究所成立了"国家环保总局有机食品发展中心（OFDC）"，其主要职能包括生态特色有机食品的前期宣传与培训、生态有机农业的检查与认证、生态有机食品产品质量的监督与检查、生态有机农业生产技术研究与咨询、生态有机食品的开发与研究、与国际生态有机农业组织的交流与合作，等等。OFDC 的成立可谓是中国有机农业和有机食品发展道路上具有里程碑意义，

1995 年 OFDC 与美国国际有机作物改良协会（OCIA）成功合作，开始在中国建立 OCIA 分会，全权代表 OCIA 在中国范围内进行有机食品的检查与认证，使中国的有机食品能顺利出口到全球其他国家。1999 年，从 OFDC 中分离出有机生产咨询指导功能的专门机构——南京环球有机食品研究咨询中心，彻底实现了中国有机食品认证与国际通行认证的接轨，为促进中国有机农业的健康、规范发展奠定了坚实的组织基础。截至目前，除 OFDC 外，国外的一些有机食品的认证机构纷纷在中国设立了办事处或者发展独立检查员对中国的生态有机食品进行相关的认证工作，如德国的 BCS 在湖南派驻了认证代表，日本的 JONA 和 NOAPA 等认证机构也开始在中国展开相关认证工作。中国国内也逐步建立了一些其他的生态特色有机农业的认证机构，如中国农业科学院的茶叶研究所的生态有机茶研究与发展中心，就专门从事生态有机茶的认证工作。

第二节　发展现代生态农业
缓解农业生态环境压力

现代生态农业主要是运用生态学原理和系统科学方法，充分合理地利用农业资源，实现农业的经济、社会和生态环境等效益的统一，使农业最终走上可持续发展道路。我国现代生态农业兴起于 20 世纪 80 年代，山东省进行生态农业建设基本上走在了全国的前列，逐渐形成了多种典型的现代生态农业模式，积累了不少成功经验。其中，淄博市作为山东省一个地级市，开展生态农业试点又是山东省比较早的地区之一，并取得了多重功效。一方面，淄博市几乎拥有与山东省相同的地理地貌和农业资源特征，山区、丘陵、平原、湿地、河湖库区等地貌一应俱全，这就决定了需要创立各具特色的区域生态农业模式；另一方面，淄博市作为山东省经济相对发达的地市之一，也是一个资源型老工业城市，生态环境问题一直是困扰经济社会发展和人民生活的大问题，面临的生态农业建设任务异常艰巨。因此，本节以淄博市为例，讨论通过发展现代生态农业缓解农业生态环境压力，达到农业增效、农民增收、农村增绿以及农业资源优化和生态环境改善的目标。

一、淄博市发展现代生态农业的条件和基本情况

（一）淄博市资源及经济社会发展概况

淄博市位于鲁中地区，是我国齐文化的发祥地，现在市域面积为 5965 平方千米，其中农业用地 4177 平方千米，占全市土地总面积的 70.03%；非农业用地 1202 平方千米，未利用土地 586 平方千米。从土地类型来看，山地丘陵占全市土地总面积的 45.2%，平原占 33.2%，其他涝洼地、荒滩地和水面分别占 13.8%、6.7% 和 1.1%。淄博市下辖"五区三县"，即张店区、周村区、临淄区、淄川区、博山区和桓台县、高青县、沂源县，全市呈现南北狭长的地理结构，地势南高北低，南部多为山区、丘陵，岩溶地貌发育，北部主要是山前冲积平原和黄泛平原，土地平坦肥沃。北部有黄河和小清河等流经，发源于南部山区的河流有沂河、淄河、孝妇河、乌河、猪龙河、涝淄河等。淄博地处暖温带，属半湿润半干旱的大陆性气候（温带季风气候），多年平均降水量 650 毫米左右，境内分布着马踏湖、青沙湖、大芦湖等湖泊，湖区面积达到 13926.8 公顷。

2017 年，淄博市常住人口为 470.84 万人，随着城镇化速度加快，农村人口所占比重不断下降，当年淄博市城镇化率达 70.26%，比 2016 年提高 1.15%，较全国平均城镇化率 58.52% 高出 11.74 个百分点，较山东省平均城镇化率 60.58% 高出 9.68 个百分点。2017 年，淄博市实现地区生产总值（GDP）4781.32 亿元，按可比价格计算，同比增长 7.4%。其中，全年实现第一产业增加值 149.94 亿元，增长 4.3%，相对于第二、三产业增长缓慢（参见表 5-1）；三次产业结构比例由上年的 3.4∶53∶43.6 调整为 3.1∶52.1∶44.8，产业结构得以进一步优化。本年度全市人均生产总值达到 101781

元，比 2016 年增长 6.6%，按年均汇率折算达 15075 美元/人。

表 5-1 2017 年淄博市三次产业增长情况比较

产业划分	第一产业	第二产业	第三产业
全年实现增加值（亿元）	149.94	2490.03	2141.35
同比增长（%）	4.3	6.4	9.0

资料来源：《淄博市 2017 年国民经济和社会发展统计公报》2018 年 4 月 9 日。

2017 年，淄博市居民人均可支配收入达 32038 元，比 2016 年增长 8.7%。其中，城镇居民人均可支配收入 39410 元，增长 8.2%；农村居民人均可支配收入 16953 元，增长 8.2%，城乡居民人均可支配收入增长速度实现持平。全体居民人均消费支出 20926 元，增长 7.3%。其中，城镇、农村居民人均消费支出分别为 25260 元和 12058 元，同比增长分别是 6.6% 和 7.4%，农村居民人均消费支出增长速度超过城镇居民（具体参见表 5-2）。

表 5-2 2017 年淄博市人均可支配收入和人均消费支出增长情况

项目	全市居民	城镇居民	农村居民
人均可支配收入（元）	32038	39410	16953
同比增长（%）	8.7	8.2	8.2
人均消费支出（元）	20926	25260	12058
同比增长（%）	7.3	6.6	7.4

资料来源：《淄博市 2017 年国民经济和社会发展统计公报》2018 年 4 月 9 日。

（二）淄博市农业发展的基本情况

首先，淄博市农业发展的基础较好和成绩突出。改革开放以来，淄博市作为工业基础较好和经济相对发达的城市，走了从工业反哺农业到工业化、城镇化和农业现代化协调发展的道路。淄博市桓台县成为我国江北第一个吨粮县，临淄区被评为全国标准化农业示范区，沂源县被认定为全国无公害果品生产示范基地县。截至 2015 年，淄博市农业"三品一标"品牌总数已达 141 个，并建成优质专用粮、蔬菜、水果、桑蚕、畜牧、淡水养殖等十大特色经济区。

其次，淄博市农业经济稳步发展，农业现代化水平不断提升。2017 年，全市实现农、林、牧、渔业增加值 155.4 亿元，其中，农业增加值 110.1 亿元，林业增加值 6.9 亿元，牧业增加值 29.5 亿元，渔业增加值 3.4 亿元，农、林、牧、渔服务业增加值 5.5 亿元。特别是在林业建设方面成绩显著，2017 年完成造林面积 7.8 万亩，其中荒山造林 5 万亩，当年木材产量为 10.6 万立方米，比上年增长 23.6%。农业生产条件继续改善，全年农机总值达 27.6 亿元，比上年增长 3.6%。农业机械总动力 254.8 万千瓦，增长 2%。其中，农用排灌动力 71.2 万千瓦，农作物耕种收综合机械化水平已达 89.8%。

（三）淄博市生态农业发展的条件

淄博市发展生态农业虽然具有自然条件良好、经济实力雄厚、基础设施完善、农业产业化进程深入推进、农业技术水平不断提高等方面的优势和潜力，但也存在认识不到位、规划不完善、农村土地流转不畅、生态农业社会化服务体系不健全、生态农业发展的规模化及组织化程度较低、农业劳动力素质不高及其结构性短缺等诸多迫切需要解决的问题。

1. 淄博市发展生态农业的有利条件

（1）自然和经济条件好，农业基础设施完善。淄博市地处暖温带，属半湿润、半干旱的大陆性气候，四季特征分明，有明显的地方性天气特点，适合生态农业的发展。同时，淄博市位于山东省中部，交通四通八达，有大量的人流、物流、商流、资金流、信息流，可以辐射整个鲁中地区。淄博市作为组团式发展的工业城市，城区之间相距 20 公里左右，城乡交错，城郊农村的区域面积大，以工促农、以城带乡具有很大的优势，为发展现代生态农业提供了条件。从基础设施方面看，市财政每年都安排专项资金用于城乡基础设施建设和强农惠农补贴，加快建设适应主导产业发展的高标准农田水利基础设施，促进标准农田建设，充分发挥农业综合开发在现代农业发展中的作用，加强沟渠路水田林的综合治理，配备了完善的道路交通、农田水利等基础设施，为发展生态农业奠定了基础。另外，淄博市农业产业化经验比较丰富，淄博市近年来依托加工园区和产业集群，适时调整了农业产业化布局，提高农产品附加值和市场竞争力，为农业发展、农民增收、科技推广提供了重要载体，农业产业化水平不断提高，农业标准化生产基地突破 100 万亩，农村规模以上龙头企业达到 210 家，其中年销售收入过亿元的 30 家，无公害、绿色、有机食品总数达到 141 个。随着农民专业化组织日益健全，农业现代化、社会化和产业化水平不断提高，特别是丰富的农业产业化经营的经验为生态农业发展创造了条件。

（2）生物资源比较丰富，农业土特产品众多。首先，淄博市生物资源相当丰富，动植物种类繁多。据不完全统计，淄博市共有生物 615 科 3753 种，其中极具价值的种类有 30 多种食用菌、218 种农作物、421 种木本植物、778 种药材植物、415 种饲草植物、102 种水生动植物、86 个畜禽品种和 265 种鸟类资源，另外还有病虫及其天敌资源 2165 种等。其次，淄博市农业相对发达，名优土特产品数量多、分布广和影响力大，目前拥有品牌农业产品和名优土特产品多达几十个（具体参见表5-3）。

表 5-3　淄博市主要农业名优土特产品一览表

类别	品名
植物农产品类	博山蓝莓、博山金银花、沂源苹果、沂源黄烟、沂源大樱桃、沂源花生、马踏湖白莲藕、高青黄河大米、高青西瓜、临淄西红柿、边河小米、国槐茶、桓台山药
动物农产品类	高青黑牛、高青黄河鲤鱼、马踏湖金丝鸭蛋、沂源全蝎、沂源黑山羊、边河黑猪
农产品加工类	周村丝绸、周村烧饼、西河煎饼、淄川肉烧饼、道口咸菜、卤汁羊肉、煮锅、石蛤蟆水饺、博山酥锅、博山烩菜、豆腐箱、金岭酱牛肉

资料来源：根据淄博市农业局、旅游局和各区县政府网公布资料整理。

（3）生态旅游资源丰富，景区景点多和分布广。淄博是中国优秀旅游城市，近年来"齐风陶韵·生态淄博"旅游品牌优势逐步显现。北部有高青、桓台县的黄河及黄河三角洲湿地为代表的旅游资源，大芦湖、马踏湖国家湿地公园被称为"北国江南"，吸引大量游客到此休闲旅游。中部具有丰富的人文旅游资源，如临淄区齐国故城文物浩繁，有"地下博物馆"之称，周村区为百年商埠重镇，素有"旱码头"之誉，有保存完好的周村古商城；淄川区有《聊斋志异》作者蒲松龄的故居；张店区的中国陶瓷馆，荟萃中外陶瓷精品，展示了 8000 年来淄博地区生产、出土的陶瓷文物。南部主要以优美的山水、溶洞等自然风光为主，适合发展生态休闲旅游业，这里既有博山国家级风景名胜区，又有原山、鲁山等国家森林公园，还有鲁山国家地质公园、五阳湖国家湿地公园等国家公园，以及绵延数十里的溶洞群、齐长城遗址、沂源猿人遗址等。到 2017 年年末，淄博市建成区园林绿地面积达 133.39 平方千米，建成区绿化覆盖率达 45.3%。淄博市已经拥有 3 处国家级森林公园、4 处省级森林公园、2 处国家级湿地公园和 5 处省级湿地公园，全市森林覆盖率达到 37%。日前淄博市已拥有国家 A 级旅游区（点）达 52 处；其中，AAAA 级旅游区（点）15 处，AAA 级旅游区（点）23 处，AA 级旅游区（点）14 处。其中，2A 级以上生态休闲旅游景点多达 40 多处（参见表 5-4）。

表 5-4　淄博市主要生态休闲旅游农业景区景点名录（截至 2017 年）

序号	景区名称	等级	序号	景区名称	等级
1	博山风景名胜区	国家级	22	淄博姚家峪生态旅游度假区	3A
2	文昌湖旅游度假区	省级	23	淄博峨庄瀑布群风景区	3A
3	淄博聊斋城	4A	24	淄博云明山景区	3A
4	淄博原山国家森林公园	4A	25	文昌湖都市农业生态博览园	3A
5	淄博鲁山国家森林公园	4A	26	淄博高青温泉花乡景区	3A
6	临淄中国古车博物馆	4A	27	淄博桓台红莲湖景区	3A

序号	景区名称	等级	序号	景区名称	等级
7	淄博沂源鲁山溶洞群风景区	4A	28	淄博市博山五阳湖生态旅游区	3A
8	淄博市潭溪山旅游区	4A	29	牛记庵养生度假村	3A
9	淄博市源泉开元溶洞旅游区	4A	30	淄博姜太公祠	2A
10	淄博市沂源牛郎织女景区	4A	31	淄博沂源唐山佛雕文化园	2A
11	淄博市国井酒文化生态博览园	4A	32	淄博沂源凤凰山	2A
12	淄博市王渔洋故里景区	4A	33	淄博博山莲花山森林公园	2A
13	淄博齐山风景区	4A	34	淄博周村区萌山湖荷花生态园	2A
14	淄博临淄齐国故城遗址博物馆	3A	35	沂源中庄（翠屏山）中华大果园	2A
15	淄博临淄管仲纪念馆	3A	36	淄川留仙谷景区	2A
16	淄博博山樵岭前风景区	3A	37	张店吉田园都市休闲农业观光园	2A
17	淄博马踏湖风景区	3A	38	高青文昌阁景区	2A
18	淄博梦泉生态风景区	3A	39	沂源县青龙湖景区	2A
19	淄博玉黛湖生态乡村庄园	3A	40	淄博市动物园	2A
20	淄博淄川梓橦山景区	3A	41	柳春园旅游区	2A
21	淄博高青千乘湖生态文化园	3A	42	傅山集团蟠龙山景区	2A

资料来源：根据淄博市旅游局公布的旅游景点整理。

2. 淄博市发展生态农业的制约因素

（1）水土资源短缺阻碍了农业发展。长期以来，随着人口增长和经济发展，以及工业化、城镇化和基础设施建设速度加快，土地、淡水资源等紧张程度逐渐提高，农业发展受到自然资源短缺的挑战越来越明显。近年来，淄博市耕地及其他各类农业用地数量都有不同程度的减少（参见表5-5）；同时，淄博市是一个水资源短缺的城市，年均降水量为657.8毫米，折合水量39.06亿立方米，水资源补给总量14.11亿立方米，地下水可开采量9.45亿立方米。在水资源利用与保护方面，全市有大型水库蓄水量1亿立方米，由于近两年干旱少雨，蓄水量下降明显。2017年，淄博市总用水量为9.6亿立方米，比上年减少 0.8 亿立方米，其中农业用水为 4.9 亿立方米，工业用水 3.1 亿立方米，生活用水为 1.4 亿立方米，而生态用水只有 0.2 亿立方米，相对占比较少。水资源供需矛盾加剧，为了保证城市和居民生活用水，会挤占农业和生态用水，特别是山区又受到地形地貌的影响，农业灌溉面积所占比重偏低（参见表 5-6），势必会影响生态农业的发展。

表 5-5 2014—2016 年淄博市农业土地资源变化情况   单位：公顷

项目 年份	土地面积	农用地	耕地	园地	林地	建设用地	未利用地
2014	596492	418303	210185	58734	104422	119442	58747
2015	596492	417698	209692	58691	104332	120225	58569
2016	596492	416724	209097	58551	104085	121331	58438

资料来源：《2017 年淄博市统计年鉴》。

表 5-6 淄博市及各区县农业灌溉面积基本情况   单位：公顷

	农用地 面积	耕地	园地	林地	总灌溉 面积	耕地灌溉 面积	园地灌溉 面积	林地灌溉 面积	节水灌溉 面积
全市	416724	209097	58551	104088	173670	128740	40380	4540	119930
淄川	59511	26872	5935	17460	7760	7270	480	10	6660
张店	9105	6918	156	1118	6700	5070	440	190	3670
博山	56113	10991	4725	35960	2890	2780	100	10	810
临淄	44843	35427	1802	3729	30250	28630	1080	540	25630
周村	12813	9449	246	2036	8680	7750	60	760	6290
桓台	34574	29868	258	1041	25330	24000	1300	30	24200
高青	66324	52250	993	4025	42860	40290	1070	1500	23150
沂源	122673	30505	43664	36749	49200	12950	35750	500	29520

资料来源：《2017 年淄博市统计年鉴》。

（2）农业生态环境问题比较突出。一方面，生态环境对农业发展的约束日趋严重。淄博既是一座资源型城市，也是全国老工业基地和重要的现代工业城市，陶瓷、建材、化工、机电、纺织等产业发达，空气、水及土地污染比较严重，生态压力较大，迫切需要加快生态建设，寻求老工业城市走生态文明的新路子，在此背景下淄博市被列为全国首批产业转型升级示范区。另一方面，传统农业向现代农业转变过程中出现的生态环境问题比较多。长期以来，淄博市农业大量使用石化生产资料而引发的生态问题日益凸显，水资源过度消耗，化肥、农药、塑料制品的过量使用，导致日趋严重的农业生态环境问题；大量采用机械化耕作，在提高农业劳动生产率的同时，也加剧了自然生态的破坏。近年来，随着加大环保工作力度，淄博市生态环境质量有了明显改善。2017 年空气质量良好天数达到 194 天，比上年增加了 11 天，良好率达 53.9%，比上年提高了 3.8 个百分点；二氧化硫（SO_2）、二氧化氮（NO_2）、细颗粒物（PM2.5）等主要污染物分别比上年改善 33.3%、13.0% 和 14.9%；全市主要河流断面水质化学需氧量和氨氮浓度均值分别比上年改善 7.3% 和 34.8%。

（3）地形地貌复杂多样，生态农业建设难度较大。淄博市地形地貌复杂多样，各地农业资源、生态环境情况和发展条件千差万别，这里山地、丘陵、平原、湿地、湖区等地貌均有广泛分布，不同地区必须因地制宜治理生态环境，合理开发农业多种不同功能，开创各具特色的生态农业模式。例如，高清县等北部地区隶属黄河三角洲高效生态保护区，位于淄博市中部的张店区、周村区、临淄区和桓台县等属于平原丘陵地区，位于南部的淄川区、博山区和沂源县等属于山地丘陵地区，淄博市辖区内还拥有大面积湖库区和湿地保护区，既有马踏湖、锦秋湖、青沙湖、大芦湖、玉黛湖等众多湖泊，又有太河水库、田庄水库、红旗水库、萌山水库、新城水库、淋漓湖水库等大中型水库，以及规划建设了马踏湖国家湿地公园、文昌湖省级生态旅游度假区、孝妇河湿地公园、范阳河湿地公园等湿地公园。另外，还有流经淄博市的黄河、小清河、淄河、孝妇河等，沿河流域生态条件复杂多样，环境保护压力大。因此，淄博应当对不同地区生态农业发展的地理环境、资源生态特色、优势条件和面临的问题等进行具体分析，并寻求不同的对策和建设路径。

（四）淄博市生态农业发展的基本情况

首先，生态农业建设成效显著。淄博市顺应我国生态农业发展趋势，自1990年开始生态农业试点建设，1998年生态农业在全市由点到面全面展开。2006年，淄博市启动实施了"生态淄博"的发展战略，明确提出建立生态型农业产业体系，以实现农业生态的良性循环和农村经济的可持续发展，推动全市农业发展方式的彻底转变，促进农民稳定增收。2017年，淄博市已拥有省级及以上现代农业示范区2家，农业产业化市级重点龙头企业多达185家，进行登记注册的农民专业合作社达到5319个，比上年新增709个；已建立农机合作社198家，被列为省级规范化作业推进项目33个。同时，有效期内"三品一标"认证产品305个，比上年增加126个。其中，无公害认证农产品164个、绿色认证农产品127个、有机认证农产品5个、国家地理标志农产品9个。

其次，现代生态农业示范区建设进程加快。多年来，淄博市的生态农业发展已形成了北部以粮食主产区高标准农田建设为主的精准农业示范区，中部以观光农业、休闲农业为主的都市农业示范区，南部以有机农业为主的生态农业示范区，初步形成了北部粮食、畜牧，中部蔬菜、花卉和南部林果、生态有机农业，以围绕中心城区、次中心城区、中心镇、中心村"四级中心"展开的分层级生态农业发展格局，已打造了以沼气池为纽带的循环生态农业、休闲观光型生态农业及有机生态农业三种典型模式，获得了较好的经济效益、环境效益及社会效益。目前，淄博市创建省级生态循环农业示范单位8处，建成市级循环农业示范园区61家。在农业科技创新和智慧农业建设方面推进速度逐渐加快，截至2018年7月，淄博市已创建省级农业科技园区 8 家，其中省级农业高新技术示范区 1 家，还有 5 个项目获省农业科技园区产业提升工程立项，涵盖特色水果、苗木花卉、乡村旅游等多个产业领域；目前全市智慧农业示范点总数已达到 15 处，农产品电子商务交易额突破 26 亿元。

最后，形成了不同区域的特色生态农业格局。淄博市已初步形成了分区域与分层级的生态农业发展格局，北部地区利用平原耕地面积广大、灌溉条件好和水草资源丰富等，集中发展生态种植业和养殖业，突出粮食种植和畜牧业在生态农业发展中的重要地位；中部地区利用靠近中心城区和市场、农业基础设施完善等有利条件，重点发展生态蔬菜、花卉、奶牛业和其他高附加值农业；南部地区属于山地丘陵地貌类型，重点发展林果业、有机蔬菜和生态休闲农业，将生态维护、水土保持与农业经济发展结合起来。近年来，淄博市还形成了以沼气池为纽带的循环生态农业、休闲观光型生态农业和有机与生态结合的农业等多种典型生态农业模式，积累了丰富的生态农业建设经验。

（五）淄博市多种典型的生态农业模式

1. 以沼气为纽带的"三位一体"生态农业

近年来，淄博市很多地区都积极转变了农业增长方式，大力发展以沼气池建设为纽带的循环生态农业，其主要做法是运用农作物秸秆等农业废弃物生产固化颗粒饲料，用以饲养鸡、猪、牛等禽畜，然后再利用这些禽畜产生的粪便，通过沼气池发酵，产生沼气、沼渣及沼液，其中沼气可以用来做饭、发电，沼渣和沼液可以作为有机肥或饲料，用于蔬菜、果树等的种植或禽畜的养殖，从而不但解决了农业废弃物、畜禽粪便等的污染问题，而且也解决了蔬菜种植的肥料问题。形成以沼气为纽带的"三位一体"生态农业发展模式，比较典型的地区主要有桓台县等。桓台县曾连续十几年跻身全国百强县，其以沼气池建设为纽带的循环生态农业发展的主要代表有：淄博海王农牧科技有限公司建成的"12万吨饲料加工—120万只现代肉鸡饲养—2000立方米大型沼气工程—千亩沼液沼渣养藕"的生态循环农业园;淄博森源秸秆能源开发有限公司建成的"秸秆固化颗粒饲料—万头肉牛—千亩有机林果菜"生态循环农业产业园;祥瑞生态园依托600立方米的大型沼气工程所形成的"猪—沼—菜、猪—沼—鱼、猪—沼—果和猪—沼—棚"四种生态循环种养模式,以及新城镇"畜—沼—细毛山药"、荆家镇"畜—沼—四色韭黄"、起凤镇"畜—沼—藕"等示范园区。其中,新城细毛山药已成为"国家地理保护产品",获得了"有机转换产品认证证书";荆家的四色韭黄分别获得了"无公害农产品产地认定证书"和"无公害农产品证书";起凤旱地藕被国家绿色食品发展中心认定为"A级绿色食品"等。

目前,桓台县已规划建设了13家生态循环农业园区,共建成"一池两改"户用沼气池5800余个,养殖场沼气池200余个,2000立方米大中型沼气工程1个,年节约标准煤4500余吨,减排二氧化碳12000余吨,从而有效治理了农业废弃物以及农村粪便、污水乱排问题,产生了清洁能源(沼气)和有机肥料(沼液、沼渣),基本形成了"农业废弃物—沼气—有机肥—无公害农产品生产"循环链条,实现了农业废弃物的清洁化和能源化利用,将生态农业发展由"单一模式"变为"立体循环"模式。

2. 以秸秆再利用为纽带的生态循环农业

在淄博市周村区循环生态农业发展过程中,以农作物秸秆综合利用为纽带,对作物秸秆进行深埋还田、做青贮饲料等;实施沼气工程,沼气用来做饭、发电,沼液与沼渣做饲料或肥料,作物秸秆转化为饲料,逐渐形成循环利用资源的生态农业模式。目前,周村区已建成标准化藕池1500余亩,年可利用玉米秸秆1万亩,以此为依托,萌山湖秸秆养藕有限公司投资2000多万元,开发了千亩萌山湖荷花生态园。另外,周村区还建设多处农村畜禽养殖基地,通过建设大型沼气工程及时处理消化动物粪便和生活废水,每年可提供大量固体和液体有机肥,还可以减少农药、化肥带来的环境污染。

3. 生态有机农业发展模式

沂源县以沼气池为纽带的生态有机农业发展模式值得肯定。近年来，在政府补贴及技术指导支持下，沂源县大力推广沼气、秸秆资源回收利用、太阳能等可再生能源的综合利用技术，建设生态有机农业示范基地，探索生态有机农业发展模式。据统计，沂源县先后建成沼气池4.1万个，发展"千池乡"9个、"百池村"160个、"生态村"180个，全县近25%的农户用上了沼气，年可节约标准煤1.21万吨、化肥0.42万吨，减排二氧化碳5万多吨，年处理畜禽粪污60万吨，每年可增收节支1亿元，并在此过程中，总结出了果园"水肥一体化"等多种生态循环与有机农业生产模式，目前，采用这一模式，仅燕崖镇朱家户村一个村就建成生态有机农业示范基地300多亩，实现果园节水30%，减少农药、化肥使用量50%以上，增加土壤有机质0.2%以上，每亩果园增收节支2000元左右，有力促进了农民增收。目前，全县建成了7处、4500亩示范基地，带动发展生态有机农业10万亩。近年来，沂源县还推广配套6.5万平方米太阳能发电装置，发展了350多处风力提水工程，并结合山区特点建成1000个生态示范单元，扩大改善灌溉农田面积近1万亩。目前，沂源县已被确定为全省生态农业与农村新能源示范县。

沂源县在生态有机蔬菜生产方面积累了丰富的经验，在蔬菜大棚内建设沼气池，形成"畜禽、蔬菜棚、有机菜、沼气池"四结合的生态体系，显著提高了蔬菜质量。在此模式下，悦庄镇成为我国第一家有机韭菜生产基地，也是国内唯一一家通过欧盟和国家双重认证的有机韭菜生产基地，和传统蔬菜生产相比，有机韭菜种植的经济效益提高10—20倍。

4. 休闲观光型生态农业发展模式

休闲观光型生态农业主要是近几年为了迎合都市人群投入自然、放松身心的需求而兴起的，它主要利用了生态农业的休闲、观光等旅游功能，既可以通过果品、蔬菜等种植产生良好的经济及环境效益，又可以通过游客带动相关产业的发展，从而实现经济、环境及社会效益的高度协调统一。淄博市的休闲观光型生态农业在张店区、周村区、临淄区、淄川区、博山区及城市近郊区均有分布，其主要的表现形式就是一些以休闲观光为主的大型生态园。

（1）张店玉黛湖生态乡村庄园。玉黛湖生态乡村庄园位于淄博市东郊 6 千米 309 国道北侧，占地面积 2.77 平方千米，现规划建设面积 1.244 平方千米，是一家集休闲度假、农业生态观光、游乐、餐饮服务为一体的综合性景区。现在园区发展各种湖上娱乐项目几十项，东侧淄博市动物园占地 13.33 万平方米，拥有各类观赏动物 60 多种；西侧规划建设的海棠园占地 7.02 万平方米，海棠品种包括西府海棠、垂丝海棠、木瓜海棠、北美海棠等；北侧的采摘园占地 4.8 万平方米，有近 2000 棵蜜桃树，果大味甜，每年举办桃花节和采摘节活动吸引大量游客入园，不仅满足了旅客休闲旅游和采摘需求，而且通过发展生态休闲农业提高经济效益。

（2）周村萌山湖荷花生态园。萌山湖荷花生态园位于周村区萌水镇北安村，西临水域辽阔的文昌湖，总占地面积 1200 亩，园总投资 8500 万元，一期工程建成了 800 亩荷园、1500 米采摘长廊、6000 平方米垂钓中心、5000 平方米演艺广场、5000 平方米儿童乐园、5000 平方米办公区、3000 平方米生态美食园、4000 平方米藕产品深加工车间、100 亩采摘园以及休闲园等设施，还建成了黄河提水车两部，手摇、脚踏、水磨坊、水碾等大小水车 12 部，其中直径 22 米的黄河水车目前居世界第一高度，大小水车搭配，不仅形成了园区内的农业灌溉水循环系统，科学高效地实现了水循环净化、肥料冲施，而且还形成了园区内的一大科技文化景观。二期工程又完成了水车博览园、儿童乐园、游泳池等基础设施。目前，园内已具有了上林下藕、果实采摘、垂钓、种养生产等众多参与性旅游项目，娱乐服务丰富多彩，观赏、娱乐、度假、休闲独具特色，成为鲁中地区别具一格的生态旅游景区。

（3）淄川梦泉生态旅游区。淄川梦泉生态旅游区位于淄川东南部山区，三面环山，气候宜人，园区占地一万多亩，主要依托原生态的自然资源优势，以健身体验、休闲观光为发展理念，规划建立了齐长城游览区、梦泉文化游览区、原生态自由采摘游览区、休闲度假观光区、民间民俗风情区以及拓展健身培训中心区六大游览区，建立起了孙膑塑像、孟姜女庙、大型拓展训练基地、儿童游乐场和 40 多套雅致的休闲别墅。游客既可以在万亩采摘园区内，在每年 7—10 月的采摘季节，随着杏、桃、长虹枣、山楂、池梨、柿子等 38 种产品的交替成熟，游客可以自由采摘，尽情观赏和品尝，又可以在别致的休闲小房中避暑休闲，享受田园优美风光，每年可接待游客 8—10 万人次，综合收入高达 600 多万元。

（4）临淄桓公台生态园。桓公台生态园位于齐国故都临淄区，生态园占地 150 亩，建筑面积 15000 平方米，园区以"生态餐饮，绿色文化"为主题，集南北园林特色，融齐国古都风情，以超前的景观设计理念，卓越的专业水准，精湛的造园技法，使自然景观与人文景观融为一体，风格独特，气势磅礴，和谐生趣。园区拥有江南风情、绿色食品、休闲植物、生态娱乐四大景区，建有风格各异的园林式包房 60 多间，可同时容纳 1500 人就餐。园区内还有大型宴会厅、演出台，聚集了大江南北名厨，精心推出了国宴菜、农家菜和地方名吃，并集生态观光、餐饮美食、休闲娱乐于一体，既满足了游客的生态餐饮和休闲的需求，又为园区增添了靓丽的人文景观。自 2005 年开业以来，园区接待国内外游客越来越多，还承接各类中小型会议，取得了较好的经济及社会效益，先后获得"国家级旅游示范点""山东首席生态园""山东特色生态园"等称号，逐渐成为举办书画笔会、庆功宴、招商活动和报告会的热选之地。

（5）得益乳业观光有机生态牧场。得益观光生态有机牧场位于淄博市高新区，占地面积 2000 多亩，总投资 1.4 亿元，分为牧业养殖区、牧草种植区、生产加工区、休闲观光区四大主功能区。其休闲观光区占地 850 亩，贯穿于整个园区，以有机生态循环链条为参观游览主线，分设农牧体验区、休闲活动区、接待服务区及餐饮美食区四个分功能区。其中，农牧体验区占地 450 亩，以农牧科普、田园体验、动物亲密接触为主题，建设了农牧科普馆、手工体验坊、动物畜舍，开辟了菜地、果树的认养认种、采摘节以及动物表演秀等活动，提供给游客个性化的有机果园、有机菜园，也为青少年儿童提供了农耕农牧、生态教育的场所；休闲活动区占地 200 亩，主要提供了拓展训练、集会活动、户外休闲观光、纪念品购物等场所空间，环境以观赏性花卉、高达乔木、水景植物以及宽阔的活动草场为主，是游客户外游憩休闲的良好场所；接待服务区占地 150 亩，以商务会议接待、酒店住宿、健身娱乐为主题，建设了商务会所、酒店公寓、健身场馆、停车场等设施，以满足高端人群和企事业单位的商务需求；餐饮美食区占地 50 亩，以生态餐饮为主题，以满足游客就餐、休息及野营的需求。

此外，还有文昌湖区都市农业生态博览园，按国家 4A 级生态旅游景观标准设计，已建成葡萄、樱桃、木瓜等 20 处特色有机瓜果采摘园、30 亩无公害化绿色蔬菜园、80 亩茶园和一个高标准大型牧场，从特色种植、绿色餐饮到观光休闲、采摘购物，已形成了一条完整的生态休闲农业产业链。

二、淄博市发展生态农业存在的制约因素

近年来，虽然淄博市的生态农业获得了迅速发展，但在其发展过程中，仍存在诸多迫切需要解决的问题，归纳起来，这些问题主要表现在以下几个方面。

（一）对生态农业缺乏科学认识，没有形成统一规划布局

这主要表现在一些基层干部群众对生态农业的发展背景、概念、功能、基本特征以及发展生态农业的重要意义等缺乏充分的认识，因而在生态农业发展上，显得思路不清、盲目蛮干、重复模仿，缺乏统一有效的组织领导和科学规划。随着城镇化进程加快，不断扩张的城市规模，急剧增长的非农建设用地需求，城市及周边农用地越来越紧张。非农用地与农用地一旦发生冲突，在经济利益的诱惑下，农用地往往让位于非农用地。一些生态农业目标规划区和发展区，其城市化进程较快，如城市扩展的首选地带是城市郊区，

这时矛盾更为明显。处理好生态农业用地与土地开发、城市发展之间的矛盾，加强合理指导和科学规划，推动和谐城乡发展成为快速发展生态农业的关键。

（二）农村土地流转不畅，农业社会化服务体系不健全

长期以来，农民往往将土地视为"命根子"，许多进城和实现"非农"就业的农民也不愿放弃土地经营权，客观上给土地流转和进行规模化经营带来困难，导致生态农业项目的投资者成本提高，影响了生态农业园建设和当地生态农业发展。同时，生态农业产业化发展需要大量的资金支持，除政府能投入少量引导资金外，主要依靠社会投入，目前面临的主要问题是"利益共享、风险共担"的机制尚未完善，投资者和农户的利益联结机制未能真正建立起来，制约了资金的进入，从而使得生态农业面临一定程度的资金短缺，制约其快速发展。

（三）生态农业社会化程度低，农业生态环境隐患多

一些地区的生态农业缺乏龙头企业引领，就连中小企业数量也不多，规模不大，实力不强，没有充分发挥开拓市场、引导生产、深化加工、搞好服务的综合功能，辐射带头作用仍有限。而从全市总体来看，龙头企业销售收入总量小，龙头、基地和农户在产业化经营组织利益联结机制上还不完善。同时，农业生态环境隐患多，农业发展不容乐观。目前淄博市每平方千米年使用化肥量已经超过发达国家安全上限70%，而农药利用率却比发达国家低20个百分点。另外，由于农村土壤污染、农业面源污染、规模化畜禽养殖的粪便污染比较严重，给生态农业的发展造成了众多隐患，实现生态农业的可持续发展，优化农业发展环境任重而道远。

（四）生态农业投融资问题多，基层农技推广体系薄弱

发展生态农业需要大量资金投入和一定的科技支持，更需要一批具有现代知识、技能和经济实力的较高素质人才来推进。目前各级财政和正规金融对生态农业的支持力度有限，发展生态农业融资难、融资贵问题普遍存在，生态农业技术创新和推广应用困难较多，农村优秀劳动力"非农"流失比较严重，现阶段生态农业的比较效益尚未充分显现，对城市高素质人才缺乏吸引力，从业人员总体文化程度较低，接受新技术、新事物的意识不够，经营管理水平较低等，生态农业发展受到人力资本短缺和技术瓶颈的限制。同时，全市县乡两级畜牧、农技、农机、水利、林业等单位，现有在岗干部职工严重不足，全额财政拨款的农技人员只占到三分之一。由于体系的不健全，保障的不到位，农业科技推广人才匮乏和推广队伍不够壮大，推广经费投入不足，造成基层农技推广服务不到位，严重影响了生态农业科技的推广应用。

三、淄博市发展生态农业的政策与措施建议

（一）提高对现代生态农业的认识，搞好发展生态农业科学规划

1. 提高认识和转变农业发展观念

通过宣传教育和必要的培训，使地方干部群众和农业经营主体提高对现代生态农业的认知水平，尽快实现农业发展观念的转变，从而推动由现代石化农业模式向现代生态农业模式转换。首先，实现从单纯的产量观向品牌效益观转变，不断强化质量意识、效益意识和品牌意识，提高农产品的卫生安全标准和质量，创立生态绿色农业品牌，实施品牌带动战略，加快无公害、绿色、有机农产品认证，培育一批市场前景好、竞争力强和在国内外有一定知名度的生态有机农产品品牌，切实提高农产品竞争力和农业持续发展能

力。其次，实现从农业过分依赖传统经验向主要依靠现代科技支撑的观念转变，在发展生态农业过程中，传统生态农业技术与一些环保新技术，如污水处理、生物活性肥料等环保生态工程技术相结合，既要重视地膜覆盖、温室培养、无土栽培、营养配合饲料、网箱养鱼等常规技术，又要积极推广应用基因工程、发酵工程和智慧农业技术等。最后，实现从发展一般生态农业向发展高效生态农业观念转变，推动农业的绿色安全技术与优质高产技术有机结合，注重农产品的特色化、绿色化与农业可持续发展之间的兼容性，体现出生态化生产与农业集约化经营的有机耦合，精致型农业与资源节约型农业的统一性，尽可能延长生态农业的产业链，搞好农村一、二、三产业融合，合理发展休闲观光农业，增加农业的科技含量和附加值，走出一条"优质、高产、高效、生态、安全"的现代高效生态农业发展之路。

2. 因地制宜做好生态农业发展统筹规划

为了保证现代生态农业快速、健康、有序发展，地方政府必须根据当地实际情况，因地制宜地搞好统筹规划工作。

首先，要立足于现有的农业生产设施和条件，根据各区县农业的不同特点做好生态农业发展规划，注重农业景观保护，突出不同农村地域特色，丰富区域农业文化内涵，不同地区应当选择不同的重点项目、主导产业和主导产品，同时要按照主次有别、先后有序的原则进行生态农业发展规划。

其次，要按照现代生态农业总体发展的要求，结合空间布局，以点、线、环、面的网络格局，以高起点、新格局、多功能、富特色的区域目标定位，科学合理地规划生态农业的发展，既要保持农业的自然属性，又要突出新型农业设施的现代气息，既要有生态化、精品化的整体设计，又要有名特优瓜果、蔬菜、花卉、水生植物和作物以及畜禽和各种鱼类的生产与示范，以形成融自然景观和生态环境、浓郁田园风光、现代生产设施与科学技术及安全优质的生态产品为一体的生态农业系统，注重农业的经济效益、生态效益、社会效益有机统一。

最后，因地制宜地做好生态农业发展规划。例如，淄博市辖内由五区三县组成，各区县的自然环境及社会经济条件差异很大，在发展生态农业时，不能采用统一的模式，更不能照搬其他地区的经验模式，应密切结合各区县的自然、经济、历史条件及资源优势，因地制宜，合理规划设计相应的生态农业模式，科学选择适宜的项目和品种，以最大限度地发挥地区资源特色与优势，实现综合效益的最大化。同时，淄博市一些地方生态相对脆弱，在制订生态农业发展规划时必须注意水土保持，降低农业环境污染，防止出现新的污染源，构建合理的生态农业系统，在保护农业生态环境的前提下，最大限度地对当地农业资源进行综合和循环利用，促进农业产业链的延伸，积极发展高效生态农业，推动农、林、牧、副、渔的全面发展及农业综合效益的提高，逐步实现生态农业可持续发展。

另外，还要正确处理地方政府与市场的关系，做好政府的定位工作，更好地发挥政府在生态农业建设中的作用，要明确农民和其他农业经营主体的市场主体地位，鼓励和引导农民及相关农业经营主体面向市场开展竞争，自觉自愿地发展生态农业，地方政府不能强制推行或者代替农民搞生态农业，但可以帮助农民通过产业化经营的方式组织生产销售生态农产品，努力开发适销对路、有竞争力的生态标志型农产品，培育地方生态农业品牌，通过增加农民的经济收入吸引更多的农民加入发展生态农业的行列。

（二）建立健全农村土地流转机制，完善农业社会化服务体系

1. 加快农地流转推动生态农业发展

首先，创新土地流转形式。现代生态农业适合一定规模经营，必须建立健全农地流转机制，使农地得到适当集中。因此，应当根据中央关于农村土地"三权分置"的政策精神，积极推进农村土地承包经营权流转，在稳定承包关系、明确承包权属、严格土地流转程序的前提下，按照依法自愿有偿的原则，积极推进农村土地承包经营权流转，引导土地经营权向专业大户、家庭农场、农民专业合作社、农业种养专营企业等规模经营主体集中；允许各

种社会资本和城市工商企业到农村承租土地，单独兴办或与农民联办生态农业，鼓励农户采用土地承包经营权入股的方式，组建土地股份合作社或参与农民专业合作社的生产经营。

其次，加快培育农村土地流转市场。要想农地流转顺畅高效，必须充分发挥市场机制的作用，培育和完善农地流转市场，在严格保护耕地的基础上，积极解决生态农业建设用地问题。可以建立市、区和镇土地流转服务中心，把农村土地承包经营权流转管理和服务纳入政府为民全程代理服务的内容，加强对土地流转工作的规范管理和引导服务，鼓励通过互换、租赁、转包、转让、入股等多种形式进行土地承包经营权流转，加快发展适度规模经营，建立流转合同鉴证制度，登记备案制度和纠纷仲裁调处机制，保护农民土地承包经营权收益，通过加快农地流转推动现代生态农业发展。

最后，积极培育新型农业经营主体。坚持"政府引导、市场运作、村企主办、社会参与"的生态农业发展运行机制，推进生态农业园区化、企业化、集约化、产业化发展。以生态农业园区项目建设为抓手，统筹兼顾，重点推进，实施生态农业园区项目化管理，每个区县可以集中策划一批生态农业园区建设项目，集中人力、物力、财力率先突破，政府应每年筛选部分生态农业园区项目进行重点扶持。同时，坚持园区运营企业化，鼓励各类农业龙头企业及工商企业创办、领办、联办生态农业园区，支持农业园区承包、租赁经营和股份合作经营，积极鼓励社会各方面的人才带技术、带资金参与生态农业园区建设，通过招商引资政策吸引国内外资本、民营资本，以协作、参股、合作、独资等多种形式参与生态农业建设。

2. 完善农业社会化服务体系促进生态农业发展

首先，积极培育多元化农业经营服务体系。坚持稳定农村多元化市场主体共同发展现代生态农业的经营格局，允许农民专业合作组织、农业产业化龙头企业、个体承包农户、农村集体经济组织、家庭式农场专业大户等参与生态农业建设，鼓励多主体长期共存和相互竞争。同时，大力培育农村中介服务机构组织，从生态农业发展的产前、产中、产后等各个环节，都能得到相应的配套服务和技术指导，逐步建立完善的生态农业保险、融资、期货等体制，为现代生态农业长远发展拓展充分的空间。

其次，大力培植带动生态农业发展的龙头企业。目前，淄博市经营生态农业的企业绝大部分都是中小企业，这些小企业经营风险较大，附加值低，难以形成规模优势，缺乏市场竞争力。因此，在发展生态农业的过程中，应注重培养辐射带动能力强、附加值高的龙头企业，以加速资本等要素集聚，促进资源和品牌整合，形成规模及品牌优势，切实增强生态农业发展的市场竞争力。

（三）提高生态农业社会化程度，加强农业生态环境保护

1. 提高生态农业社会化和产业化水平

首先，逐渐提高农民的组织化程度。加快培育农民专业合作社、农业协会等经济组织，在特色生态农业发展较好的地方，充分发挥农民专业合作社在农业产业化、品牌化、标准化建设方面的作用。另外，要对农业组织运行机制进行创新，依托优势生态农业及其产品，打破行政区划限制组建跨地区的农业合作社和协会，解决分散农户与大市场的矛盾，为农户提供全面、持续的农业专业化服务。

其次，扶持农村龙头企业提升生态农业社会化和产业化水平。完善扶持农村龙头企业的政策，财政扶持力度要继续加大，在新产品开发、技术改造等方面，支持农村龙头企业，增强龙头企业辐射带动力，以优势品牌和资本运营为纽带，鼓励发展前景好、具有比较优势的龙头企业，实行跨区域、跨行业和跨所有制的合作，培育农业企业集团。同时，大力发展订单农业和进行农业产业化经营，使龙头企业与农户实现多种形式联合联营，形成利益共同体，加快生态农业产业化经营的进程，降低农民生态农业经营风险。

最后，发展农、林、牧、副、渔一体化的生态农业产业体系。互相依存的生态农业结构机制，互为因果组合，即食物链关系在农、林、牧、副、渔

之间体现得非常显著，又有交叉联系，网络连接关系呈多向性存在于结构内部，如农副产品既是渔业的投入，又是畜牧业的饲料，粪肥作为一种畜牧业副产品也可以还田培肥地力。在发展生态农业的过程中，充分考虑农业废弃物能够多次循环利用，提高农业资源利用率和经济效益，减轻对农业生态环境造成的污染。

2. 加强农业生态环境保护

首先，减少农药化肥使用量发展环境友好型农业。长期以来，人们对生态农业有各种误解，有的认为完全不施化肥、农药以及不用电力机械就是生态农业，实际上发展现代生态农业不是要倒退到传统生态农业的模式，现代生态农业并不完全否定农药、化肥等现代农业生产资料的使用，而且强调需要保持适当的投入物和适度的投入量，适当的投入物是指有选择地投入，摒除那些难以降解、重污染、降低农产品品质、导致农业生产不和谐的化学物质，而适度的投入量是指要保证在安全的范围内使用。因此，发展现代生态农业要注意科学施药施肥，防止对土地、环境和农产品造成污染，积极引导农民推广应用测土配方施肥、水肥一体化等技术，采用病虫害生物防治技术，鼓励多施有机肥，推广秸秆还田技术，增加土壤有机质含量，提高土壤肥力，引导农民更多地应用高效、低毒、低残留的新型化学农药，合理采用复合种植模式，通过轮作、间作和合理密植，降低病虫草危害。

其次，充分利用资源大力发展庭院生态农业。运用生态经济学的原理进行立体农业生产经营，可在房前屋后利用空闲庭院发展生态农业，充分结合生产环境与居住环境，以充分利用光能资源和土地资源，在营造良好生态环境的同时增加农民收入。例如，目前淄博市的农户每家大约有200平方米的农家院，如果充分利用好这些空间大力发展庭院生态农业，就会取得比较理想的生态效益和经济效益，如在庭院种植葡萄、石榴、樱桃等水果树种或者有机蔬菜；利用平房屋顶空间种植花草或者养殖小动物；利用地下空间搞沼气池或者利用屋顶建设太阳能装置，杜绝外界化石能源输入。

最后，不断改善生态旅游环境。在发展休闲生态农业的过程中，应全面了解客户需求，不断改善生态旅游环境，提高接待质量。前面提到的淄博玉黛湖农业观光园建设的例子就比较成功，它是在原农业观光桃园、海棠园的基础上，规划建设成的集农业观光、游客采摘及生产体验为一体的现代化综合智能园，占地400亩，建有2000平方米的玻璃温室、10000平方米的花卉市场、4000平方米的连栋温室两座、总面积20000平方米的日光温室大棚20座、总面积10000平方米的拱棚10座、12000平方米的网架区、各种长廊6条，引进了先进的无土栽培、水栽培、节水灌溉等高科技农业技术，展出了新、奇、特的蔬菜和浓郁的淄博民俗文化，使游客在观光中不仅丰富了农业知识，而且还可以在游园中采摘天然无公害绿色蔬菜，使得园区更加迎合了现代旅客的需求，旅游环境不断改善，接待质量得到了持续提高，吸引了大量的游客前来，随之带来了良好的经济效益，带动了相关产业的协同发展。

（四）推广实用生态农业技术，健全农业科技服务体系

1. 积极推广现代实用的生态农业技术

发展现代生态农业必须促进农业提质增效，让农民和相关经营主体感到发展生态农业能够得到实惠和具有广阔的前景，而关键在于强化现代科技对生态农业的支撑，对农民进行相关生态农业技术培训，推广普及实用生态农业技术。

首先，推广以沼气为纽带的资源利用型技术。这方面的重点是要大力普及农村户用沼气。为充分发挥沼气这一高附加值产业的作用，应本着因地制宜的原则，坚持把农村沼气建设与林果业、蔬菜业、畜牧业等产业发展结合起来，根据不同条件，建设各具特色的适用型生态模式。一是在农户庭院重点推广"一池三改"的生态技术，通过沼气池建设，带动农户配套改造厨房、厕所、圈舍，实现厨房无烟化、厕所卫生化、圈舍洁净化的最终目标；二是在果园重点推广"猪沼果"配套生态技术，结合山区综合开发，大力推

广"猪-沼-果"模式，以户为单元，以山地果园、果农庭院为依托，因地制宜建设沼气池，加强沼液、沼气、沼肥综合利用，解决山地果园运肥难、灌溉难和照明难的问题，形成林果促农、农牧并进的良性循环格局；三是在冬暖大棚重点推广"四位一体"生态大棚和"猪沼菜"生态技术，积极配合绿色无公害蔬菜生产和市政府放心菜基地建设，把沼气池建设与瓜菜种植、畜禽养殖、沼肥浇菜有机结合起来，建设"四位一体"的现代生态农业体系；四是在养殖场推广沼气工程能源生态技术，以集约化养殖场和养殖小区为重点，建设沼气发酵池、原料处理设施、沼气沼渣沼液利用设施，形成养殖清洁化、废物资源化、种植生态化的生态农业模式。

其次，推广以农作物秸秆资源高效循环利用的技术。一是推广秸秆饲料技术，如实行玉米秸秆青贮养牛、养羊等，利用微生物发酵技术生产饲料，能很好地缓解"人畜争粮"的矛盾，并促进畜牧业的发展，解决我国的粮食问题，改善居民的膳食结构，经济效益非常可观；二是农作物秸秆气化和秸秆栽培食用菌技术，即利用秸秆发酵生产沼气等技术，将农作物秸秆气化生产沼气，或者利用作物秸秆资源进行食用菌栽培，提高资源利用率，降低生产成本，增加农业经济效益。

最后，推广节水、节能以及资源循环利用的农业技术。在国际上，以色列是世界罕见的土地贫瘠、水资源奇缺的国家，年降水量仅约200毫米，全国百分之九十的土地都是沙漠，一半以上的地区属于干旱和半干旱气候。但同时又是到处有水和水滋养的绿色世界，以色列农业创造了奇迹。这要归功于以色列的高效节水技术。以色列很早就采用了压力喷灌技术、滴灌技术，提高了水的利用率。淄博市的客水来源较少，人均占有水资源仅为全省人均占有量的78%，仅是全国人均占有量的13%，而且水利设施老化失修，有效灌溉面积逐年减少。全市现有的7处大中型灌区有效灌溉面积仅为71.07万亩，比灌区建成时面积减少了43%，约53万亩。因此，必须加强农田基本建设，发展节水旱作农业，推广滴灌和微灌技术，提高水资源利用率。

2. 逐步健全农业科技推广服务体系

要不断提升生态农业科技支撑能力，除了加强农业技术集成和研发，以及对疫病防控、生物技术、良种培育等领域的科技创新进行支持以外，还要尽快健全生态农业科技推广服务体系。

首先，加大农业科技的投入，完善农业科技信息体系，特别是增加对重大农业科技攻关、技术改造的投入，按照"扶优、扶强、扶壮"的原则，对企业的技术改造和科研攻关进行有偿扶持与滚动发展。同时，完善农技推广网络，对现有的农技网络要合理界定机构职能，理顺管理体制，通过远程教育、科技入户、田间学校等多种渠道，对农技推广公益性机构重点进行保障和支持，解决农技推广存在的"最后一公里"问题。

其次，加快建立完善生态农业生产与科研紧密结合的机制，使有关农业科技成果的转化能力得到提高，通过相应的激励政策，调动农业科技人员的积极性，加快生态农业科技成果推广转化；适时引入市场运作模式，鼓励有关高校、企业和科研院所开展农技服务业务，充分发挥其在农业技术推广中的积极作用；依托科研基地、重大农业科研项目，打造农业科技高素质人才队伍。

最后，要不断加强大数据技术的应用研究与开发，加强生态农业的资金投入、有关信息人才培养和数据开放共享，实现农业生态环境决策管理的精细化、专业化和智能化，为现代生态农业发展提供技术支持。随着我国卫星遥感、雷达和农业物联网技术的发展，农业生态环境数据收集存储更为便捷，充分利用我国已经起步的农业生态环境大数据技术的新契机，使用整个农业产业链中各个环节集中的大量多样的数据信息，准确了解土壤水分、土壤温度、病虫害疫情、农地植被情况等信息，为农业减灾、清洁生产和废物资源循环利用提供科学依据，预测和防范未来农业生态环境中的重大风险，及时解决农业生态环境问题。

（五）完善生态农业政策体系，发展特色休闲生态农业

1. 完善支持生态农业发展的政策体系

现代生态农业发展的早期阶段需要政府在财政、金融和产业政策等方面进行扶持，需要创造一个有利于生态农业发展的良好政策环境，调动有关参与主体的积极性。

首先，加强生态农业建设投入，不断完善财政扶持政策。进一步加大各级政府对发展生态农业的投入力度，不断完善生态农业投入机制，逐步建立"财政投入启动、信贷投入助推、社会广泛参与"的生态农业多元化投入体制，政府在资金投入上充分发挥支持和导向作用，重点加大对农业基础设施、农业科研、生态环境建设、农村教育、农民和农技人员培训等方面的投入，设立专项资金支持农业生态园区建设和扶持生态农业发展，支持额度要随着地方财政的增长而成比例增长。同时，在加大各项强农惠农资金支持力度的基础上，对生态农业项目进行重点扶持和优先支持。

其次，加强农业投融资体制创新，完善生态农业金融支持体系。针对生态农业经营大户贷款难、农民专业合作社融资难的问题，政府应制定相关政策，改善农村信用环境，完善农村信用体系，积极探索建立以固定资产、土地权证或技术设备为抵押，完善以农业合作组织及经营大户信誉联保、建立政策性担保公司等多种形式的担保机制，不断提高农村信贷资金的安全性，增加对生态农业的信贷支持力度。同时，加快培育村镇银行、贷款公司、农村资金互助社，有效发展小额贷款组织，引导社会资金投资设立各类新型农村金融组织；出台相关政策，鼓励工商资本、社会资本等投入生态农业建设，形成多元化的投融资体系。

2. 积极发展有地域特色的休闲生态农业

首先，发展休闲生态农业要与各地特色资源、产业和文化等结合起来，

打造具有地域特色和丰富文化内涵的休闲生态农业发展模式。例如，淄博市不同地区具有非常丰富和特色各异的旅游生态农业资源，南部主要包括沂源、博山和淄川等区县，可以依托特色产业和特色流域发展果品采摘、山野采风等休闲生态农业，突出自然、生态、饮食、民俗等地方特色；中部主要包括张店、周村和临淄区等，除了利用农业自然生态资源外，还可以重点结合古齐文化、古商业文化、丝绸文化、陶瓷文化和历史名人等人文资源，发展观光休闲生态农业；北部主要包括高青、桓台县等，可以充分利用黄河三角洲高效生态经济示范区的发展优势，以黄河文明为依托，建设沿黄生态观光、湿地、黄河大堤绿色长廊等景观，适度开发湖区生态观光旅游和黄河湿地公园，彰显黄河三角洲休闲生态农业的地域特色。

其次，打造特色休闲生态农业品牌。由于休闲生态农业园区的建设具有投资金额大、建设周期长、投资见效慢等特点，因而发展休闲生态农业最大的忌讳就是千篇一律，照抄照搬，盲目模仿，模式雷同，就会造成对游客缺少新奇感和吸引力，不仅难以产生预期的经济效益，而且也会造成很大的资源浪费，往往是龙头蛇尾热闹一时。因此，在发展休闲生态农业的过程中，不同地区应着力于当地特色品牌的培养，在总结各地休闲生态农业园区建设先进经验的基础上，融合多种自然、人文、历史和娱乐元素，尽可能突出地域特色，做到你无我有和你有我精。只有让游客体验不同的感受和获得不同的乐趣，不断增加人气进而形成特色品牌，才能保证休闲生态农业的持续健康发展。

另外，需要努力提升休闲观光产品的档次。可参与性强是生态农业旅游的显著特点，因而要不断提高休闲生态农业的可参与性，游客可以下水捕鱼虾，可以下地干农活，也可上树摘蔬果，这些都可以成为休闲旅游农业的亮点，还要不断丰富休闲观光产品的内容，综合尽可能多的果、粮、畜、蔬、草、花、渔等农业资源要素，吸引游客关注丰富的产品组合，使其延长停留休闲时间和实现消费水平大幅提高。同时，应不断提高休闲农业的科技含量，特色生态农业与现代科技紧密结合，使游客在轻松休闲观光的同时，体验现代科技生态农业方面的应用及其带来的新奇性、刺激性感受，如通过建设生态农业科技博览园，可以很好地将休闲生态农业与现代科技有机结合，大大提高休闲生态农业的综合效益。

第三节　发展现代有机农业 缓解农业生态压力

在农产品质量安全和农业生态环境保护方面，有机农业比生态农业更具优越性，在发展现代生态农业的基础上进一步加强现代有机农业建设更具有现实意义。虽然我国现代有机农业发展起步比较晚，但发展速度呈现加快趋势，人们发展有机农业的意识逐渐增强，今后要积极学习借鉴世界有机农业先进的生产和管理经验，紧密结合各地区实际情况，加大对有机农业发展的财政投入和技术支持力度，加快现代有机农业的发展步伐。本节仍然以淄博市为例，重点讨论博山区等南部山区发展现代有机农业的问题与对策。

一、发展现代有机农业的重要意义

（一）发展现代有机农业有利于提高农业经济和生态效益

发展现代有机农业的优点之一是可以改善农业生态环境，增加土壤生物活性和优化土壤营养结构，为农业健康持续发展奠定了基础。以前淄博市博山区农业生产受到石化类生产资料的危害，一些农民在作物种植中大量使用化肥、农药等，不但影响了农产品质量，而且带来严重的生态环境问题，农业的经济效益和生态效益都较差。近年来，博山区通过大力发展有机农业，禁止施用化学类农药肥料，提倡施用有机肥和生物灭虫方法，彻底解决了制约生态特色有机农业发展的生产源头污染问题，博山区还建设了 10 处有机肥生产厂，全面推广使用物理杀虫和多种生物灭虫技术。由于有机农产品口感好、质量高和安全卫生，出售价格一般高出普通农产品 3—5 倍，发展有机农业不但增加了农民收入，对当地环境保护及生态改善的作用也非常明显。博山是山东省著名的优质水果、板栗、桔梗、黄烟等农产品的产地，近年来大面积种植有机油桃、有机桔梗、有机板栗、有机蘑菇、有机韭菜、有机猕猴桃、有机绿茶等，使得许多有机农产品已闻名国内外，市场潜力很大。再加之这一地区气候宜人，土壤条件好，光照足，花草树木种类繁多，盛夏凉爽花香四溢，金秋红叶似火硕果累累，每年吸引大批游客来这里休闲旅游，品尝购买有机果蔬和食品，带动了当地农业经济发展，促进了有机农业的良性循环。

（二）发展现代有机农业可以促进农业可持续发展

提高农产品质量，确保百姓菜篮子的食用安全，是广大人民群众最基本的生活需要。发展现代有机农业不仅可以解决食品安全和人体健康问题，还可以加快提高农民人均收入，可以加快推进我国有机农业与农业标准化、国际化逐步接轨的进程，促进农业的健康可持续发展，因而特色有机农业代表了未来农业的发展方向。淄博市博山区山地多，耕地少，地块零碎，不具有规模种植的优势，以前农民在山坡地上种植粮食作物，生产条件差，基本上属于靠天吃饭，产量比较低，大量施用化肥和农药造成农业生产高成本，农民的收入很不理想。为了提高农民收入和实现农业增效，博山区逐步确立了大力发展山区特色有机农业的发展策略，创造并建立了"整建制"建设有机农产品区的全新发展模式，博山区凭借山区所具有的发展有机农业得天独厚的自然条件，进行了积极的特色有机农业实践，重点发展特色有机果蔬、茶叶、食用菌和蜂蜜等，配套发展有机食品加工业，扶持和培养一批在国内外市场上有一定影响力的高端特色有机农产品，带动了相关服务业发展，有机农业发展已经初步取得了较为理想的效果，农业的经济、生态和社会效益都有大幅度提升，农民收入显著增加。目前全区已有80多个有机农产品通过了国家的有机认证或有机转化认证，特色有机农业发展模式加快了农村产业结构调整步伐，推动当地农业和农村经济持续健康发展。

（三）发展现代有机农业可以促进农业标准化建设

由于现代有机农业需要从农产品源头到餐桌都要保障消费者的食品安全，因而对农业投入物、生产管理和加工储运等都有严格的指标要求，势必会改善农业生产条件和促进农业标准化生产。淄博市博山区在发展现代有机农业过程中，实行严格的有机农产品区耕地保护制度、有机农产品企业准入制度，严禁重工业、环境污染型企业进入生态特色有机农业的规划生产区，统一规范有机农业的生产流程，制定统一的生产操作规程，明确有机农业技术示范指导标准，彻底解决了有机农业发展过程中监管难、检测难等关键性难题。在有机农产品生产区内，建立了近乎苛刻的有机农业生产投入制度，严格把关化肥、农药等合成化学肥料的进入，杜绝原料性源头污染。全面已实现了生产区内农产品种类的85%以上达到有机农产品的标准，农产品种植面积的85%以上达到了有机农产品生产种植标准。同时，还注重有机农产品示范基地建设，重点打造环鲁山10余个生态特色有机农产品示范基地。目前博山区已建设成为有机桔梗全国最大的生产出口基地，有机中药材和有机猕猴桃山东省最大的生产基地。博山区有机农业种植面积已超过10万亩，有池上镇、源泉镇、博山镇、石马镇4个镇，上小峰村、朱南村等10个村整建制建设成为有机农业示范镇、有机农业示范村。为保障整建制有机农业健康可持续的科学发展，博山区非常重视科学技术的支撑带动作用，注重有机农产品的研发和有机农业种植生产技术的推广普及、示范应用，彻底实现博山区农业由传统自然农业向现代有机科技农业的转变。博山区还与省内外众多高校、科研院所建立了长期技术合作关系，联合建立了13处有机农业科技示范基地，签订了一系列技术服务合同，聘请一批有机农业专家顾问，加强对种植农户的生产技术培训与种植养殖技术指导，有机农业走上了标准化发展轨道。

（四）发展现代有机农业可以带动生态旅游业

实践证明，现代有机农业的发展往往可以拓展当地的旅游产业，形成"发展有机农业—保护自然资源—优化生态环境—吸引游客休闲观光—振兴生态旅游事业—旅游业反哺有机农业"的良性循环，有机农业和生态旅游业具有相互影响和相互促进的关系。多年来，淄博市博山区借助有机农业的产业发展优势，带动当地生态旅游业异军突起，相继打造了五大生态旅游度假区，主要包括姚家峪生态旅游度假区、五阳湖生态旅游度假区、太阳山旅游体验区、鲁山生态旅游区和原山如月湖湿地公园等。目前博山拥有的生态旅游景区面积达 400 余平方公里，被国务院命名为"国家重点风景名胜区"，有鲁山、原山两处国家级森林公园，另有 4A 级旅游景区三处和 3A 级旅游景区三处，博山区先后被国家主管部门授予"中国优秀生态旅游区""中国最佳文化休闲旅游目的地"等称号，年均接待游客超过 500 万人次，当地有机农业与生态旅游业得以良性循环发展。

二、淄博市现代有机农业发展的基本状况

近年来，淄博市坚持走绿色农业发展的新路子，聚集农业创新要素，围绕"高青五彩农业""沂源红"苹果、"富硒农产品""源泉猕猴桃"等区域优势特色农业产业资源，加快培植具有淄博特色的高效生态和有机农业产业链，并形成了多种现代有机农业发展模式，带动全市乡村振兴战略实施。

（一）博山区有机农业发展成绩突出

博山区位于淄博市西南部，区域面积 698 平方千米，辖 6 个镇、3 个街道办事处、一个省级经济技术开发区，截至 2016 年年底户籍人口为 45 万人，其中农业人口 11.7 万人。由于博山区平均海拔较高，地域小气候特征

明显，空气清新，水质优良，植被完整，土壤富含有机质，受到污染的程度低，可谓发展有机农业具有十分优越的自然条件。近年来，博山区依托自然优势条件，以建设"整建制"有机农业区为发展目标，把发展有机农业作为转变农业发展方式、促进农民增收的重大战略，使有机生态农业的发展取得了显著成效。

第一，利用优越的农业资源和自然条件发展有机农业结出硕果。博山南部山区遍布溪流瀑布，山清水秀，山上森林茂密，山下优质水果、板栗、桔梗、黄烟等农产品的产地，有机油桃、有机桔梗、有机蜂蜜、有机板栗、有机蘑菇、有机韭菜、有机猕猴桃、有机绿茶都已远近闻名。这一地区气候温凉，空气湿润，光照充足，土壤肥沃，各类花木自上而下渐次开放，一年中有三个季度山花烂漫，清香四溢。这里动植物资源十分丰富，有植物1300多种，鸟类168种，兽类22种，昆虫561种，堪称鲁中地区的动植物王国。自2009年博山被列为国家的农业综合开发项目区，为其打造江北最大的有机农产品生产区提供了强有力的支持。目前，全区有机农业种植面积已达20万亩，野生采集面积20万亩，有88种农产品通过国家有机认证，成为全国最大的有机桔梗生产基地和山东省最大的有机中药材、有机猕猴桃、有机黑色食品生产基地，全区有机农产品年销售收入高达10亿元。

第二，通过典型示范和循序渐进的形式将全区有机农业做大做强。一方面，博山把池上镇、石马镇、源泉镇、博山镇等南部山区四镇打破镇域行政界限，整体统一规划为博山区现代有机农业示范片区，高标准实施统一规划，严格要求制定连片开发，将示范区内的有机农业规模做大做强，重点扶持发展有机桔梗、有机猕猴桃、有机绿茶、有机韭菜、有机蔬菜、有机蓝莓、有机金银花、有机杂粮等示范基地建设。另一方面，通过建设示范园区和基地带动有机农业上规模、上水平，先后建设10处精准农业示范园、10处有机种植基地、10个重点有机示范村、10个科技示范园及10处有机肥厂等，后来逐步建成了全国规模最大、功能最全的有机农业发展中心。

第三，通过调整农业产业结构培育特色有机农业和有机农产品。近年来，博山区继续深化农业结构调整，深入推进农业产业结构改革，主打有机农业这张牌，突出有机农业区特色。目前博山区特色有机农产品种植面积已达到73.33平方千米，重点扶持了金洼韭菜、宏泉猕猴桃、金池板栗等20多个特色有机农业产业和品种，培育上小峰村、上瓦泉村、花林村、朱南村、马庄村等10多个重点有机农业特色种植示范村，带动茶叶、猕猴桃、金银花、"黑五类"、有机韭菜、有机蓝莓等10多个有机农业特色种植科技示范园区建设，逐步形成10多个有机农产品特色种植基地，还将池上镇、源泉镇、石马镇、博山镇4个镇，以及60个村打造建设成"整建制"有机农产品示范镇、示范村，6000余农户专门从事有机农业产业，带动了农业增效和农民增收。

第四，通过拓展特色农业内涵延伸现代有机农业的产业链条。博山区一切从实际出发，因地制宜走适合山区农业发展的路子，努力将农村生态环境优势转化为有机农业发展优势，并结合当地生态环境、老百姓种植习惯、招商引资情况等确定有机农业发展品种，不断扩大有机农业发展内涵和拉长有机农业产业链，现在已建设成全国最大的有机桔梗生产基地，建成山东省最大的有机中药材生产基地和有机猕猴桃生产基地。博山区已经从单一的种植农业发展到了今天的农产品深加工、农产品研发、农产品出口；并且将继续在有机农业产业链延伸、有机农业产业辐射等方向加快发展步伐，通过发展有机农业真正实现"农业增效、农民增收、农村发展"的大目标。

第五，通过培育龙头企业、合作社和基地带动有机农业产业化发展。博山区围绕桔梗、猕猴桃、蓝莓、草莓、茶叶、金银花等农产品的深度开发，通过扶持龙头企业做大做强有机农业产业，培育发展各类农业专业合作组织，推出"龙头企业+农户""公司+合作社+农户""公司+基地+农户"等各种有机农业产业化发展模式，有机农业已经从一家一户分散经营发展到了今天的企业化、规模化和产业化经营，进而实现"整建制"建设有机农业的总体目标。博山区先后培植壮大了10家农业龙头企业和10家农民专业合作社，培育了10大有机农业品牌，重点打造了10余个生态特色有机农产品示范基地，主要包括环鲁山 10 万亩有机金银花基地、1 万亩源泉有机猕猴桃基地、1 万亩池上有机绿茶基地、1 万亩池上有机黑色食品基地、2 万亩池上有机桔梗标准化示范园、3 万亩南部山区有机反季节越夏菜基地等。

第六，促进有机农业与乡村生态旅游业融合发展。博山区南部四个镇均属纯山区镇，农民的收入主要来自农业，如何提升农业发展空间和增值能力是一个非常重要的问题。地方政府确定了将当地的有机农业与生态旅游业对接的发展思路，先后聘请北京旅游学院、同济大学等院校专家编制生态绿色发展规划，引导南部四镇农业经济发展和环境建设一体化、有机农业与生态旅游融合发展，做足青山绿水和有机农业结合这篇大文章，政府有关部门先后到北京、济南、上海举办推介会，宣传和弘扬博山的有机农业与生态旅游魅力，打造地域靓丽名片。在特色有机农业的带动下，重点打造五大生态旅游度假区，培育众多有机农业园、有机金银花示范园、有机绿茶采摘园等，积极开发生态游、农家乐、采摘园、自驾游等各种休闲旅游项目。博山先后荣获国家重点风景名胜区、中国鲁菜名城等荣誉称号。这里盛夏凉爽宜人，金秋红叶似火、野果飘香，每年吸引大批游客来这里休闲旅游，品尝购买有机果蔬和食品，带动了当地农业经济发展，促进了有机农业和生态旅游业的良性循环发展。

（二）沂源县现代有机农业发展势头强劲

沂源县是淄博市最南端的一个县，也是山东省海拔最高的地方，有"山东屋脊"之称，区域总面积为 1636 平方公里，下辖 10 个镇和 2 个街道办事处，2016 年年底户籍人口为 57.1 万人，其中农业人口 36.1 万人。沂源县境内山川秀美，森林覆盖率达 46%，具有明显的绿色生态优势，发展有机农业条件得天独厚，经过多年的发展，在有机农业建设方面取得了突出成绩。

首先，充分利用农业资源优势条件发展许多有机农业。沂源县工业基础薄弱，污染少，空气清新，气候温和，土壤干净，水质良好，雨量充足，农业品种资源丰富，传统有机农业生产经验丰富，具备发展现代有机农业的有利条件。沂源县将发展有机绿色果品确定为地方支柱产业，林果总种植面积超过 70 万亩，全县已有 13 个果品基地被农业部、省农业厅认证为有机食品、绿色食品、无公害产品生产基地，标准化生产面积达 46 万亩，认证面积达到 23 万亩，品种优化率高达 80%，优质高档果率高达 58%。目前，全县获得无公害农产品、绿色食品和有机食品等"三品一标"认证的产品已达到 94 个，总数居山东省首位，也是全国认证数量最多的县份之一，其中有 25 个农产品获得国内有机食品认证，有 5 个农产品获得了美国和欧盟有机食品认证。

其次，重点打造以"沂源红"苹果为代表的有机果品产业。沂源生产的有机红富士苹果，以有机肥为肥料，以山泉水灌溉，果实中大，面红皮薄，肉质细嫩，汁液丰富，清脆爽口，可溶性固形物含量 14.8%—15.4%，果面光滑，酸甜适度，联合富硒果品生产基地，采用第三代富硒技术和严谨的科学操作手法，生产出了营养型高档苹果——第三代有机富硒苹果，该苹果的含硒量达到了普通苹果的 250 倍。特别是经过多年科研攻关培育出来的"沂源红"苹果新品种，被称为果品中的"贵族"，具有很高的栽培价值和较高的市场竞争力，为当地有机果品业发展提供了品牌支撑。目前沂源苹果种植范围涉及 13 个乡镇，生产面积 17333 公顷，年产量 6 亿多公斤，果品不但广泛销售于国内各大市场，而且还远销许多国家和地区，当地农民超过 70% 的经济收入来源苹果业。

再次，逐步形成区域特色有机农业发展格局。沂源县除了大力发展以红富士苹果为主的林果业以外，还借助有机农业的招牌，积极发展其他多种有机农牧产品，如有机花生、有机核桃、有机蔬菜、有机黑小米、有机山药、有机畜牧业等。在有机农业综合开发项目上紧紧围绕"一乡一业、一村一品"的原则，着力扶持特色产业基地建设，加快推进有机农业向区域化、规模化方向发展。近年来沂源县还结合当地的土特产品牌建设，尽力将有机农业做大做强，有机农业发展已经涉及沂源黑山羊、沂蒙全蝎、沂源大樱桃、沂源花生、悦庄韭菜和鲁村芹菜等众多种养产业，几年前，沂源县悦庄镇曾投资 800 万元建成了全国唯一的 33.3 公顷的有机韭菜生产基地，所生产的有机韭菜已通过国标与欧盟双重有机食品认证，以每千克 120 元的高价畅销海内外市场，经济效益相当可观。

最后，逐渐转变农业生产方式和提高有机农业的科技含量。沂源县作为淄博市全面推行有机果品最早的县，逐渐加大有机林果科技成果推广力度，优化农业产业结构，促进数量型、资源型的传统农业向质量效益型、环境友好型的现代有机农业转变，不断完善有机果品标准化监测体系，培养一定数量的农民技术员及科技示范户，经常向普通农户提供技术培训、测土施肥、优良品种供应、病虫害防治、产品营销信息等系统服务。沂源县还常年邀请省内外高校、科研院所的有关专家进行技术培训和指导，目前已有 10 多万农民掌握了果树科学管理的基础知识，基本实现了"每个乡镇有技术员、村村有技术骨干、户户都有明白人"的目标。对于果农比较关心的果树病虫害物理与生物防治技术、农药肥料控制技术、果实套袋技术等，有关部门组织进行常规性宣传教育、针对性辅导和专项培训工作。

（三）淄川区现代有机农业发展的潜力极大

淄川区是淄博市南部三个重要山区区县之一，总面积 960 平方千米，下辖 9 个镇和 4 个街道办事处。截至 2016 年年底，全区户籍人口为 64.7 万人，其中农业人口 23.7 万人。淄川区山区面积占到总面积的 60%，山区昼夜温差大，小气候特点明显，发展有机农业具有很大的区位优势和生态优势。近年来，淄川山区积极调整农业产业结构，大力发展有机农业，开创了特色有机高效农业发展新模式。

首先，通过加强品牌建设做大做强有机农业产业。淄川区为加快现代有机农业发展，着力抓好有机品牌认证，实现品牌发展多元化，先后有 15 家农业产业化龙头企业及合作经济组织参与有机认证，培育了 20 多个有机农业品牌，并有效拓宽销售渠道，通过发展有机农业实现农业增效和农民增收。目前，全区主要建成有机干果基地6万亩、有机小杂粮及蔬菜基地各2万亩，认证有机农产品主要包括有机椿芽1.6万亩、有机柿子1.5万亩、有机小麦1.2万亩和有机樱桃1万多亩。同时，地方政府还支持有机农业合作社和农业产业化龙头企业申报认证工作，全区已有15家龙头企业及合作经济组织参与有机认证，其中远方有机食品公司还通过了有机香椿芽、香椿咸菜，有机小麦、小米、玉米、红小豆、黄豆，有机石磨面粉、有机石磨粉面条等共计18个有机食品认证品牌，形成了集基地建设、有机食品种植、采摘、冷藏、加工、销售于一体的综合性农业产业化龙头企业，开发的有机产品远销北京、上海等国内大城市和美国、东南亚等国外市场。

其次，培育龙头企业和专业化组织带动有机农业发展。早在2004年，淄博四季青绿色食品开发有限公司申请认证了有机小米，成为山东省第一家生产销售有机农产品的企业，也揭开了淄川区发展有机农业的新篇章，规模化有机农业基地不断发展壮大。淄川近年来进行农业综合开发，大力推进有机农业发展，扶持一批有机农产品龙头企业，依托龙头企业组建各种有机农业专业协会与合作社，龙头企业带基地和连农户发展产业化有机农业，形成"龙头企业+基地+农户""基地+合作社+农户"区域化种植和专业化生产经营模式。淄博七河绿色食品开发有限公司建成全国最大的花菇生产基地，年出口韩国菌袋就达500多万袋，带动菇农1000多户。同时，相继成立的淄川区食用菌协会、椿芽花椒协会和有机食品合作社等专业合作组织，在引导农户发展有机农业方面都发挥了重要作用。

最后，淄川区在现有的有机农产品基地基础上，还高标准规划建成了一批集有机农产品生产、采摘、销售与休闲观光为一体的高标准有机农业示范园区。每年秋季，西河镇的5000多亩有机谷子遍地色泽金黄，晶莹明亮，丰收在望，成为吸引游客观光的好景色。还有其他不少有机农业基地和观光园成为人们休闲旅游、采摘购物的好去处，有机农业与休闲旅游农业紧密结合在一起，提高了有机农业的附加值和综合效益。

三、发展现代有机农业存在的问题

结合淄博市当前发展有机农业的整体情况来看，区域现代有机农业发展已经具有多年的实践，积累了不少生产和经营经验，特别是一些山区利用当地的优势资源条件，有机农业建设取得了突出成绩。但是，总体来看，各地有机农业发展中也不同程度的存在一些突出问题，这些问题如果得不到重视并加以解决，就会制约现代有机农业健康持续发展，主要的和共同性问题大体可以归纳为以下几个方面。

（一）基层干部和农民发展有机农业的意识有待提高

目前，农村基层干部及部分农民发展有机农业的意识不强，发展有机农业的积极性、自觉性和主动性不够，存在上面要求怎么做就照办或者跟风随大流现象，增加了农业生产的盲目性和风险性，有的不愿意放弃常规性农作物种植，或者参与有机农业生产但不按照标准化来种养，也成为制约有机农业健康发展的突出问题。一些农村基层组织还存在"等、靠、要"的思想，上面有扶持政策和资金就愿意做，没有支持就没有热情，不敢大胆主动尝试及引导农民积极发展有机农业，有的基层组织及干部不尊重农民的主体地位，不倾听群众的意见，热衷于用行政命令手段强行推进有机农业活动，伤害了农民群众的感情。一些农民由于文化素质不高，小农意识浓厚，往往注重眼前利益而看不到长远利益，发展有机农业如果不能当年增效，就会持怀疑或者消极态度；有的农民不愿意流转自己承包的土地，或者提出过高的转让条件，不利于龙头企业与合作社规模化经营有机农业，甚至有的人对有机农业专业合作社存在疑虑不愿加入；有的农民抱着"酒香不怕巷子深"的思想，不愿主动宣传推介有机农产品，品牌意识淡薄，这些都在阻碍有机农业健康持续发展。

（二）农业基础设施落后和政策扶持力度有待加强

近年来，国家和地方各级政府对发展有机农业都出台了一系列扶持政策，淄博市财政支持特色农业发展的力度不断提升，有机农业取得了较快发展。但是，由于农业基础设施建设历史欠账过多，特别是一些山区土地贫瘠、山多地少、地块相对分散，农业生产条件差，交通不便，灌溉设施不完善，市场建设滞后，制约了现代有机农业健康发展。同时，目前地方农业支出占财政支出的比重普遍偏低，基础设施建设主要依靠财政扶持，资金来源比较单一，特别是山区农业生态环境比较脆弱，防灾抗灾能力不强，农户经营规模小和收入水平低而对农业投入有限，投资不足成为制约有机农业持续发展的重要因素。在有机农业发展的初级阶段，需要大量的资金投入，农民增收速度慢，更需要政府的政策扶持，各级政府还没有形成配套的支持有机农业发展的政策体系，在资金支持、种植补贴、贴息贷款、土地流转、有机肥料和作物品种的供应、种养技术指导与农民职业培训、病虫害预警及防治、品牌培育和销售市场等各环节，不能为有机农业经营主体提供全方位和有效的配套服务，各相关部门和参与主体之间也没有形成良好的协调机制。

（三）有机农业发展的技术与人才等支撑明显不足

现代有机农业与传统有机农业的根本区别在于需要用现代科学技术武装农业，农业科技应用水平和农业科技含量的高低，事关现代有机农业发展的成败。但是，当前发展有机农业普遍存在技术支撑力量不强、专业性人才短缺等问题。特别是山区农村生产和生活条件较差，难以吸引和留住科技人才，农业科技创新和储备能力不足，高层次农业创新人才和技术应用人才匮乏，农业技术推广队伍不健全，新技术研发推广比较困难，生产技术管理不规范，人才与技术断档制约山区有机农业发展。同时，发展有机农业的重要主体是农民，而长期以来农村青壮年优秀劳动力转移流失现象一直没有改变，一些地方农村"空心化"、农业兼业化、农民老龄化等问题突出，发展有机农业缺少知识型、技术型和经营型等高素质劳动力。再加之有机农业技术研发项目少、农业科技的财政投入有限，农业科技投资主体没有实现多元化，农业科研和推广经费不足，农民对农业科技成果的接受能力不强，严重制约现代有机农业快速健康发展。

（四）有机农业链条短、缺乏特色和协调监督机制不完善

目前，有机农业发展存在产业集中、品种单一，主要集中于有机林果业和有机蔬菜业，其他有机农业产业发展有限，有机农业经营分散和规模偏小，生产的社会化、专业化和组织化程度低，生产效率和经济效益不高，基地和品牌少，缺乏特色，发展模式不够丰富多彩。另外，对有机农业发展缺少严格的监督评价体系和完善的协调机制，从生产资料购买、生产过程到农产品加工、包装、贮藏、运输和销售等各个环节都存在质量与诚信风险，认证审查、跟踪审查体系和生产、销售档案记录不健全，不能保证生产经营者在整个生产和销售过程中严格遵循操作规范与标准，降低了广大消费者对有机食品的认同感和信任感，这些问题不能尽快解决，会约束有机农业发展的广度和深度。

四、发展现代有机农业的几点政策建议

（一）加强发展有机农业意义的宣传，树立农村干部群众科学发展观

首先，确立农村干部群众的有机农业发展理念。政府有关部门和社会组织应当通过多种宣传渠道和利用各种宣传工具，对农村基层干部和农民群众加强发展有机农业重要意义的宣传教育，让农村干部群众树立科学的发展观，使有机农业发展理念深入人心，真正意识到现代有机农业对于农业提质增效、农村生态环境改善和农民增收致富的意义，以及有机农业未来的广阔

发展前景，进而转化为干部群众积极发展现代有机农业的行动，引导农民确立整体发展和长远发展的现代农业发展观念，增强农业绿色环保和健康安全的意识，充分调动农民群众发展现代有机农业的积极性。

其次，循序渐进地推广发展有机农业。搞有机农业不能急于求成、急躁冒进和简单划一。要先抓典型与示范引导，再逐渐扩大试验范围和最后在面上推广的程序，充分发挥龙头企业和农民专业化经济组织等带动引导作用，先扶持培育有机农业的特色产业，再吸引广大农户广泛参与合作，善于总结经验教训，尽可能给农民提供技术、资金、品种、有机肥料和市场信息等帮助，尽可能减少工作的盲目性及由此给农民造成严重的经济损失，以免打击农民发展有机农业的积极性，打消农民的各种思想顾虑。同时，通过加强对有机农业的宣传教育，让大众了解有机农业，让消费者接受和购买有机农产品，不断扩大有机农产品的市场，保障有机农业的持续健康发展。

最后，要充分尊重农民的主体地位和发展意愿。发展现代有机农业的根本目的就是提高农产品质量和卫生安全指标，改善农业生态环境，进而提高农民收入。因此，发展有机农业必须坚持以农民为主体的原则，尊重农民的意愿和创造精神，调动农民主动参与的积极性，满足农业增效、农民增收和农村增绿的长远发展目标。发展现代有机农业要广泛吸收传统有机农业发展的技术经验，充分发挥农民群众的聪明才智，广泛听取农民的意见，避免一味地利用行政手段和强制命令推行有机农业建设。地方政府可以结合辖区内有机农业的生产经营，组织有关农户和企业参加各种有机农产品交易会、推介会，整合有机农业品牌，统一商标和生产标准，为广大农户和企业搭建销售平台，用政府的公信力打开有机农产品市场销售渠道。

（二）加强农业农村的基础设施建设，完善有机农业发展的协调机制

首先，加强农业和农村的基础设施建设。地方政府应当加大对农业和农

村基础设施建设投入力度，逐渐改善现代有机农业发展的条件和环境，加强农村道路、电力、通信、水利等基础设施建设，进一步完善农业生产、灌溉、储藏、运输和销售条件，尽快建立健全农村现代物流仓储体系，推行有机农业产销一体的现代化营销模式，发展有机农产品精深加工产业，延伸有机农业的产业链，提高有机农业的附加值及丰富有机农产品品种等，不断扩展现代有机农业的内涵和促进现代有机农业的可持续发展。

其次，建立健全有机农业的联动与协调机制。要想形成有机农业占主导地位的现代农业发展模式，必须将其当作一个复杂的系统工程来建设和推进，需要政府、农村基层组织、农户、龙头企业、农民专业合作社、消费者和全社会的广泛参与，需要建立一个以农民和其他新型经营主体为基础、地方政府规划指导、村集体组织推进和社会参与的平台，各参与主体之间形成有效的联动与协调机制，构建促进现代有机农业发展的整体格局。可以由地方政府有关部门牵头成立专门的有机农业发展促进会或者领导工作小组，加强对当地有机农业发展工作的总体规划、指导和协调，广泛吸纳农户、龙头企业、农民专业合作社和农村基层组织的代表参加，在有机农业产业布局、政策引导、信息服务、资源整合、项目资金准入、协调利益关系、规范市场竞争、品牌培育、市场开发等方面形成协调联动机制，充分调动广大农民和新型农业经营主体自主发展有机农业的积极性。农业部门、质检部门和市场监管部门等建立分工与协作机制，加强有机农产品从源头到餐桌各个环节的监督检查，严把产品安全质量关，有序推进现代有机农业的建设和发展。

最后，开创多种投资主体参与的有机农业经营模式。对特色有机农业带动力强的农业项目，在符合法律政策和产业发展规划的前提下，可以积极吸引城市工商资本和社会各界的投资者，以独资、合资或者股份合作等各种形式参与到有机农业建设，城市工商资本和社会力量参与有机农业经营，不仅给农业农村经济发展带来充足的资金和先进的技术，而且还带来了先进的管理理念和经营方式，为有机农业现代化发展创造了条件。地方政府在预算内可以设立有机农业发展扶持奖补基金，对具有地方特色、带动能力强和发展前景广阔的有机农业项目进行一定的扶持和补贴，对成绩突出者给予一定的奖励。同时，有效整合农林牧渔业、水利、旅游、文化和扶贫等各项资金，积极支持当地有机农业的发展。

（三）完善有机农业的技术支持体系，加强相关人力资源的开发储备

首先，不断完善有机农业发展的技术支撑体系，为发展搭建支撑平台。要重视现代科学技术对有机农业发展的支撑功能，逐渐加大对有机农业科技研发的支持力度，充分挖掘有关高校、农业科研院所、农业企业等科研潜力，扶持有机农业综合实验基地和有机农业科研项目，资助和奖励研究开发有机农业的新品种、新肥料、新技术和新方法，扩大有机农业科技示范园区建设，完善并严格规范有机农业生产的技术标准，支持开发新型有机肥生产技术、有机种植养殖技术、物理和生物杀虫技术、有机农产品加工技术和有机保鲜储藏技术等。对于山区特殊复杂的生态资源环境，鼓励开发适合山区有机农业发展的新技术和新品种，将各种特色农产品资源进行整合，形成适应不同地貌特征、不同土壤结构、不同季节、不同层次、不同环境的特色各异的技术产品，不断提高有机农产品的科技含量和附加值，拓宽有机农业的发展空间。

其次，加强有机农业技术推广应用工作。建立健全有机农业的专家库和智囊团、顾问团制度，加强有机农业的技术宣传普及工作，推动有机农业专家、技术下乡，对种植农户的生产技术培训与种植养殖技术指导，重点向农户和企业推介特色有机农业种植技术、有机生态养殖技术、有机肥及病虫害生物防治技术和特色有机农产品深加工技术等，积极推广有机林果、菜、菌、花、药、禽等复合型"林下经济"的特色有机农业模式，推动无公害农产品、绿色食品、有机农产品及其地理标志等"三品一标"认证工作。鼓励农业龙头企业、农民专业合作社、农业基地建立有机农业技术研发中心，开

展有机农业科技研发和推广活动，发挥其对周边农村的技术辐射功能，引导和带动农户科学种植、养殖和经营，推进当地现代有机农业的快速持续发展。

最后，不断加强有机农业发展的人力资源开发和储备工作。积极开发整合有机农业方面的人力资源，将相关研究人才、技术开发人才、技术推广人才、行政管理人才和技术应用人才等组织起来，建立农业人才专家库，为农业技术开发、推广、转让和咨询服务提供人才支持，地方政府通过制定和完善激励政策，吸引有技术、懂农业和爱农村的管理人才、科技信息人才和涉农专业大中专毕业生等到农村工作，为发展有机农业提供经营管理、技术指导和信息服务。同时，政府有关部门对农民和其他农业经营主体举办职业技术培训，广泛利用涉农企业和社会力量参与农民职业技术培训，逐步形成多样化、多渠道和多层次的农民技术培训体系，不断提高现代有机农业经营者的技术素质，走科技兴农之路。

（四）挖掘现代有机农业发展潜力，拓展特色有机农业的产业领域

首先，充分挖掘现代有机农业发展潜力，不断丰富有机农业的内涵。特别是山区农村要以提高农业效益和农民收入为出发点，兼顾做好资源和生态环境保护工作，因地制宜，突出特色，科学规划有机农业发展蓝图，合理开发利用当地自然资源、文化资源、旅游资源等，找准山区特色有机农业发展定位，充分考虑生态环境的承载能力，将有机农业与发展田园生态观光、民俗文化旅游、休闲度假、农事体验、有机果蔬采摘和有机食品购买消费等结合起来，农业生产与生态建设、环境整治、景观打造、民俗文化传承、乡村改造、基础设施建设等工作相配套，发展有机农产品加工业和相关服务业，充分挖掘现代有机农业的丰富内涵，拓展农业的产业链和增值空间。

其次，拓宽有机农业发展视野，灵活选择适宜的有机农业产业。一些山

区不具有常规农业发展和市场竞争优势，恰恰在特色有机农业发展方面具有一定的优势条件。因此，及时厘清当地的农业资源条件的优缺点，找准现代有机农业发展的切入点，加快培育扶持特色鲜明、品牌效应好、市场竞争力强的有机农业产业，不断壮大有机农产品的生产供应能力。选择基础条件较好、群众积极性高和具有比较成熟经验的乡镇、村等，加快培育有机农业示范基地、示范园区、示范镇和示范村，坚持按照"一镇一业、一村一品"的发展思路，全力推进特色有机农业发展，各地要根据实际情况灵活选择适宜发展的有机粮油作物、有机蔬菜、有机水果、有机药材、有机茶叶、有机蜂蜜、有机养殖和有机食品加工等不同产业，利用地域水草资源发展有机畜牧业和有机渔业，防止盲目照搬模仿别地模式，避免形成单一或者雷同产业，否则不利于满足多样化的市场需求，限制了现代有机农业发展空间。

最后，积极实施有机农业品牌战略，开创多种特色有机农业模式。打造名牌有机农产品，实施有机农业名牌战略，是保证有机农业持续发展的重要举措。现在市场上打着"有机农产品""有机食品"旗号销售的东西越来越多，其中有真也有假，鱼龙混杂，普通消费者因真假难辨而常常陷入困惑，自然就会对名牌有机农产品情有独钟和对品牌有机食品信得过。因此，不重视产品、产地认证与品牌经营的有机农业会在以后的发展道路上越走越窄，必须积极做好有机产品的品牌申请认证工作，通过实施品牌战略扩大有机农产品的影响力和知名度，通过打造名牌产品提高有机农业的竞争力，并结合当地农业资源优势开创特色有机种植、有机养殖、有机农产品加工以及综合性有机农业发展模式，提高特色有机农业发展的广度和深度。

第六章　引导和鼓励工商企业
下乡经营现代农业

我国发展现代农业和加快农业现代化进程，需要解决好谁来种地、怎么种地、钱从何来、如何提高农业技术等一系列问题，鼓励和引导工商企业下乡经营农业不失为解决这些问题的好办法。遗憾的是目前学界和社会还没有充分重视工商企业下乡经营现代农业的重要意义，我国也没有形成保护因此产生的各方主体利益关系的法律和政策体系，对下乡企业经营农业的实践中存在的突出问题也没有引起足够的重视。虽然近年来不少文献讨论了工商资本下乡问题，但是工商资本下乡不一定必然推出企业直接经营农业的结论，探讨工商企业直接参与经营现代农业问题更具时代意义。因此，认真研究我国工商企业下乡经营现代农业的背景、意义，存在的一些突出问题和矛盾，并探讨解决问题的对策和基本途径等，既有一定的理论意义和学术价值，也有重要的现实意义。本章还会结合山东省烟台市工商企业下乡经营现代农业的实际情况，进行相应的例证分析。

第一节　关于我国工商企业下乡的背景和现状

一、关于工商企业下乡内涵的理解

目前，我国学术界存在关于工商企业下乡、工商资本下乡和资本下乡等多种提法，在概念的含义解读方面基本一致，就是指把改革开放以来城市工商企业积累的部分资本、技术、人力资源、管理经验、品牌、信息和市场资源等投放到农业农村，让资本等现代生产要素与农村土地相结合，不但让投向农业农村的资本增值和让投资方分享农业农村经济发展带来的利润，而且有利于解决农业农村发展中的资金和技术瓶颈。从近年来的实践情况来看，资本下乡与农村土地合作存在两种基本方式：一是资本进入农业生产领域，通过农村土地经营权的流转，把分散的土地集中用于集约化和规模化的生产活动，兴办各种农业企业；二是资本进入农村的非农业生产领域，结合当地特色资源从事非农经营活动，例如搞土地整合、项目孵化、旅游开发和设施建设等。另外，资本下乡也不意味着投资方一定会直接参与农业经营和管理，因此，我们在此使用工商企业下乡的概念，意在强调工商企业到农村地区通过对土地承包经营权的流转，参与从种到收的种植业、养殖业和从事其他新型农业生产经营活动中，具体是指资本与土地直接结合进入农业生产经营领域，充分发挥企业优势，推动农业生产经营的企业化、集约化、规模化和产业化等。

二、我国工商企业下乡的背景及演变

（一）关于农村土地流转促进工商企业下乡的政策回顾

关于我国农村土地向工商资本和企业流转经历了由完全禁止到有条件的

放宽限制再到引导和鼓励工商资本下乡的政策转变过程，从而导致工商资本涉猎农业生产经营活动完全取决于政策导向，工商资本有机会经营农业主要经历了以下三个重要阶段（曹俊杰，2017）[1]。

1. 有条件限制工商资本涉农的政策发展阶段

我国工商企业下乡基本上是随着农村土地流转政策逐渐放宽而推进的，土地流转最初主要是自发地发生在农户和亲友间，后来随着土地流转市场的逐渐发展，尤其是随着地租的不断提高，再加上政府偏好的推动，以亲缘为纽带的流转渐渐转向以租金为纽带的流转（何秀荣，2016）[2]，从而我国工商企业参与农业经营的机会增加。因此，我国工商企业经营农业大体上经历了由禁止到限制再到放宽和鼓励引导等不同阶段。在 20 世纪 90 年代以前，虽然在农业产业化过程中形成了一些农村龙头企业与农户联合起来经营的模式，但是城市工商企业基本不能也不愿直接参与农业生产经营；20 世纪 90 年代以后，我国对城市工商资本进入农业领域的政策开始放宽，1991 年 10 月，《国务院关于加强农业社会化服务体系建设的通知》中提出，应鼓励发展贸工农一体化、产供销一条龙的综合服务组织，鼓励农产品加工企业与原材料产地直接挂钩，与农户结成利益共同体，在企业与集体经济组织、农户之间通过合同方式形成稳定的供求关系。1993 年 11 月，《中共中央、国务院关于当前农业和农村经济发展的若干政策措施》中要求，以市场为导向，积极发展贸工农一体化经营，通过公司或龙头企业的系列化服务，把农户生产与国内外市场连接起来，实现农产品生产、加工、销售的紧密结合。这是我国农业在家庭经营基础上向专业化、商品化、社会化生产转变的有效途径。1994 年 12 月，在农业部《关于稳定和完善土地承包关系的意见》中指出，建立土地承包经营权流转机制，发展农业适度规模经营，在坚持土地集体所有和不改变土地农业用途的前提下，经发包方同意，允许承包方在承包期内

---

① 曹俊杰：《工商企业下乡与经营现代农业问题研究》，《经济学家》2017 年第 9 期。
② 何秀荣：《关于我国农业经营规模的思考》，《农业经济问题》2016 年第 9 期。

对承包标的依法转包、转让、互换、入股，其合法权益受法律保护，但严禁擅自将耕地转为非耕地。1996 年 6 月，国务院办公厅《关于治理开发农村"四荒"资源进一步加强水土保持工作的通知》，鼓励和支持有治理开发能力的企事业单位、社会团体及其他组织或个人采取不同方式治理开发和利用"四荒"土地资源，国家依法保护治理开发"四荒"的成果和治理者的合法权益，但不得将"四荒"改作非农用途。1986 年颁布，1998 年 8 月修订后的《中华人民共和国土地管理法》规定，农民集体所有的土地，可以由本集体经济组织以外的单位或者个人承包经营，从事种植业、林业、畜牧业、渔业生产，双方的权利和义务、土地承包经营的期限由承包合同约定。当时有些地方为推进农业规模经营和积极推动农地流转，引进城市工商资本经营农业，一批城市企业趁机进军农业和农村，但也不乏一些企业借地方政府招商引资政策之机，低价和长期圈占农民耕地，甚至违反土地用途管制规定擅自改变用途，使大量土地"非农化"。2001 年 12 月《中共中央关于做好农户承包地使用权流转工作的通知》中提到，为稳定农业和农村，中央不提倡工商企业长时间、大面积租赁和经营农户承包地，强调工商企业投资开发农业，应当主要从事产前、产后服务和"四荒"资源开发。

2. 放宽工商资本投入农业农村的政策发展阶段

2002 年 8 月出台的《中华人民共和国农村土地承包法》规定，国家保护承包方依法、自愿、有偿地进行土地承包经营权流转，承包方有权依法自主决定土地承包经营权是否流转和流转的方式，通过招标、拍卖、公开协商等方式承包农村土地，经依法登记取得土地承包经营权证或者林权证等证书的，其土地承包经营权可以依法采取转让、出租、入股、抵押或者其他方式流转。2002 年 12 月，颁布的《中华人民共和国农业法》第十三条规定，国家引导和支持从事农产品生产、加工、流通服务的企业等，通过与农民或者农民专业合作经济组织订立合同或者建立各类企业等形式，形成收益共享、风险共担的利益共同体，推进农业产业化经营，带动农业发展。2007 年的《中共中央、国务院关于积极发展现代农业扎实推进社会主义新农村建设的若干意见》、2008 年中共中央十七届三中全会通过的《中共中央关于推进农村改革发展若干重大问题的决定》，提出推进农业经营体制机制创新，加快农业经营方式转变，鼓励龙头企业与农民建立紧密型利益联结机制，着力提高组织化程度，引导城市资金、管理等生产要素向农村流动。2012 年 3 月，国务院出台《关于支持农业产业化龙头企业发展的意见》，要求农业产业化龙头企业集成利用资本、技术、人才等生产要素，带动农户进行农业产业化经营，发展农业适度规模经营。

3. 鼓励和支持工商资本进入农业农村的新阶段

2013 年 11 月，中共十八届三中全会通过的《中共中央关于全面深化改革若干重大问题的决定》指出，推进家庭经营、集体经营、合作经营、企业经营等共同发展的农业经营方式创新，鼓励和引导工商资本到农村发展适合企业化经营的现代种养业，向农业输入现代生产要素和经营模式。这为工商资本进入农业提供了明确的政策导向，意味着中央政策已经进入鼓励和引导工商资本进入农业的新阶段。2014 年 11 月，中共中央办公厅、国务院办公厅印发了《关于引导农村土地经营权有序流转发展农业适度规模经营的意见》，强调农村土地实现所有权、承包权、经营权三权分置，引导土地经营权有序流转，引导工商资本发展良种种苗繁育、高标准设施农业、规模化养殖等适合企业化经营的现代种养业。2015 年中央一号文件提出，鼓励工商资本发展适合企业化经营的现代化种养业，农产品加工流通和农业社会化服务。2015 年 11 月，中共中央办公厅、国务院办公厅印发了《深化农村改革综合性实施方案》，阐明创新农业经营组织方式，鼓励和支持工商企业发展适合企业化经营的现代种养业、农产品加工流通和农业社会化服务，向农业输入现代生产要素和经营模式。2016 年 1 月，中共中央国务院《关于落实发展新理念加快农业现代化，实现全面小康目标的若干意见》，要求坚持以农户家庭经营为基础，支持新型农业经营主体和新型农业服务主体成为建设现代农业的骨干力量，在完善工商资本租赁农地准入、监管和风险防范机制的基础上，支持多种类型的新型农业服务主体开展代耕代种、土地托管等专业化规模化服务。

2017 年的中央一号文件，即中共中央、国务院《关于深入推进农业供给侧结构性改革加快培育农业农村发展新动能的若干意见》指出，以推进农业供给侧结构性改革为主线，支持地方以优势企业和行业协会为依托，打造区域特色品牌，积极发展适度规模经营，建设现代农业产业园，大力培育新型农业经营和服务主体等。党的十九大报告和 2018 年中央一号文件强调，通过完善各项扶持政策，鼓励引导工商资本参与乡村振兴等，这些政策导向无疑更加彰显了工商企业下乡经营现代农业的意义和功能。

表 6-1　我国关于促进农地流转和引导工商资本下乡政策的演变

政策演变阶段划分	时间	出台有关文件名称	涉及的相关政策内容
有条件地限制工商资本涉农的政策	1991—2001 年	国务院《关于加强农业社会化服务体系建设的通知》（1991）；中共中央、国务院《关于当前农业和农村经济发展的若干政策措施》（1993）；中共中央《关于做好农户承包地使用权流转工作的通知》（2001）。	鼓励农产品加工企业与农户结成利益共同体，发展贸工农一体化、产供销一条龙的综合服务组织；建立土地承包经营权流转机制，发展农业适度规模经营；限制工商企业长时间、大面积租赁和经营农户承包地，工商企业投资农业应当主要从事产前、产后服务和"四荒"资源开发。
放宽工商资本投入农业农村的政策演变	2002—2012 年	《中华人民共和国农业法》（2002）；中共中央、国务院《关于积极发展现代农业扎实推进社会主义新农村建设的若干意见》（2007）；中央十七届三中全会《中共中央关于推进农村改革发展若干重大问题的决定》（2008）。	引导和支持从事农产品产加销企业与农民及其合作组织订立合同，形成农业产业化经营；鼓励各类工商企业通过收购、兼并、参股等方式参与农产品经营、创办现代农业企业；鼓励企业与农民建立紧密型的利益联结机制，提高组织化程度，引导城市资金、技术、人才、管理等生产要素向农村流动。

续表

政策演变阶段划分	时间	出台有关文件名称	涉及的相关政策内容
鼓励和支持工商资本进入农业农村的新政策	2013年以后	《中共中央关于全面深化改革若干重大问题的决定》（2013）；中共中央、国务院《关于引导农村土地经营权有序流转发展农业适度规模经营的意见》（2014）；中共中央、国务院《深化农村改革综合性实施方案》（2015）；中共中央办公厅、国务院办公厅《关于加快构建政策体系培育新型农业经营主体的意见》（2017）；中共十九大报告和2018年中央一号文件等。	推进家庭经营、集体经营、合作经营、企业经营等共同发展的农业经营方式创新，鼓励和引导工商资本到农村发展适合企业化经营的现代种养业；农村土地实现所有权、承包权、经营权"三权分置"，引导土地经营权有序流转，积极培育新型经营主体，引导工商资本发展适合企业化经营的现代农业；引导新型农业经营主体多元融合发展和多路径提升规模经营水平；通过完善各项扶持政策鼓励引导工商资本参与乡村振兴，等等。

资料来源：根据我国历年出台的有关法律法规和中央文件进行整理。

三、我国工商企业下乡的基本情况

政策的演变加快了我国工商企业下乡经营现代农业的步伐，有些地区工商企业下乡进展较快，并取得了一些突出成绩，带动了现代农业发展与经营模式创新。据农业部统计，截至2012年年底，全国家庭承包经营耕地流转面积2.7亿亩当中，流入工商企业的耕地面积为2800万亩，比2009年增加了115%。到2016年底，流入企业的承包地面积已达到4710万亩，约占全国农户承包地流转总面积的10%（参见表6-2）。因此，随着农村投资环境的改善和农村社会保障体系不断完善，以及农地流转体制的改革，在利润驱动下越来越多的城镇工商企业投资现代农业，从事特色种植业、现代畜牧业、观光休闲农业和会展农业等，而且工商资本还可以向农业产业链上、下游拓展，通过投资农产品加工业和农业服务业，实行种养加一条龙、产供销一体化经营，促进农村工农商等各业协调发展和互利共赢（曹俊杰，2017）[①]。

[①]　曹俊杰：《工商企业下乡与经营现代农业问题研究》，《经济学家》2017年第9期。

表 6-2　我国 2012—2016 年流转到工商企业的农地面积及占比情况

年限	当年流转农地总面积 （万亩）	流转到工商企业的农地面积 （万亩）	占流转总面积 的比例（%）
2012	27184	2800	10.3
2013	32940	3360	10.2
2014	38830	3883	10.0
2015	44230	4600	10.4
2016	47100	4710	10.0

资料来源：根据中国农业部等部门公布的数据资料整理计算。

第二节　工商企业下乡经营现代农业的意义与功能

一、工商企业下乡经营现代农业的现实意义

工商企业下乡经营现代农业是我国经济发展阶段转变、农业向现代化转型、农村生产要素关系变化的必然结果（涂圣伟，2014）[1]。因此，现阶段我国工商企业下乡经营现代农业具有多重功能和重要的现实意义，主要表现在以下几个方面。

（一）可以较好地解决谁来种地的问题

在我国家庭联产承包责任制下，一家一户的小农生产难以与国内外的大市场进行顺利对接，与现代农业的规模化、社会化和产业化等相矛盾，长期以来我国农村大量优秀劳动力流失城市和非农就业转移，老幼妇残和文化技术素质偏低者成为种地和经营农业的主力军，这对我国的农业现代化战略提出了挑战。近年来，中央多次强调要加快农地流转体制改革，激活和创新农业经营主体，就是想更好地解决谁来种地的问题，这无疑为城市工商企业下

---

[1]　涂圣伟：《工商资本下乡的适宜领域及其困境摆脱》，《改革》2014 年第 9 期。

乡经营农业带来了契机。虽然我国过去一些农村龙头企业与周边农户联结起来进行产业化经营，在一定程度上缓解了"小农户"与"大市场"之间的矛盾，但是企业与农户之间无法真正实现"利益共享、风险共担"，企业基本上不直接进行农业生产，而是把生产环节交给农户完成，经常出现企业或者农户不履约造成"公司+农户"经营模式解体现象。个别地方也出现过由农户联合起来组建的农业企业，但由于投资不足、从业者素质低和技术管理条件差等，这类农业企业一般规模不大、经营不善、效益不佳和内部矛盾重重，农民的利益难以保障，有的企业经营时间不长就走向解体。

当前，引导和鼓励城市工商企业直接经营农业，农户承包的土地以租赁、投资入股等方式流转给企业进行规模经营，土地流转后的农民可以根据合同进入企业工作，企业通过教育和培训使农民转变为合格工人。在转变农民身份的同时，提高了农业劳动力的素质，企业取得利润收入和一定的财政补贴，农民取得租金和工资收入。因此，工商企业下乡经营农业克服了农户分散经营的一些弊端（参见表6-3），对于我国培育新型农业经营主体、吸引各类人才从事农业和加快农业现代化进程等具有重要意义。

表6-3　农业企业化经营与农户分散经营特点之比较

农业经营方式	组织形式	分工	市场化水平	技术管理水平	资本要素	经营成本	盈利能力	抗风险能力	生产率
农户分散经营	分散和组织程度低	较低	低	相对落后	不足	高	较弱	较弱	较低
农业企业化经营	组织化程度高	较高	高	相对先进	雄厚	低	较强	较强	较高

（二）可以更好地解决怎么种地的问题

我国农业发展面临的主要问题是经营规模小、劳动力素质低、技术进步缓慢、经营效率低、农业生产方式落后和渠道少，阻碍了现代农业健康持续发展和农民增收。城市工商企业下乡可以促进现代生产要素向农业和农村聚集，将高素质人才、先进技术、新型经营理念、优质品牌和先进管理经验等诸多要素引向农业，特别是用工业化的经营管理理念改造传统农业，促进农业企业化、组织化和社会化经营，加快改变农业增长方式和提高农业生产效率，实现土地增产、农业增效和农民增收的目标。因此，工商资本下乡加快了土地流转，农地实行规模经营可以开发优质农产品，使农户多了一份流转收入，提升了土地总产出，增加了农产品社会总供给，繁荣了农村经济（赵俊臣，2011）①。现在我国农业社会化程度低，技术水平和规模效益不高，这正好为工商企业投资农业提供了赢利空间，一旦农业稀缺的资本、技术、人才、信息和管理等要素得到满足后，农业的回报率会大幅提升，农业发展得以提速（曹俊杰，2016）②。因此，引导城市工商资本投入农业和农村，发展适合农业企业化经营的产业，鼓励企业与农户建立紧密的利益联结机制，实行公司化运作、标准化生产、企业化管理和产业化经营，将农业产加销、农工贸各环节有机联结起来，面向市场需求组织农业生产，创立农业品牌和扩大品牌影响，让农民更多地分享农业经营各环节的收益，可以不断提升农业现代化水平。

（三）有效解决钱从何来和技术如何提高的问题

我国发展现代农业最缺乏的就是资金和技术，资金单靠农户自身积累和有限的财政、信贷支持难以满足，技术进步靠农户和农村合作组织的力量也不现实，引入工商资本是一种比较好的选择。首先，工商企业下乡改变了农业主要依靠农户自身积累的局面。传统农业的投资方式是以农民家庭积蓄为主，这种投资特点是起点低、数额小、增速慢，农业发展资金匮乏，难以适

---

① 赵俊臣：《土地流转：工商资本下乡需规范》，《红旗文稿》2011 年第 4 期。
② 曹俊杰：《实现由工业反哺农业向工农业协调发展战略转变》，《中州学刊》2016 年第 11 期。

应农业现代化发展的需求。工商资本进入农业领域完善了农业投融资机制，不仅使企业闲置资金得以利用，增加了企业的利润和发展空间，而且把先进的融资手段带给农业，缓解了农业生产的资金制约（王竹林，2004）①。其次，工商企业下乡弥补了国家财政、金融支持不足的缺陷。近年来，国家和地方政府对农业的投入不断加大，从农村的基础设施建设、农业科技投入、农田整治到各种农业补贴，但这类投入多数属于农业公共品、准公共品的领域，而对于农业经营性投入政府不可能成为主角，目前金融资本支持农业的额度也十分有限，因而引进工商资本经营农业不失为解决资本短缺的重要途径。最后，工商企业下乡解决农业技术瓶颈。现代农业必须用现代的农业机械、信息手段和农业科技武装，用现代营销管理手段经营农业，这些在短时间内靠农业内部解决显然不太现实。工商资本具有开阔的经营思路、技术开发和引进的条件、广阔及时的市场信息渠道、工商资本进入农业可以促进农业技术和经营模式转型升级，有利于促进农业的科学化、信息化和现代化，为农业带来先进的经营理念和管理经验。另外，工商资本投入农业，还有利于加大对农田、水利、流通等基础设施的建设力度，改善农业生产条件和提高农业综合生产能力。

（四）有利于促进农村三次产业融合发展

从下乡工商企业的投资实践来看，主要经营领域涉及下列几个方面：一是投资种植业，包括粮、棉、油、菜、果、药、茶、花卉、苗圃、食用菌等生产；二是投资林业、畜牧业、渔业和观光休闲农业等；三是投资农产品加工业、冷藏、运输和销售业，以及农业技术推广、优良品种培育和多种涉农服务业；四是投资农业产前、产中、产后各环节，自我形成较为完整的产业链。工商企业投资农业，实现了工商业和农业的对接，给农业带来先进的投

---

① 王竹林：《工商企业进行农业产业化经营的阻滞性因素分析》，《西北师大学报（社会科学版）》2004年第2期。

资理念，将工业生产的经营理念和先进的生产方式带到了农村，提高了农业的吸引力和产业地位。尤其是在目前发展现代农业面临财政投入和农户自身积累有限、农村贷款难等背景下，工商资本下乡为改善农业生产条件注入大量资金，拓宽了农业公共设施和服务的融资渠道。

另外，工商企业下乡经营农业还有利于培养现代新型职业农民，可以利用企业在资金、技术、人才和培训经验等方面的优势，做好新型职业农民的培训工作，并引导和带动新型农民投资和发展现代农业。

二、工商企业下乡经营现代农业的重要功能

（一）实现工农商各利益主体互利共赢

当前，我国传统农业向现代农业转型，亟须注入资金、技术、信息、人才和管理等生产要素，推动农业经营方式转变和提升农产品竞争能力，工商资本恰好具备满足农业现代化的短缺要素资源。在经济新常态下一些城市工商企业为了顺应调结构、转方式的经济形势，积极调整发展战略，农村一、二、三产业融合发展特征为城市工商企业进军现代农业提供了契合点，农业与工商企业之间的互补性和互利性为城市企业提供了新的拓展空间。相对于农户和家庭农场而言，城市企业具有资本、技术、信息、人才、管理经验和市场竞争等优势，企业下乡投资于种养业，可以利用要素优势充分挖掘农业的潜在价值，开发特色农业和创立农业品牌，提高农业技术含量、质量安全指标和农产品的附加值，推动现代农业企业化、社会化、专业化、集约化和标准化经营，企业在推动现代农业发展和实现农业增效、农民增收的同时，自身也成为受益者。目前不少城市企业面临着产能过剩、土地价格攀升、经营成本高、外贸受阻、产业调整和经济转型困难等压力，有些企业发展前景黯淡甚至经营已经陷入困境，城市企业实现重大转型经营农业不失为一种明

智之举（曹俊杰，2016）①。近年来城市房地产、资源、高端餐饮等行业的不断降温，倒逼工商资本寻找新的出路和利润增长点（张红宇，2014）②，农村和农业发展恰恰又为其提供了广阔投资空间，企业经营农业除了获得市场利润以外，还可以取得一定的政策红利，如国家的农业补贴政策正在从农产品价格补贴为主向土地直接补贴为主转变，下乡企业逐渐成为补贴受益者。因此，工商资本投资现代农业，除了少数企业家出于浓浓的乡土情结和回报社会的责任担当以外，多数主要是出于企业自身发展与规避风险的需要（潘长胜、唐国强、殷明等，2015）③。

（二）促进二元经济结构问题的解决

党的十八届三中全会《中共中央关于全面深化改革若干重大问题的决定》提出："城乡二元经济结构是制约城乡发展一体化的主要障碍，必须健全体制机制，形成以工促农、以城带乡、工农互惠、城乡一体的新型工农城乡关系。"首先，工商企业下乡顺应了国家政策导向，不仅可以起到以工促农、以城带乡和工业反哺农业的功能，而且可以实现工农互惠的目标。下乡企业除了带来先进的技术和管理以外，还会出资改善农业基础设施和生产条件，促进农业生产力水平不断提高，为缩小城乡和工农业之间的差别创造了条件；随着工农业要素平等交换和城乡资源合理流动的机制形成，工农互惠的局面也会到来，为解决二元经济结构问题奠定了基础。其次，工商企业下乡经营农业，积极发展土地流转型、服务带动型等多种形式的农业规模经营，改变了我国分散落后的农业生产方式，为农业带来先进的现代经营理念和管理方法，企业与农户建立新的合作关系提高了农户的组织化程度，促进

---

①　曹俊杰：《实现由工业反哺农业向工农业协调发展战略转变》，《中州学刊》2016年第11期。

②　张红宇、楬燕庆等：《如何发挥工商资本引领现代农业的示范作用——关于联想佳沃带动猕猴桃产业化经营的调研与思考》，《农业经济问题》2014年第11期。

③　潘长胜、唐国强等：《工商资本：现代种养业的新动力》，《江苏农村经济》2015年第1期。

农村产生新的社会经济结构（陆文荣、卢汉龙，2013）[1]，这无疑为消除二元结构找到了突破口。最后，工商企业大量投资农业和农村二、三产业，为农村剩余劳动力转移提供了契机，将农地流转出去的农民一部分拉进企业，由农民变身工人，而另一部分被推向城镇进行非农就业。因而，工商资本下乡不但推动了农民身份转变和农村社会关系变化，而且也促进了农村工业化、城镇化发展，加快了城乡经济融合和城乡一体化进程，对转变二元经济结构具有重要意义。

（三）加快我国农业供给侧结构性改革进程

2017 年伊始，中央一号文件强调，推进农业供给侧结构性改革就要通过培育新型农业经营主体，加快发展多种形式的规模经营。农业供给侧结构性改革的目标就是通过农业生产结构调整，使农产品符合消费者需求，解决多年来一直存在的"卖难""买难"问题。从农业生产满足社会需求来看，农业除了满足国民对农产品的基本需求以外，还要满足其他非生活必需品的多样化需求，例如社会就业、生态保障、旅游观光、文化传承等。工商企业下乡经营农业，可以凭借其掌控的要素优势发展现代新型农业，进行农产品精深加工和现代营销，带动其他新型农业经营主体和农户参与现代农业经营，推行农业产业化、专业化、集约化生产，通过质量品牌、加工包装和物流销售等多次增值，推动农业产业链条延伸，提高农业的竞争力，各参与主体从中分享收益，特别是通过结构与体制改革促进农民增收。同时，实行农业企业化经营有利于改变农户靠大量投入农药、化肥等提高农业产量的方式，推动农产品质量和食品安全指标提高，发展绿色有机食品，改善农业生态环境，加快建设资源节约型、环境友好型农业，提高农业综合效益。

---

① 陆文荣、卢汉龙：《部门下乡、资本下乡与农户再合作——基于村社自主性的视角》，《中国农村观察》2013 年第 2 期。

（四）促进"四化"同步和农村三次产业协调发展

城市企业下乡直接经营种养业，可以加快传统农业向现代农业转变的进程，逐渐提高农业现代化水平；企业投资农业能够利用自身掌握的信息和管理要素优势，可以提高农业技术含量和农业信息化水平，发展信息农业；实行农业企业化经营和投资农业产业链的产前、产后各环节，就可能实现工农业融合与互补，促进农村工业化发展；农村工业发展起来以后，企业的集聚功能会加快农村城镇化进程，企业通过土地流转开展规模经营，加快农村劳动力向城镇和非农产业转移；在农村兴起的一批城镇对周边农村地区发挥辐射功能，将城镇现代生产要素配置到农村和农业领域，新型城镇化反过来又会促进农业现代化。因此，工商企业下乡可以促进农业现代化、农业信息化、农村工业化和新型城镇化等"四化"同步发展。同时，下乡企业利用农村优势资源，开发名优特新农产品，通过发展特色农业促进农业产业带和产业集群发展，带动农产品加工业和农村服务业迅速发展，留在农村的劳动力被吸纳到众多非农产业就业，非农产业的利润和收入也可以反哺农业，最终实现农村三次产业之间的融合和协调发展。

第三节　工商企业下乡经营现代农业的例证分析

山东省烟台市是山东半岛东部经济较为发达的沿海市。近年来，烟台市逐渐放宽农地流转和工商资本进入农业农村的政策，积极引导工商企业下乡经营农业，初步取得了比较突出的成绩，一些成功经验在省内外产生了一定的影响力。本节以烟台市为例，具体分析工商企业下乡经营现代农业的背景、条件、基本现状和所取得的成绩，以及对其他地区的启示和能够提供的经验。

一、烟台市工商企业下乡经营现代农业的背景

（一）烟台市地理位置优越和农业经济相对发达

烟台作为山东省的一个地级市，地处山东半岛东北部、渤海和黄海交界地带，是山东半岛的中心城市之一，也是环渤海地区重要的港口城市和山东半岛蓝色经济区骨干城市。烟台市辖 4 区、1 县和 7 个县级市，还设有 2 个国家级开发区、1 个保税港区和 1 个自然资源保护区。烟台市土地面积为13745.95 平方公里，海岸线长 900 多公里，2016 年年末全市常住人口已达706.4 万人，其中农业人口 116.42 万人，当年地区生产总值实现 6925.66 亿元。2016 年，烟台被国务院列为第三批国家新型城镇化综合试点地区，2017年入选中国百强城市排行榜，排名第 28 位。①

烟台市属于温带海洋性气候，常年气温适宜，自然资源丰富，拥有众多名优农产品品牌，尤其是出产的优质水果、农产品加工品和海产品享誉海内外。其中，闻名全国的烟台苹果、烟台大樱桃、龙口粉丝、龙大肉食、鲁花花生油等已经形成品牌效应；海参、对虾、鲍鱼的质量远近闻名。烟台是中国唯一建立大樱桃集约化栽植培育基地的地区，也是我国酒酿葡萄种植和葡萄酿酒技术的发源地。

长期以来，烟台市坚持进行农业产业结构调整，农业产业不断优化升级，农业生产条件逐步改善，取得了较好的农业发展势头。2016 年，烟台市第一、二、三次产业的结构比例已经调整为 6.7∶50.0∶43.3；当年全市农业增加值达到 243 亿元，全市居民年人均可支配收入 29742 元，比上年增长

---

① "2017 年中国百强城市排行榜"由华硕经济研究院编制完成。本排行榜以地级市以上城市为统计对象，以其中 GDP 总量排名前 100 位的城市作为上榜城市，而后根据经济指标（权重 0.618）和软经济指标（权重 0.382）分值计算其综合得分，以此进行排序。经济指标由GDP 和居民储蓄组成，软经济指标由环境、科教、文化、卫生组成。原始数据来源《中国城市统计年鉴》及相关城市统计年鉴。

8.4%；农民人均可支配收入 16721 元，同比增长 7.6%。目前，烟台市已经完成了中低产田改造 100 万亩的目标，耕地节水灌溉面积 384.75 万亩，机耕面积 410.83 万亩，农业综合机械化水平达到 81.5%。

（二）烟台市农业现代化水平快速提升

近年来，烟台市农业生产水平和农业现代化水平正在稳步提升，畜牧业和渔业一直保持相对稳定的发展态势，农产品加工产值与农业总产值占比指数稳步上升，农业的加工增值水平在不断提高，农业产业链条逐步得以延伸。但是，由于烟台市农村工业化和城镇化进程加快，造成耕地面积不断减少，农业劳动力与土地间的矛盾日益突出，农业剩余劳动力转移的任务繁重。同时，烟台市农业产业化水平不断提高，农业的科技实力增长快，农民收入稳步提高。（参见表 6-4）。

表 6-4　2011—2016 年烟台市现代农业发展的主要指标

类别	指标	2011	2012	2013	2014	2015	2016
农产品供给	粮食综合生产能力（万吨）	260.8	269.7	261.5	263.0	258.5	253.5
	粮食播种面积（千公顷）	405.7	404.0	400.3	394.5	390.0	377.1
	油料总产量（万吨）	45.3	46.3	45.4	46.0	42.4	41.6
	水果总产量（万吨）	483.1	506.4	508.8	515.8	558.7	565.8
	水产品总产量（万吨）	185.8	185.4	188.9	191.1	197.8	200.2
农业结构	畜牧业产值占农业总产值比重（%）	18.6	17.9	17.1	16.9	17.1	18.1
	渔业产值占农业总产值比重（%）	28.2	29.2	28.3	27.4	27.7	27.5
	农业服务业占农业总产值比重（%）	3.0	3.0	3.0	3.2	3.5	4.0
农业物质装备	有效灌溉面积（千公顷）	273.7	273.4	240.4	246.1	246.1	247.08
	农机总动力（万千瓦）	859.0	928.7	943.2	964.5	990.4	739.4
	化肥施用折纯量（万吨）	39.1	37.6	38.3	39.1	38.8	39.3
	农村用电量（亿千瓦小时）	76.9	83.4	90.6	93.9	98.0	104.2

续表

类别	指标	2011	2012	2013	2014	2015	2016
农业产值与农民收入	农业增加值（亿元）	172.5	186.3	217.6	231.5	236.3	243.2
	农民人均纯收入（元）	11716	13298	14952	16656	17432	17760

资料来源：数据来自 2011—2017 年的烟台市统计年鉴。

但是，烟台市面临的农业生态环境问题比较多，农业发展的资源约束逐渐增强，现代生产要素持续支撑力相对薄弱，现代农业发展存在资本、技术和管理瓶颈，等等。因此，烟台市充分利用地理位置优势和丰富的自然资源等有利条件，引导和鼓励工商企业下乡经营现代农业及参与乡村振兴发展，是有效解决现代要素对实现农业持续发展和农业农村现代化制约的重要途径。

二、烟台市工商资本下乡的条件分析

工商资本流向农业领域是促进我国传统农业向现代农业转型的重要动力，也是市场利润、政策红利、圈地诱惑等经济利益因素相互作用产生的必然结果，这将是一种长期的发展趋势。烟台市在引导工商企业下乡方面取得了一定的成绩和经验，也是与其具备一些优势条件分不开的。

（一）取得较多的改革开放政策红利

1984 年，烟台被确定为全国首批 14 个沿海开放城市之一，处于改革开放和各项经济发展的最前沿，取得较多的改革开放政策红利，促进了区域经济和产业快速发展，农业农村基础设施条件不断改善。2011 年，烟台市又被纳入具有国家发展战略的"山东半岛蓝色经济区"，新时期烟台市还先后被国务院列为第三批国家新型城镇化综合试点地区、"一带一路"倡议重点建设港口城市等。经过改革开放以来四十多年的快速发展，烟台基本实现了从传统农业地区向现代工业化城市的跨越，农村龙头企业发展势头强劲，带领农业产业化经营走在全国前列，一些城市工商企业也与农业各类产业存在密切的联系，特别是一些农产品加工业不断加大投资、进行技术创新和招人才、创品牌、扩市场，逐渐形成了与"农"字挂钩地方优势产业，取得了很多骄人的成绩。

（二）具有较好的农业发展基础

烟台市与省内其他同级城市相比，无论是工业资本还是农业资本都具有一定的优势，农业发展的基础条件较好，农业呈现良好的发展态势，特别是农业增加值指标在全省居于前列（参见图6-1）。2016年，烟台市农业增加值在全省排名第3位，农产品出口收入已经连续十年居全国地市级城市排名的首位；粮食总产量达到179.72万吨；全年农民人均可支配收入总数是全省排名的第3位。当年全市农作物总播种面积实现786.4万亩，其中粮食播种面积为565.7万亩，总产量达253.49万吨，粮食生产连续九年获得丰收。另外，烟台市水果、蔬菜、水产品等生产均发展较快，特别是作为沿海城市，烟台市拥有13个新认证无公害水产品，共有16处省级以上水产种植资源保护区。

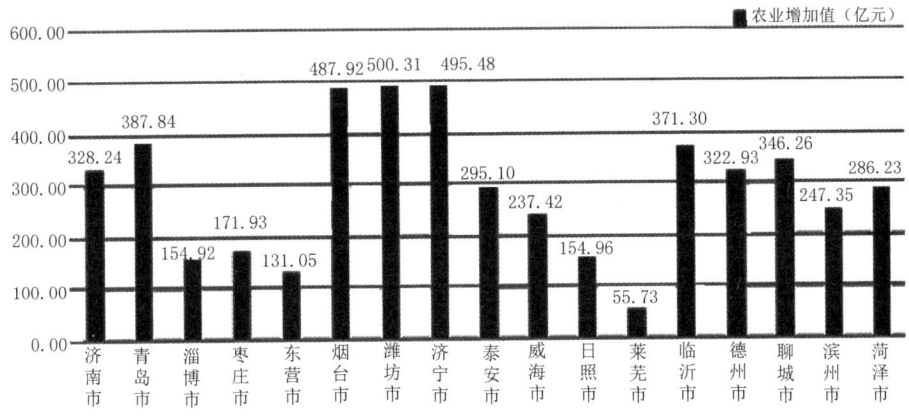

图6-1　2016年烟台市与山东省其他地市农业增加值比较

（三）农产品品牌资源比较丰富

烟台市全年温差比较小，气候比较适于人们居住，所蕴含的农产品数量以及种类比较丰富，并且农产品的品牌相对丰富，获得了中国农产品城市的知名称号，顺利入选中国绿色食品城。作为中国重要的水果优势产区，烟台苹果、莱阳梨、烟台大樱桃、龙口粉丝等闻名全国，海参、对虾、鲍鱼等海产品驰名中外。截至 2017 年年底，烟台大花生和烟台苹果等成为国家农产品地理标志产品，烟台苹果、烟台大樱桃被评选为中国区域品牌前十名，认证"三品一标"产品多达 786 个，烟台苹果 9 年蝉联中国果业第一品牌，苹果品牌价值高达 131.95 亿元。特色品牌农业发展还带动休闲旅游农业的发展，目前烟台市共创建省级美丽乡村示范村 42 个，省级以上休闲农业与乡村旅游示范点 6 处，规模以上农业休闲观光基地发展到 130 多处，年接待游客 200 多万人次。

（四）涉农工业和农业产业化发展较好

长期以来，与山东省其他地市相比，烟台市工业发展迅速，逐步形成牢固的工业基础，特别是农村工业和农产品加工业发展较好，开展农业产业化经营较早，在龙头企业和其他新型农业经营主体的带动下，培育了大批农产品及其加工品的优势品牌，开辟了农产品营销的新渠道，张裕葡萄酒、龙大食品、鲁花花生油、安德利果汁等农副产品加工品牌闻名遐迩。到 2017 年，烟台市国家级农业产业化龙头企业达到 13 家、省级以上 72 家，涉农企业上市总数达到 15 家；发展农民合作社、家庭农场等新型农业经营主体超过 2 万家，农村网络销售电商超过 9400 家，总数居全省第二位。工业及农产品加工业、销售业和其他农村服务业发展，为工商企业下乡经营农业提供了条件。

三、烟台市工商企业下乡对农业发展的影响

（一）加快农地流转促进农业规模化经营

近年来，烟台市政府为了促进工商资本下乡，采取了一些扶持和激励政策措施，加快农村土地流转，规范农地流转程序和鼓励农户以土地投资入股等。同时，工商企业下乡投资农业和农村，等于将企业的市场、人才、资本、技术和管理等优势带入农业农村，为发展现代农业和进行农业规模化、产业化经营创造了条件。为了更好地吸引工商企业投资农业农村，烟台市于2015 年完成了农地的确权工作，很好地解决了农地承包关系混乱、产权不清等历史遗留问题，消除了农民流转承包土地的障碍，农地流转规模进一步扩大（参见图 6-2），方便了农户与企业合作进行农业现代化、规模化和产业化经营。

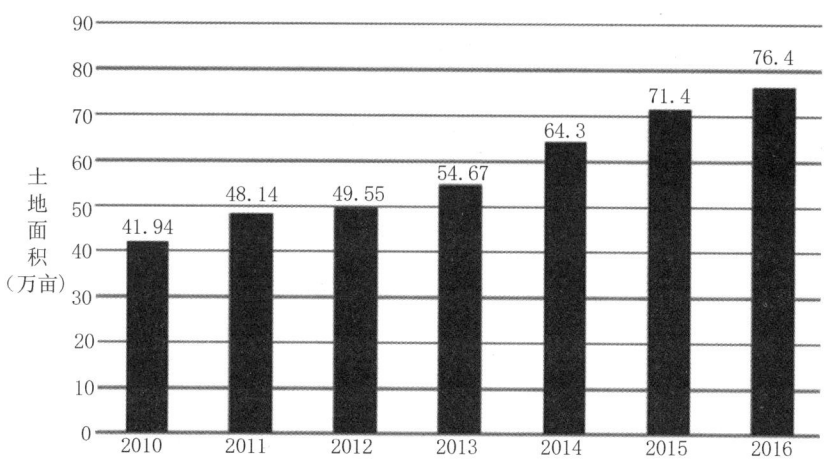

图 6-2　2010—2016 年烟台市农村土地流转规模

资料来源：2017 年烟台市统计年鉴。

（二）促进了农村生产关系调整与生产方式变革

烟台市一些工商企业下乡经营农业，将大量资本要素注入农业及其相关产业，通过土地流转取得一定规模的土地经营权，彻底改变了原来农民与承包地之间的关系，土地承包权与经营权进行分离。经过土地流转暂时失去土地经营权的农户，除了取得一定的补贴，还可以受雇于工商企业成为企业的职工并取得工资收入，农户之间也可以联合起来组建专业合作社或者协会，农民专业合作社和协会与企业进行合作，进行农业产业化经营，壮大了农民的市场竞争力量。

（三）降低农业生产经营成本和提高农业竞争力

通过工商企业投资农业农村，向农业农村输入先进的资本、技术和人才等现代生产要素，推动现代农业的规模化、产业化和企业化经营，降低农业生产经营的成本，取得一定的规模效益。先进技术和管理模式引入农业还可以延长农业产业链，增加农村劳动力就业机会和农业增值空间，不断提高农业的市场竞争力。同时，投资农业的工商企业为了提高农产品的市场竞争力和占有率，还会加大农业科技投入，改善农业技术和农产品品种，带动区域农业快速发展。

（四）加快农村产业融合发展和城乡一体化进程

烟台市通过引导工商企业下乡，把现代先进的生产要素引入农业和农村，不但促进了传统农业向现代农业转变，为农业企业化、产业化、规模化、社会化和专业化奠定了基础，而且通过建立农业专业合作组织促进农工商一体化发展，推动农村一、二、三产业融合发展，也加快了城乡融合及其一体化进程。近年来，烟台市通过重点发展粮食、油料及食用油加工，蔬菜，畜牧，水产等五大农村关键产业，通过工商资本推动，积极发展外向型农业，采取资金投入、科技支持、人才培训和引进措施，培育出一大批农副产品加工与贸易龙头企业，仅莱阳市就陆续培育出了几个在行业领域具有较大影响力的农产品加工型龙头企业，并争取到国家每年审批超过6000多万元的专项扶持资金，用于扶持农业领域骨干型龙头企业的建设。农业领域龙头企业的快速发展，带动了农业增效和农民增收，推动了农村产业融合，有利于城乡一体化发展。

第四节　工商企业下乡面临的问题及对策建议

工商企业下乡经营农业虽然呈现出强劲的发展势头，并取得了很大成效，但其总体上还处于成长阶段，从烟台市和我国其他一些地区的实践情况来看，工商企业在投入农业经营过程中还存在一些突出问题，如果这些问题得不到及时妥善解决，就会影响其健康持续发展。因此，工商企业下乡可能对我国农业和农村带来"双重效应"[①]，尤其是可能带来的负面效应需要认真评估，并采取对策进行积极防范。

一、工商企业下乡经营农业面临的主要问题

（一）相关法律法规和制度不完善

由于相关法律制度不完善，阻碍了城市工商企业下乡经营农业，主要表现在土地制度、社会保障制度、农业保险制度等方面存在缺陷。

1. 关于农地流转的法律制度缺陷制约了企业下乡

首先，一些促进农村土地流转的法律法规和政策亟待完善。我国1986

---

① 曹俊杰：《资本下乡的双重效应及对负面影响的矫正路径》，《中州学刊》2018 年第 4 期。

年颁布的《土地管理法》已经过去了 30 多年，其间虽然经过几次修订工作，但仍然存在不适应当前农地流转的内容。2002 年出台的《农村土地承包法》，虽列出了"国家保护承包方依法、自愿、有偿地进行土地承包经营权流转"的条文，但还是属于原则性的规定，缺乏可操作性，而且由于形势发生了很大变化，因而相关法律法规亟待完善和细化。

其次，一些农地"三权分置"的法律与政策发生冲突。为了稳定农村土地承包权，国家明确将土地承包关系定义为"长久不变"，从表面上看，农民享有土地的永久承包经营权，这将成为农民的永久合法权益，在政策的落实和执行上存在一定的风险，农民对土地的认知使土地往往被赋予生存的保障功能，普遍对土地都产生人人有份的理念和内心的诉求，这为土地的日后流转埋下了隐患，与"长久不变""增人不增地、减人不减地"的政策产生冲突，加剧了人地矛盾，并且也与现行的法律法规存在部分冲突（参见表6-5），这些冲突导致农村土地流转困难。

表 6-5　农地"三权分置"的法律与政策冲突的表现

冲突表现		冲突结果	冲突性质
依据《农村土地承包法》的明确规定，土地承包经营权转让将会受到三个方面的限制：首先是转让方必须有稳定的非农职业，或收入来源稳定；第二，转让过程必须受到各方监督；第三，其最终的生产方式必须为农业生产。	《关于引导农村土地经营权有序流转发展农业适度规模经营的意见》中要求加大对新兴农业经营主体的支持，鼓励地方政府对家庭农场、专业大户、农民合作社、涉农龙头企业、农业社会化服务组织扩大资金扶持规模。	过分强调土地的保障功能、丧失经济功能，忽视了用益物权特征，给行政干预留下了空间；对工商企业、城镇居民投资农业生产的排斥导致农地流转的封闭性。	经营权流转主体与法律政策间存在严重的冲突
2013 年 11 月，党的十八届三中全会《决定》赋予农民承包地的流转经营权、抵押权和担保权。	《农村土地承包法》和《物权法》规定，家庭承包经营取得的土地不得用于抵押。	影响新型农业经营主体利用经营权进行抵押融资贷款，新型农业经营主体带动的规模化的土地流转及规模化经营模式被阻碍。	政策规定经营权可以抵押，法律规定禁止土地承包权抵押，二者存在明显冲突。

资料来源：根据相关法律法规条款和文件内容进行比较。

2. 工商资本进入农业缺乏相应的法律和政策依据

目前，我国对工商资本进入农业还缺乏法律和政策规范，要么只是通过文件进行原则性说明，缺乏实施细则和可操作性规范，要么是没有明确设定工商企业经营农业的准入条件，或者没有明确保护企业与农户合作的相关合同的法规和政策。同时，由于缺乏对农地流转合同的法律和制度规范，导致农业合同履约成本高和履约率低，经常出现由于公司不履约而侵害农户权益或者由于农户不履约而影响企业正常经营的现象，往往造成企业和农户合同的最终解体，甚至由于法律制度的缺陷在土地流转交易中存在寻租行为，出现大量的乱象和灰色交易，企业付出了较高成本而农民得不到合理的收入（曹俊杰，2017）[①]，可能引发企业与农户之间的矛盾，甚至会导致合作破裂。

3. 农村社会保障制度不完善影响了工商企业下乡

与城市劳动者相比，农民的养老、医疗保险等起步晚和水平低，许多保险制度在农村尚未建立，如果企业不接受失地农民就业会增大租地合同签订的难度，如果企业吸收农民就业过多则会提高经营风险和成本，从而影响企业下乡经营农业的积极性。另外，我国的农业保险制度不完善阻碍了工商企业下乡。由于农业生产周期长、受自然灾害影响较大，再加之农业合同履行时间长、市场风险大和政策性较强，而我国的农业保险制度缺失加大了企业经营风险，从而阻碍了工商企业下乡经营农业。

（二）存在乱占耕地和危害粮食安全与社会稳定问题

资本的本性和城市工商资本的特质决定了其下乡经营带来的"非粮化"和"非农化"、排挤农民、经营短期化等问题（刘成玉、熊红军，2015）[②]。

[①]　曹俊杰：《工商企业下乡与经营现代农业问题研究》，《经济学家》2017年第9期。
[②]　刘成玉、熊红军：《我国工商资本下乡研究：文献梳理与问题讨论》，《西部论坛》2015年第6期。

因此，不能忽视在工商企业下乡过程中存在乱占耕地和危害粮食安全与社会稳定问题。

1. 存在无序的"圈地"问题

有的工商企业看到土地资源越来越稀缺，政府对农业项目的支持力度越来越大，下乡主要目的在于迅速大规模控制土地，也有的企业下乡拿到土地和得到扶持资金后，没有投资收益相对较低的农业项目，而投向利润相对高的非农生产经营项目，如建设私人农庄、会所、农家乐和办公场所，偏离投资农业的初衷，甚至借投资农业旅游开发项目进行"跑马圈地"和囤地待价而沽（李会利，2016）①，这可能会冲破我国保护耕地的红线。

2. 存在危害粮食安全的隐患

我国农业与其他产业相比有重要区别，农业既有经济问题也包括政治问题，农业资本自然要追求收益，但不能忽视全国人民的吃饭和农村劳动者的就业等政治问题。有些工商资本进入农业领域以后，经营价值较高的蔬菜、水果、花卉、苗木等经济作物和特色养殖业等积极性较高，而从事粮食生产的企业较少，大量的长期的非粮化倾向可能危害我国的粮食安全，还有的企业为了搞现代农业经营而不愿承担吸纳农民就业的任务，这就脱离了中国国情和农情。

3. 带来一些社会问题危害农村稳定

由于一些工商企业缺少从事农业经营的经验，对农业发展的规律和特点认识不足，对投资农业各种风险缺乏全面评估，一旦遭遇经营不善、效益不好和其他风险而退出农业经营，可能造成大量土地荒芜和浪费，甚至影响农户正常获得租金和生活保障费用，会危害农村社会稳定。

---

① 李会利：《对工商资本投资农业占用耕地问题的调查与思考》，《乡村科技》2016年第2期。

（三）存在侵害农民权益和公共利益的问题

1. 侵害农民权益和社会公共利益

现阶段工商资本下乡在产生不少正面效应的同时，也需要关注工商资本可能带来的小农挤出效应、公共利益损害和产业安全挑战等问题（涂圣伟，2014）[1]。城市工商企业下乡具有要素、市场竞争、谈判地位和经验等多方面的优势，在谈判签约和履行合同时，农户往往处于不利地位，当企业遇到自然、市场和政策风险时容易侵害农民的权益。甚至有的农民并不愿意放弃赖以生存的土地，只是由于多种压力被迫将土地流转给工商企业，而农民土地权益得不到有效保障（李会利，2016）[2]。同时，农业具有生产周期和资本回报时间较长、生产监管成本高等特点，农业企业为了追求经济利益，可能忽视农业生态环境建设，侵害农民的公共利益，由于分散的小农户处于弱势地位和谈判地位严重不对等，还会存在资本支配劳动的关系（张晓山，2012）[3]。

2. 对农民会产生"挤出效应"

如果工商资本大规模、长时间地直接参与农业经营而又得不到限制和有效监管，还会对从事农业劳动的农民产生挤出效应，影响农村人口就业，特别是使年龄大、体弱、非农就业能力低的弱势农民再就业产生困难（杜志雄、王新志，2013）[4]。由于农民文化和技术素质偏低，难以适应企业发展

---

[1]　涂圣伟：《工商资本下乡的适宜领域及其困境摆脱》，《改革》2014 年第 9 期。

[2]　李会利：《对工商资本投资农业占用耕地问题的调查与思考》，《乡村科技》2016 年第 2 期。

[3]　张晓山：《"入世"十年：中国农业发展的回顾与展望》，《学习与探索》2012 年第 1 期。

[4]　杜志雄、王新志：《中国农业基本经营制度变革的理论思考》，《理论探讨》2013 年第 4 期。

的需要，会增大企业对劳动力培训的教育成本（王竹林，2004）①，导致企业吸纳失地农户就业比重小，部分农民会被推向城镇。由于当前我国城乡就业、迁徙、入学、升学和社会保障等制度不统一，进城农民可能因为缺乏保障而在工作和生活上具有不确定性；部分缺乏竞争力的农民可能会留在农村，但由于农村保障体系不完善，留守失地农民可能被边缘化，容易成为社会弱势群体，由此会带来一些社会问题。

（四）政府角色定位不当影响了企业和农户合作的积极性

首先，引导工商企业下乡经营现代农业，必须充分调动地方政府、企业和农户等各方主体的积极性，应当处理好政府引导服务、企业参与和坚持农民主体地位的关系。但是，现在一些地方政府似乎对招商引资的积极性较高，而企业和农民则缺乏积极性。企业下乡本来应该发挥市场的主导作用，但有的地方政府取代了市场的主导地位，通过对工商资本提供各种优惠政策，过分放宽进入的条件，照顾工商资本的利益可能忽视农民的利益，农民的积极性就难以充分调动起来。

其次，由于现行的优惠政策并没有惠及所有涉农工商企业，再加之一些地方土地流转行为不规范，农业基础设施条件差，也影响了工商资本投资的积极性（顾钰民，2014）②。据学者对北京市等地有关调查显示，目前工商资本租赁农地进行农业经营面临着"三高"状况，即土地流转价格高、劳动力成本高和市场风险高等（王丽红，2016）③。"三高"问题会影响工商企业经营农业的收益，而且农业固定投资一般规模较大和回收周期较长，可能导致涉农企业在经营过程中出现政策变化或者资金链断裂，带来较大政策风险和市场经营风险，在一定程度上会影响工商企业投资农业的积极性。

---

① 王竹林：《工商企业进行农业产业化经营的阻滞性因素分析》，《西北师大学报（社会科学版）》2004 年第 2 期。
② 顾钰民：《农业现代化与深化农村土地制度改革》，《经济纵横》2014 年第 3 期。
③ 王丽红：《北京工商资本租赁农地情况分析》，《农村经营管理》2016 年第 8 期。

最后，由于农户的组织化程度低，企业掌控了资金、技术、市场和品牌及其在农业剩余分配上占据主动和支配地位，农户往往处于被动和不利地位，在合作方面农民顾虑较多和积极性不高。同时，许多地方存在土地租赁合同不规范、不完善，有的租赁合同压低土地价格，有的没有约定租金逐年上调机制，工商资本的经营效益与当地农户不挂钩，或者没有约定合同期满资产处置办法，再加之地方政府服务不到位，农民对国家和地方政策了解甚少，顾虑较多，造成农民对土地流转积极性不高。

（五）存在动摇农村基本经营制度基础与农村社会分化的风险

首先，工商企业长时间、大面积租赁农户承包地对农民可能形成"挤出"效应，使工商企业代替农民经营农地成为事实上的农地主人，将农民排挤出农业生产或完全与土地脱离，这不符合中央关于家庭承包经营制中农民生产经营主体地位的要求，可能动摇农村基本经营制度的基础（田欧南，2012）①。

其次，如果鼓励和放任企业大规模流转土地经营农业，不但会助长商业资本的"圈地"风气（陈锡文，2013）②，而且企业集中土地规模过大超过其自身的规模农业生产能力，脱离我国农业科技水平和生产手段的实际（许明强、蒋永穆，2015）③，企业经营风险增加而使农民的土地租金和劳动收益无法保证，也不利于对农民耕地发展权的保护。

再次，城市工商资本下乡也会对农村社会关系带来一定的冲击，引起农民生产生活方式、居住环境和思想意识等方面的变化，农地流转使得一部分农民成为农业企业的雇工，另一部分农民转移到城镇生活和就业，"离农化"

---

① 田欧南：《工商企业介入农地经营的风险研究——基于省际面板数据的实证分析》，《社会科学战线》2012 年第 9 期。

② 陈锡文：《鼓励和支持家庭农场发展》，《上海农村经济》2013 年第 10 期。

③ 许明强、蒋永穆：《耕地向企业大规模流转的思路亟须转变》，《江西财经大学学报》2015 年第 3 期。

倾向导致村庄急剧"空巢化"和"空心化"（赵俊臣，2011）[①]，可能会加快农村贫富分化或者阶层分化。

最后，大规模工商资本下乡，失地农民的主体地位弱化，在农村会形成少量强势工商资本所有者与大量弱势小农并存的新畸形二元结构（郑有贵，2010）[②]，再加上信息不对称与政府监管不力，往往会发生工商企业侵害农户的利益甚至毁约弃耕现象，涉农企业一旦破产倒闭，就会使合作入股的农民陷入十分被动的境地，而在农村社会保障尚不完善的情况下，更加大了失地农民的生活风险，成为农村社会不安定的隐患。

二、引导工商企业下乡经营现代农业的对策建议

（一）完善相关法律法规和制度，优化工商企业下乡政策环境

1. 完善土地流转和工商资本下乡法律法规

首先，完善相关法律制度，保护工商资本下乡经营农业的合法权益。近年来，中央、国务院及其有关部门出台了一些保护下乡资本及其利益的法规和政策，也取得了一定的成效。例如，2016 年农业部制定《农村土地经营权流转交易市场运行规范》，对农村土地流转市场运行提出了一系列规范要求，对工商资本下乡以及农村土地流转等提出了明确规范要求。2016 年 10月，中共中央办公厅、国务院办公厅又印发了《关于完善农村土地所有权承包权经营权分置办法的意见》，为健全农村土地产权制度和推动农地"三权"分置提出要求，对农村土地资源合理流转及利用提供了制度保障。但是，为了更好地促进工商企业下乡发展多种形式的农业规模经营，推动现代农业发展及其模式创新，有必要加快将规范和实施意见精神及时上升到法律法规层面，以提高其推行的权威性。其次，目前还需要有序推进有关农村土

---

① 赵俊臣：《土地流转：工商资本下乡需规范》，《红旗文稿》2011 年第 4 期。
② 郑有贵：《构建新型工农城乡关系的目标与对策》，《教学与研究》2010 年第 4 期。

地管理法律的修改和修订工作，引导和规范企业等新型主体参与农业经营，还要加快出台相关促进农地流转的配套法规和规章，尽快完善土地承包权有偿退出、土地经营权入股和农业产业化经营等法律制度，制定工商资本涉农经营方面的法律法规及其具体实施细则和办法，明确农地流转主体之间的权利义务关系，依法维护各方利益主体的权益（曹俊杰，2017）①。

2. 优化工商企业下乡经营农业的政策环境

从长期来看，随着现代农业实行生产、储运、加工、销售等全产业链一体化经营后，农业将成为利润率较高的产业部门之一，从而对工商资本产生吸引力，工商企业经营现代农业应可以获得平均利润甚至超额利润（吕亚荣、王春超，2012）②。但投资农业具有周期长的特点，会面临一些不可预测的自然风险和市场风险，需要政府对经营农业的企业给予一定的政策支持，可以通过财政投入、信贷、利率、税收、补贴和融资等给予必要的政策优惠。

因此，适应工商企业下乡经营农业的新形势，及时调整和完善农业支持政策，增强政策支持的引导性和针对性，完善有利于工商企业下乡的财政、信贷、保险、用地、项目扶持等政策，引导工商企业与承包农户建立紧密利益联结机制，优化工商企业投资现代种养业的政策环境，对经营前景好、科技含量高、带动能力强和有利于农村生态环境保护的涉农工商企业，要在政策上进行扶持，给予适当的税收优惠。涉及相关科技成果转让、技术培训服务等收入可以免税，对创办种粮基地、种苗培育、从事种养业和农产品加工的所得实行免征企业所得税政策等，通过优惠政策为工商资本投资现代农业营造良好的发展环境（潘长胜、唐国强，2015）③。另外，允许涉农企业以

---

① 曹俊杰：《工商企业下乡与经营现代农业问题研究》，《经济学家》2017 年第 9 期。

② 吕亚荣、王春超：《工商业资本进入农业与农村的土地流转问题研究》，《华中师范大学学报（人文社会科学版）》2012 年第 7 期。

③ 潘长胜、唐国强等：《工商资本：现代种养业的新动力》，《江苏农村经济》2015 年第 1 期。

农地经营权、林权、机械设备、知识产权等资产作为抵押融资。

3. 依法保护农业企业和农户的合法权益

首先，必须保护土地流转农户的根本利益，在坚持家庭承包经营责任制的经营制度基础上，依法保护农民对土地的承包经营权、收益权和流转权不受侵犯，土地流转要充分尊重农民的意愿，坚持依法、自愿、有偿的原则，引导工商企业合理流转农民承包的土地，政府监管部门要对下乡企业的资信情况和经营条件进行严格审查，防止由于企业出现经营风险给农民利益造成损失。其次，要保护下乡企业的合法利益，充分调动企业经营农业的积极性，依法保护企业取得的土地使用权以及投资收益等权益。只有依法保护企业和农户的根本利益，才能充分调动两个合作主体投资发展现代农业的积极性，同时也可促进地方经济和"三农"较好发展。

（二）规范工商企业下乡行为，保护耕地和粮食安全

1. 建立严格的企业"准入制"和土地用途管理制度

首先，工商企业下乡投资经营农业固然离不开土地、淡水、植被等农业资源，特别是土地成为稀缺程度越来越高的宝贵资源，包括耕地、山地、丘陵、林地、草地、湿地、水面在内的土地都是有限的自然资源，特别是耕地事关全国人民吃饭穿衣和粮食安全问题，不能浪费和随意侵占改变用途。2017年，我国国土资源部公布的《全国国土规划纲要（2016—2030年）》重点设置了未来十几年的耕地保有量指标（参见表6-6），推行最严格的耕地保护制度，严控耕地非农化。这就意味着对工商企业下乡涉农项目必须实行严格监管，对企业资质、经营项目、土地流转及利用等进行严格的准入审核，防止和依法制止有非农化倾向或者有明显圈占土地意图的工商资本进入农业。

表6-6　我国耕地保有量等主要控制或预期指标①

指标名称	2015 年	2020 年	2030 年
耕地保有量（亿亩）	18.65	18.65	18.25
用水总量（亿立方米）	6180	6700	7000
森林覆盖率（%）	21.66	>23	>24
草原综合植被覆盖度（%）	54	56	60
湿地面积（亿亩）	8.0	8.0	8.3
国土开发强度（%）	4.02	4.24	4.62
新增治理水土流失面积（万平方千米）	—	32	94

其次，对于涉农企业进行严格的动态跟踪监管，主要监督企业关于掌握的土地用途、投资情况和土地利用进度等，对存在改变土地用途等现象依法责令及时纠正。在此基础上引导鼓励涉农企业开发利用农村"四荒"地、废弃地和低洼地等，引导其搞好规模种植、规模养殖和农产品深加工，允许企业适当发展林业、果业、蔬菜业、苗圃业和特色观光休闲农业等，合理开发利用土地资源，推动农业经济稳定发展和创新农业发展模式。

2. 引导工商企业投资适合企业化、规模化及新型农业产业

首先，引导工商企业进入农户分散经营干不了、干不好而又适合企业化和规模化经营的农业产业领域，而适合农户家庭分散经营、集体经营的农业产业留给农民，避免工商企业与农民争地和争利（李会利，2016）②。如粮棉规模种植业、现代规模化养殖业、现代园艺业、良种苗繁育业、设施农业等关系到国计民生的产业，农户经营规模小、技术落后和经营效益低，适合引导工商企业投资进行规模经营。

其次，引导工商企业进入资金和技术门槛高而又有增值盈利空间的农业

---

① 中华人民共和国国土资源部：《全国国土规划纲要（2016—2030 年）》2017 年 2 月。

② 李会利：《对工商资本投资农业占用耕地问题的调查与思考》，《乡村科技》2016 年第 2 期。

部门，如设施农业、精确农业、智慧农业、立体农业、信息化农业和农业废弃物循环利用等新兴农业，单个农户难以进入这些农业新领域，而工商企业恰恰具有一定的投资经营优势，还有一些农业技术推广服务的行业，也比较适合工商企业投资经营，这些新型农业既具有发展空间和投资潜在价值，又具有市场竞争优势。

3. 促进各项支农政策惠及涉农企业

对经营农业的企业给予土地政策的支持，引导企业合理使用符合政策规定下的非农建设用地指标。将下乡工商企业与其他农业新型经营主体一视同仁和享受同等的政策待遇，对从事农业生产经营的工商企业给予相应的惠农补贴支持，对解决本地农民就业贡献大的涉农企业进行合理的奖励和补贴。逐步健全农村各种融资市场，完善农业金融服务体系，提高农村金融对工商企业经营农业的资金保障作用，促进银行和农业企业之间建立经常性、长期性的融资合作机制，鼓励农村信用社、农村商业银行、村镇银行等各类金融机构支持涉农企业的融资活动，发挥小额信贷等农村金融创新产品支持农业企业的融资和经营，拓宽企业融资渠道，缓解工商企业下乡出现融资难和融资贵的压力。

（三）合理控制企业经营农业规模，降低农民的失地风险

1. 规范工商企业下乡租赁农地活动

首先，人多地少的基本国情和坚持家庭经营在农业中基础性地位的农情，决定了我国必须发展农业适度规模经营，工商资本大面积租赁农户承包地不应该成为主流的农地经营模式（张晓山，2015）①。因此，2014 年 9 月中央通过了《关于引导农村土地承包经营权有序流转发展农业适度规模经营的意见》，要求工商企业要注意"适度"租赁土地来发展现代种养业，强调土地流转不能片面追求超大规模、流转速度等，控制企业租赁农户承包地的

---

① 张晓山：《辩证地看待工商资本进入农业问题》，《江苏农业》2015 年第 1 期。

时间和面积上限，防止偏离农业适度规模经营的目标。这些规定为防止工商企业下乡长期大规模租赁农地可能带来的经营风险和农民失地风险提供了政策保障。

其次，地方政府应当从本地的实际出发，控制企业租赁土地数量和经营时间，防止工商资本长时间占有农地而对农民产生挤出效应和"非农化"倾向。中央虽然没有具体规定"适度"的数量标准，但指明要重点扶持相当于当地户均承包土地 10—15 倍的规模经营，这可以当作地方监管农地流转的参考指标。

2. 防止工商资本下乡冲击农业和农民的利益

目前工商企业下乡经营农业要带动和联合农民进行规模经营，而不是完全代替农民的地位进行垄断经营，需要地方政府科学规划、正确引导工商企业投资经营产业领域，在保证工商企业下乡经营现代农业取得预期的利益基础上，充分发挥其引领现代农业发展和带动农民增收的重要作用，企业和农户结成紧密的利益共同体，协调好二者之间的合作和利益关系。在充分发挥工商资本对农业和农民的带动作用的同时，还需要防止工商资本进入农业可能产生的负面影响，避免工商资本进入农业的盲目性。

（四）妥善解决农地流转问题，调动农户和企业的积极性

引导工商企业下乡经营农业，必须完善企业和农户之间紧密的利益联结机制，促进二者形成互惠互利、合作共赢的关系，如果片面强调保护某一方面的利益而忽视另一方面的正当权益，从长期看就可能制约工商企业下乡经营现代农业和堵塞农民增收致富渠道。

1. 完善保护农民和企业的利益联结机制

加强土地流转平台建设和流转服务工作，加大土地流转监管力度，完善土地流转程序和规范流转行为，防止侵害农民利益的强制流转、代替流转等行为，建立土地流转风险保障金制度，防止企业不支付土地租金、破坏耕

地、非农化经营等行为。2016 年 6 月，农业部为了规范农地经营权流转行为，专门制定了《农村土地经营权流转交易市场运行规范（试行）》，指导地方及时建立农地流转交易市场并完善交易规则，为农村土地经营权依法流转交易提供服务平台，主要包括农村土地经营权流转服务中心、农村集体资产管理交易中心、农村产权交易中心（所）等，推动农村土地流转交易公开、公正和规范运行，维护交易双方合法权益，促进土地资源优化配置和农业适度规模经营健康发展。

2. 农地流转过程中切实保护农民的利益

要调动农民土地流转的积极性，必须保护农民的利益和降低流转风险。2015 年 4 月，农业部、国土资源部等部门联合下发《关于加强对工商资本租赁农地监管和风险防范的意见》，强调对工商资本租赁农地要有严格的门槛，租赁的耕地不能改变农业用途，坚持"土地公有制性质不改变、耕地红线不突破、农民利益不受损"三条底线。农村土地流转必须坚持依法自愿的原则，明确农民对承包土地享有的承包经营权，促进农村土地健康流转，最大限度地防止农民失地风险。

3. 引导和鼓励工商企业积极投入农业经营

鼓励工商企业重点发展资本密集型和技术密集型农业产业，从事农产品加工流通和农业社会化服务，推动传统农业加速向现代农业转型升级，优化要素资源配置，开展农业环境治理和生态修复。由于目前我国农民的契约意识不强和履约能力有限，经常发生农户违约侵害租地企业的利益，使一些企业产生顾虑，因而必须规范土地流转租赁合同和加强合同监管，提高合同的履约率，引导农户规范土地流转，方便企业集约化和规模化经营，租赁合同应明确违约责任并约定对于租赁合同期满后工商资本的退出方式，对于遇到政府征地或不可抗外力时合同各利益主体之间如何承担风险和经济损失等，保护企业、农户双方的正当权益和调动二者的积极性。

（五）追求农业经营的综合效益，实现农业企业可持续发展

只有保证下乡企业实现稳定的经济效益，才能吸引企业长期投资经营农业，促进我国农业现代化发展。同时，还应当引导下乡企业追求经济、社会、生态环境等综合效益，以保证其实现持续、健康和稳定发展。

1. 保护农村生态环境，发展多功能性农业

农业除了作为基础产业之外，还具有休闲、旅游、创意、体验、商业服务等功能，通过对农业的整体包装策划，可以获取较多的附加价值。工商资本下乡形成农业规模经营，还有利于解决农业环境污染问题，由于企业推行农业标准化生产经营，提高卫生安全指标，克服农户过度使用化肥、农药等对农业带来的污染，更有利于保护农业和农村生态环境。虽然工商资本也有经营农业的生态风险，但相对于分散农户而言生态监管成本较低，方便农业、环保、食品安全卫生等有关部门对化肥、农药、饲料、添加剂等投入品使用进行监管，防止企业对农业化学投入品滥用和过量使用，可以减少发生土地污染、食品安全和农业生态事件，预防租地企业对土地实行掠夺性经营。

2. 完善农业产业链条，增加农业的附加值

大规模的市场化，商品化农业的发展需要延长农业产业链，促进农村一、二、三产业的有机融合，工商资本通过流转农民的土地推行农业的企业化经营，将农业生产尽可能向种苗培育、农产品加工销售等多环节延伸，更好地把农业产前、产中、产后等整个链条串联起来，所需劳动力可以通过雇工的方式进行招聘，所需资金可以通过市场方式进行融资。同时，积极引导农业生产者和经营者运用农产品商标和地理标志，提升品牌农产品对经济增长贡献率，不断开拓市场、增加收入和提高农业整体竞争力（向俊、陈晓，

2013）①。

（六）充分发挥市场和政府两个功能，不断创新农地流转与合作模式

工商企业下乡经营农业是一个资源要素的重新配置过程，特别是对于农村土地资源的配置应当发挥好市场和政府两方面的作用，既要提高农地配置效率，又要保证合作者利益分配公平，维护土地流转主体的正当权益，降低和化解土地流转风险，推动农地流转模式的创新。

1. 尊重市场规则将农地流转选择权交给合作方

工商企业是否愿意下乡经营农业、农民是否愿意流转土地以及土地流转条件和价格如何确定等，都应该按照市场规则和自愿、平等、有偿原则进行，土地流转价格及条件应由农户或者能够代表农户利益的经济组织和相关企业自主协商确定，地方政府和基层组织不能违背农民意愿强制农民进行土地流转。有的地方急于出政绩和改变经济发展状况，片面强调招商引资和农地流转的好处，给予下乡工商企业许多宽松政策或者不合理的承诺等，却严重伤害了农民的根本利益，埋下了纠纷和矛盾隐患。因此，充分发挥市场在资源配置中的决定性作用，尊重农民群众的意愿，不仅要把土地流转的选择权和决定权交给农民，而且还要保护农民的知情权、参与权、监督权和诉求权等，涉及农民重大利益的事项应当实行民主决策，防止个别组织和少数人操控，让农民真正成为土地流转的主体和受益者。

2. 应当发挥好政府的宏观调控和监管职能

由于目前我国农业仍然属于弱势产业，农民在土地流转和经济合作中处于相对弱势地位，如果将土地流转与合作事宜完全交给市场决定，农民的利益就会受到伤害。目前一些地方开展农地委托流转，村委会以及其他流转服务机构接受农民土地流转意向委托，同企业谈判和签订土地流转协议，虽然改善了分散小农户在土地流转过程中的弱势地位，也降低了企业分散谈判成

---

① 向俊、陈晓：《城市工商资本下乡问题研究》，《中国工商管理研究》2013 年第 10 期。

本，但是如果监管不力往往会发生侵害农民利益的事件。所以要发挥好政府的引导、监督和矫正职能，及时化解矛盾和妥善处理纠纷，降低土地流转风险，保护各方合作者的正当利益，调动农民和工商企业的积极性，促进农、工、商业融合发展。同时，政府要推动农村集体农地的产权制度改革，做好农地所有权、承包权、经营权的"三权分置"工作，对土地各项权能给予清晰界定和保护，促进农地有序高效流转。

3. 不断创新农地流转与合作模式

为了促进农业增效和农民增收，还要在坚持农村土地集体所有制及家庭承包经营基础性地位的前提下，积极探索新的农地流转和农业经营模式。目前，我国一些地方工商企业下乡租赁农地形成了多种不同的模式，比较典型的有政府引导而工商资本独立经营模式、产权式合作模式、工商资本与村集体管理相结合模式等（王丽红，2016）[①]。其中企业与农户联合建立股份合作公司的产权式合作模式更为普遍，农户将土地折价入股，部分农民成为企业职工，双方参与投资经营和利润分红，结成了利益共同体。

[①]　王丽红：《北京工商资本租赁农地情况分析》，《农村经营管理》2016 年第 8 期。

第七章 培育农业品牌
促进现代品牌农业发展

培育农业品牌不但是拓宽农产品销路和提高农业附加值的重要策略，而且也是提高农产品质量和卫生安全标准的有效途径，通过培育大批农业品牌既可以带动区域农业健康持续发展，又可以创新现代农业发展和经营模式，有利于顺利实现农业增效、农民增收和农村增绿的战略目标，走现代品牌农业发展的道路。

第一节 品牌农业的内涵及其发展理论

一、品牌农业的内涵与基本特征

（一）品牌农业的基本内涵

农业品牌建设和品牌农业发展过程是由传统农业向现代农业转变的重要特征之一，是现代农业实现市场化、企业化、产业化、专业化和规模化经营的必然选择。所谓品牌农业就是经营者通过相关质量认证，取得相应的商标权，逐步提高市场的认知度和占有率，在社会上获得良好口碑的农产品及其加工品或者农业企业，并通过品牌培育、宣传推介和经营活动，从而获取较高经济效益的农业产业。同时，农业品牌也是附着在农产品上的某些独特标记，向消费者传达产品质量信息与生产者的服务承诺，代表了生产者与消费者之间的关系性契约。[①] 因此，从形式表现来看，农产品品牌和工业产品品牌没有明显的区别，都是使用在特定的产品上，用以区别其他同类和类似产品生产经营的显著标记，产品品牌建立在产地、品种、质量等差异的基础之上，通常以商标、口号、包装、标牌和形象等为主要表现形式。

（二）品牌农业发展的重要意义

由于品牌是信誉的凝结和产品质量、标准的背书，因而好的农业品牌能够带来产品的溢价，在我国经济发展进入新常态的形势下，发展品牌农业和转变农业增长方式，是当前和今后一个时期加快农业现代化建设的重大任务，也是农业供给侧结构性改革的必然要求。[②] 农业品牌不但是拓宽农产品销路和提高农业附加值的重要策略，而且也是提高农产品质量和卫生安全标准的有效途径，通过培育大批农业品牌既可以带动区域农业健康持续发展，又可以创新现代农业发展和经营模式，有利于顺利实现农业增效、农民增收和农村增绿的战略目标。

（三）品牌农业的基本特征

首先，品牌农业形成和发展具有鲜明的地域性特征。由于农业发展受到地理环境、土壤、水源、气候、光热、人文环境等多种因素的影响，一些地理标志产品还会受到传统文化、产能规模、技术水平等制约。因此，农业品牌的培育和发展往往具有鲜明的地域特征。同时，一些农业品牌形成过程涉及历史文化传承，并由当地的农业自然资源禀赋、社会经济要素和地理文化

①　刘励敏：《借鉴国际经验打造标准化品牌农业》，《中国社会科学报》2017 年 11 月 20 日。

②　万宝瑞：《培育农产品名牌，加快推进我国农业发展方式转变》，《人民论坛》2017 年第 5 期。

等因素共同铸就，具有显著的地方公共品特性，应当成为区域公共品牌。

其次，农业品牌在保护方面相对比较困难。农业品牌一般情况下生产科技含量不高、工序并不复杂，有的比较容易模仿，如果监管不力就会出现品牌使用混乱和产品质量问题。对于一些地理标志农产品，地域界定上也比较模糊和困难，消费者也难以辨认和认知，如山东省一些区域农业品牌"烟台苹果""莱阳梨""章丘大葱"等，均一度出现过市场竞争乱局，消费者也难辨真假，当存在极大的经济利益诱惑时，一些经营户和企业容易"搭便车"销售带有地理标志的农产品，甚至可能出现销售假冒伪劣商品的现象，损害品牌农业的声誉。

最后，品牌农业发展的生态安全性和多主体性。由于农产品直接满足人们的生活消费需求，社会对农产品的生产、加工、储藏、保鲜、运输和销售等环节要求标准更高，必须保证其绿色环保、营养健康、优质安全等，生态安全是品牌农业的重要属性。同时，品牌农业建设和经营并不是农业产业部门单独能做好的，通常需要农村一、二、三产业的融合，需要农户、企业、农民专业合作社、社会组织和地方政府等共同合作，形成完整的农业产业链和品牌保护机制，进行农业标准化生产和产业化经营，对于地理标志农产品品牌更需要当地农民、相关企业和政府部门共同维护。

第二节　国内外品牌农业发展的实践与经验

一、品牌农业发展的国际经验

（一）日本品牌农业发展经验丰富

日本是较早重视品牌农业建设的国家之一，日本的品牌农产品市场认可度较高和销量比较好。随着农产品品牌种类不断拓展增多，农产品质量也得以全面提升，农产品附加值不断增加，不但提高了有关农业生产经营者的经济收益，而且也提高了日本农产品在国际市场上的竞争力，日本品牌农产品以质优价高而著称于世。自 20 世纪七八十年代开始，日本通过各地政府的资金支持开展"一村一品"品牌农业建设和营销活动，各地按照各自的地方特色建立农产品品牌，在政府制定的统一标准下进行生产，对于符合标准的农产品进行地区认证，由政府部门统一出资进行品牌宣传与销售，从而增加了农产品生产者收入。近年来，日本在品牌农业发展策略带动下，各类品牌农产品产量占产品总量的比重都有所上升，其中畜产品占 30%，蔬菜类占24%，稻米类占 23%，花卉、麦豆、果类等占 23%。[①]

　　日本品牌农业发展的基本经验：第一，通过完善农产品区域品牌法律保护制度，特别是日本不断健全对农产品地理标志保护制度，日本的《反不正当竞争法》《商标法》《控制产品标签和营销》等法律法规均涉及地理标志保护问题，《海关关税法》《农林产品标准及质量标示法》《反不正当补贴与误导表述法》等还有关于禁止标有错误或误导性地理标志产品的严格规定，完善的法律制度有效保护了品牌农业的健康发展。第二，在全国推广实施"一村一品"的品牌农业发展战略，此战略是根据不同地区的资源比较优势，发展一种或几种具有地方特色的农业产业和产品，逐步形成一种以地方特色产品为基础的区域农业发展经营模式，提高区域农业的竞争力。第三，政府积极引导和支持品牌农业发展，日本政府长期坚持对品牌农业建设进行政策扶持，政府对相关设施和农业信息系统给予财政支持，建立和完善相应的认证制度，加强对农产品区域品牌宣传推广，支持品牌农业产品出口等，促进区域品牌农业发展。

（二）欧盟国家品牌农业发展成绩显著

　　欧盟国家加强品牌农业建设的历史也比较悠久，并取得了突出成绩和丰

---

　　① 张文超：《日本"品牌农业"的农产品营销经验及中国特色农业路径选择》，《世界农业》2017 年第 6 期。

富经验，其中荷兰和法国是欧盟品牌农业发展经验更为丰富的两个国家。荷兰农业比较发达，农业现代化水平较高，是世界上重要的农产品出口大国，出口值仅次于美国。荷兰的鲜花种植及其出口已形成自己的特色优势产业，其鲜花出口占国际市场的 65%，占欧洲市场更高达 70%。① 长期以来，荷兰通过实施农业品牌战略提高农产品在国际市场上的竞争力和占有率，不断推出优质名牌精品，鲜花等品牌农产品在国际上享有较高的盛誉。法国也是实现农业现代化较早的国家，品牌农业建设经验丰富，法国长期坚持将农业标准化建设与农产品名牌战略紧密结合起来，积极打造以葡萄及其加工产业为特色的品牌农业，培育了葡萄酒的国家品牌及"民族精品"。

以荷兰、法国等为代表的欧盟国家，在品牌农业发展中积累了以下几方面的经验：第一，突出地域农业资源和技术特色优势，积极培育具有比较优势的农业和精品农业，尤其是在农产品区域品牌建设过程中，充分利用本国独特的自然资源、历史文化资源和先进技术，合理安排农业区域分布，科学界定特优农产品的生产经营区域，加强传统技术创新和品种改良工作，巩固品牌农业地位。第二，建立健全农产品标准体系，制定统一的生产标准并严格执行，加强质量监管控制，对经营主体加强质量观念教育和生产经营技术培训，不断完善农产品认证体系，如法国把推行"原产地命名控制（AOC）"认证体系作为农产品区域品牌化建设的重要举措，包括设立专门的管理机构、专业的运作体系、明确的认证程序和严格的技术标准等，此体系逐渐在欧盟内部得到承认和推广，严格认证制度很好地保证了农产品的品质，维护了良好的区域品牌形象。第三，政府加大对农业品牌建设的教育以及农业科技研发推广的支持力度。例如，荷兰政府十分重视支持农业基础研究、应用研究和品牌战略研究等，每年进行大量财政资金投入预算用于支持农业科研、成果推广、技术培训和品牌教育，提高农民的技术素质和品牌意识，为农业品牌建设发展奠定了基础。

---

① 曹长省：《国外农产品区域品牌的发展启示与中国创新》，《世界农业》2013 年第5 期。

（三）美国品牌农业发展的水平较高

美国是世界上农业现代化水平最高的国家，也被公认为是发展品牌农业最早的国家。美国农业已全面实现了机械化，农业自动化水平迅速提高，在农业生产和管理过程中广泛推行工厂化、机械化、自动化技术，粮、棉、果、蔬等农业生产普遍实行机械收获，特别是粮食作物已实现机收机烘一体化操作。美国农业品牌附加值较高，虽然农产品直接产出只占全美 GDP 的 2%，但通过加工、储运、批发、零售等环节提升品牌价值，食品产值则占 GDP 的 20%左右；在美国农业产业体系的产值构成中，农业生产、加工、销售三个环节分别占 25%、33%和 42%。[1] 在品牌农业培育和发展方面，美国政府通过财政补助、宣传推介、鼓励农业经营主体科技创新和提高品牌影响力等提升品牌农业水平，尤其是通过培育农业科技龙头企业扩大农业品牌价值，如美国的孟山都公司（MONSANTO）是现在全球著名的农业生物技术公司，已经发展成为世界第一大种子公司，其每年收入的 10%用于科技研发投入，约 8 亿—10 亿美元的经费用于创新技术研究，研发成果很快转化为专利转让和新品种销售，品牌价值不断得到提升，公司创造的品牌收入 45%来自科技创新。近年来，美国还鼓励创建"农业集群品牌"来提升农业品牌价值，如享有世界农业第一品牌之称的美国加州柑橘农业集群创建的"新奇士"品牌，其品牌资产价值高达 10 亿美元，在世界品牌价值排行榜中名列第 47 位。[2] 该集群品牌的经营主体是由加利福尼亚州与亚利桑那州等 1.3 万多名柑橘种植者共同组成的新奇士合作社，已成为世界上规模最大的柑橘营销机构，加入合作社的果农统一使用其注册的"新奇士"商标，销售的商品种类多达 600 余种，远销全世界 45 个国家和地区，其市场占有率在全球高

---

① 李敏：《美欧日实施农产品品牌战略的经验研究》，《农业质量标准》2009 年第 4 期。

② 张月莉、王再文：《农业集群品牌经营主体价值共创行为产生机理——美国"新奇士"品牌的探索性研究》，《经济问题》2018 年第 5 期。

端市场高居榜首。

美国品牌农业发展的基本经验包括：第一，通过科技创新推动农产品品牌价值不断提升。长期以来，美国不断提高农业基础研究的科研预算，生物技术、信息技术、管理技术在农业中广泛运用，美国农场主和农民都具备较好的科学素质，为品牌农业发展提供了技术支撑。第二，加强农业品牌宣传推广和扩大品牌农业的影响力。美国作为世界上广告投入最多的国家，某种农产品在进入国际市场以前通常都已制订周密的广告计划，并通过媒体扩大宣传和影响力，有关农业企业通过加强广告宣传来提升企业品牌形象和农产品市场占有率，美国一些知名品牌每年的广告宣传费用超过了 1 亿美元，最高的竟然超过 10 亿美元。第三，政府通过完善相关法律制度保护国内农业品牌。美国对内有保护本土品牌的《购买美国产品法》，规定美国联邦政府机构除特殊情况外，必须购买本国产品，相关工程和服务必须由国内供应商提供；美国对外保护民族品牌有著名的"301 条款"，按照该条款规定，美国可以对任何"损害了美国商业利益"的国家采取措施，这就为本土品牌提供有效庇护。美国还实行"从农场到餐桌"的食品安全风险管理，通过国家对食品安全实行强制性管理，要求企业必须建立产品可追溯制度，这为农业品牌培育和发展提供了很好的法律制度保障。

二、品牌农业发展的国内典型模式及经验

改革开放以来，我国品牌农业发展速度持续加快，形成了一大批具有地方特色的名、优、特、新农产品品牌，一些品牌农产品市场竞争力不断增强，对拉动地方农业农村经济发挥了重要作用。近年来，国家还相继出台了一系列文件推进品牌农业建设，先后开展了园艺作物"三品"提升行动，打造"一村一品"培育试点，初步形成了以标准化生产和质量认证为基础、以产销促进和品牌推介为抓手的品牌农业工作机制，加快了我国农产品进入国际市场的进程，品牌农业建设还带动农产品质量提高和农民增收，消费者对

"三品一标"的综合认知度已超过 80%。① 由于我国是一个幅员辽阔的农业大国，各地农业资源状况和产业结构差异较大，农业生产经营水平参差不齐，土特产品分布存在不均衡性，因而不同地区品牌农业发展情况并不一样。本处仍然以山东省为例，讨论山东省及其实施品牌战略较为成功的典型地区，在品牌农业建设和发展中取得的成绩和经验，以及存在的问题和应采取的对策。

（一）山东省现代品牌农业发展情况

1. 山东省具有良好的品牌农业发展基础

山东作为一个农业大省，是我国重要的农产品生产基地，农业结构齐全，区位优势明显，农产品产量在全国名列前茅。2017 年，山东省实现农业增加值 2802.3 亿元，比上年增长 4.6%；粮食总产量为 4723.2 万吨，增长 0.5%，创历史第一高产年（参见表 7-1）。同时，山东省当年拥有无公害农产品、绿色食品、有机农产品和农产品地理标志产品多达 7508 个，比上年增加 106 个；相关获证企业达到 3561 家，比上年增加 122 家；产地总面积为 375.1 万公顷，比上年增长 30.7%。尤其是山东省蔬菜业发展在全国处于领先水平，享有"世界三大菜园"的美誉，全省蔬菜有 100 多个种类，3000多个品种，70%以上销往省外，出口量占全国的 1/3 左右。② 因此，山东省良好的农业发展势头为品牌农业建设和发展创造了条件。

表 7-1　2017 年山东省主要种植业产品产量及增长速度表

指标	单位	产量	比上年增长（%）
粮食	万吨	4723.2	0.5

---

① 万宝瑞：《培育农产品名牌，加快推进我国农业发展方式转变》，《人民论坛》2017 年第 5 期。

② 数据来源：《2017 年山东省国民经济和社会发展统计公报》，山东省统计局等，2018年 2 月。

续表

指标	单位	产量	比上年增长（%）
夏粮	万吨	2350.1	0.2
秋粮	万吨	2373.1	0.8
棉花	万吨	34.5	−37.0
油料	万吨	327.7	0.3
蔬菜及食用菌	万吨	10618.3	2.8
水果	万吨	3295.8	1.2
园林水果	万吨	1776.9	2.8

资料来源：《2017年山东省国民经济和社会发展统计公报》。

2. 山东省确立了实施农业品牌引领战略

长期以来，山东虽然是一个农业品牌大省，但还不是一个农业品牌强省，全省农产品注册商标达50000件之多，但是在国际、国内市场上有影响力和形成规模的品牌并不多，人们耳熟能详的名牌农产品屈指可数，山东农业面临"有口碑而缺名牌"的窘境，从而也造成农产品附加值低，农业产业链短，农业增效和农民增收的压力大，农业品牌建设的欠缺已经成了现代农业持续发展及其参与市场竞争的一大障碍。因此，突破农业品牌瓶颈，打造现代品牌农业发展模式，已是新时期山东省面临的一项重任。

2015年中央一号文件提出，要提升我国的农产品质量和食品安全水平，大力发展名特优新农产品，培育知名品牌。山东省审时度势，当年也公布了山东省委"一号文件"，强调要大力实施品牌引领战略，要求以"齐鲁灵秀地 放心农产品"为主题，打造山东农产品整体品牌形象，确立建立品牌建设推进机制，积极培育和推广区域品牌，支持新型农业经营主体和批发市场、行业协会等申请品牌认证和驰名商标，通过构建实体店与网店相结合的品牌农产品营销体系，定期发布农产品品牌目录，加强对传统品牌、地理标志农产品、老字号食品品牌的保护、传承和创新。这些文件精神不但彰显了山东省打造农业品牌的决心，而且为全省农业品牌培育和建设明确了任务，并指明了方向。

2018 年 7 月，在党的十九大提出实施乡村振兴战略以后，《山东省新旧动能转换现代高效农业专项规划（2018—2022 年）》及时出台，强调加快实现农业强、农村美、农民富的战略目标，必须以实施乡村振兴战略为统领，以发展现代高效农业为抓手，加快推动农业新旧动能转换。在发展定位上，立足打造乡村振兴齐鲁样板，积极推进现代高效农业发展，实现农业的高质量发展，全面推进"齐鲁灵秀地 品牌农产品"品牌引领行动，加快发展无公害农产品、绿色食品、有机农产品和地理标志农产品，建设农产品质量品牌强省。规划提出到 2022 年要重点培育 70 个农业区域公用品牌、500 个企业产品品牌、50 个特色农产品优势区等。同时，提出立足各地资源禀赋，大力培育"名优特稀新"经济作物，打造一批特色农业产业带和示范基地，把地方土特产和小品种做成带动农民增收的大产业，强化品牌引领新动能，通过标准提升、高端引领，实现从依靠数量规模扩张向质量兴农、品牌富农的动能转换。

（二）山东省品牌农业建设和发展基本情况

总体来看，目前山东省品牌农业建设和发展取得了一定的成绩，但同时也存在进一步发展品牌农业的空间和潜力。一方面，山东各地现已形成的特色农业和大量农产品品牌为实施品牌农业战略奠定了良好的基础；另一方面，在现有的成就基础上，山东省还要充分利用农业发展势头良好、区域性农业特色鲜明和土特产品种丰富等条件，通过实施品牌农业发展战略，带动更多的农业品牌成长，积极培育国内外知名品牌和有市场竞争力的农产品品牌，尽快形成以品牌农业促进现代农业发展的新模式。

长期以来，山东各地已经形成一批有影响力的特色农业和农产品品牌，例如在粮食方面包括黄河大米、明水香稻、临沂小杂粮等；在水果方面有烟台苹果、莱阳梨、乐陵小枣、沾化冬枣、昌乐西瓜、肥城桃等；在蔬菜方面有寿光蔬菜、章丘大葱、莱芜生姜、沂蒙山农产品、高青西红柿等；在畜牧肉类有德州扒鸡、得利斯、龙大食品、金锣火腿等；在牛奶方面有济南佳宝、淄博得益等；在农产品加工业，有龙口粉丝、鲁花花生油、西河煎饼、周村烧饼等；在水产品方面，主要有胶东刺参、黄河鲤鱼等著名品牌（参见表7-2）。

表7-2 山东省各类农产品品牌建设情况

品牌类型	品牌名称
水果类	烟台苹果、莱阳梨、大泽山葡萄、肥城桃、昌乐西瓜、蒙阴蜜桃、峄城石榴、福山大樱桃、青州银瓜、青州蜜桃、乐陵小枣、沾化冬枣
蔬菜类	寿光蔬菜、胶州大白菜、莱芜生姜、苍山和金乡的大蒜、章丘大葱、潍县萝卜、沂南黄瓜
畜牧肉类	高青黑牛、鲁西黄牛、金锣冷鲜肉、微山湖鸭蛋
农产品加工类	德州扒鸡、得利斯、鲁花花生油、龙大食品、金锣火腿、东阿阿胶、青州柿饼、周村烧饼、沂蒙山煎饼
水产品类	胶东刺参、胶东海带、黄河鲤鱼、昌邑大对虾
牛奶类	济南佳宝、淄博得益
粮食类	明水香稻、龙山小米、黄河大米、临沂小杂粮

（三）山东省品牌农业建设中存在的问题

目前，山东省尽管已经形成一批有影响力的特色农业和农产品品牌，但是与本省工业等其他行业以及农业品牌建设先进省份相比，山东省农业品牌建设还存在一定的差距，并存在一些制约品牌农业健康持续发展的因素和问题，这些问题主要包括以下几个方面。

第一，人们的品牌意识淡薄和对农业品牌认知程度低。一些地方的干部、群众和有关企业的管理者对品牌农业认识不到位或者认识模糊，认识不到品牌农业是无形资产及其潜在价值，不少农业生产经营者重口碑、轻品牌建设，结果导致一些特色农产品"有口碑而无品牌"，甚至有些人认为有了商标就是有了品牌，混淆了品牌和商标的概念，品牌培育建设观念有待加强。

第二，品牌农业建设存在短板。不少农户和农业经营主体存在重生产、轻品牌培育问题，山东缺少在全国有影响力和市场竞争力的知名农业品牌，仅以地方"土特产"作为卖点，还没有上升到品牌发展战略的高度，农产品往往处于价值链的低端，农产品品牌附加值低，农业产业链短，不但制约了品牌农业健康发展，而且影响了农业增效和农民增收。

第三，对农业品牌保护不力。一些地方政府主管部门和行业协会对于区域公用品牌存在重申报轻监管问题，在农业品牌保护方面存在许多漏洞，不少地方发展特色农业不能有效利用品牌效应和提升农产品品牌的附加值，一些农业经营主体和品牌持有者认识不到农业品牌是应当受到法律保护的知识产权，当自己的品牌形象和权益受到侵害时，也不清楚如何维护自身拥有的品牌权利。

第四，品牌农业发展后劲不足。由于一些地方农业品牌建设规划滞后，缺少对区域农业品牌的有效保护机制，对有关品牌的宣传和推介不到位等，品牌农业发展后劲不足。同时，由于农业市场主体竞争理念落后，品牌农产品销售渠道不清晰，缺乏长期培育、经营和保护品牌的战略规划，这些已经成为农业品牌价值提升的严重障碍。

（四）山东省发展品牌农业应采取的对策

山东省要想解决好农业品牌建设中存在的问题，需要重视农业品牌效应，加强品牌农业意识教育，搞好农业品牌发展规划，加强市场监管，挖掘传统农业品牌的潜在价值，努力培育新的农业品牌，积极实施品牌农业发展战略。

1. 牢固树立品牌农业发展理念，积极实施品牌农业发展战略

首先，通过宣传教育和典型示范等手段，不断转变农民和农业企业管理者的传统经营观念，牢固树立品牌农业发展理念以及质量诚信意识，走品牌兴农、品牌富农之路，使每一个农业经营主体都能积极参与建设品牌、经营品牌、呵护品牌和振兴品牌的自觉行动。其次，破除人们的认识误区，正确认识和处理农业品牌与农业商标的关系，农产品商标只是农业品牌建设的一部分而非全部内容，不能把二者画等号，更不能以商标注册替代农业品牌的培育建设工作，要引导农业经营主体，积极参与和支持品牌农业建设发展。再次，扶持家庭农场、农民专业合作社、农业产业化龙头企业等新型农业经营主体，引导和鼓励新型农业经营主体参与品牌农业培育工作，培养壮大懂农业品牌建设和会农业品牌经营的企业家队伍，打造品牌农业的利益共同体，不断增加品牌农业培育新动能。最后，妥善处理农业品牌与农产品营销体系建设的关系，农产品营销体系是联系生产者和消费者的桥梁纽带，消费者从中可以了解熟悉农产品的产地、特色、质量和信誉等，生产者可以通过营销体系宣传推销自己的农产品，提高产品的市场竞争力和占有率。

2. 完善品牌农业保护的法规制度，加强对农业品牌监管和保护

首先，完善品牌农业保护的法规制度。由于我国农业品牌保护法律制度不完善，在一些重要环节存在缺陷，因此，为了保护农业品牌健康发展，各地方可以根据当地品牌农业发展情况，通过完善相关法规制度，加强对品牌农业进行保护，主管部门依法进行严格监管，对于侵害品牌权利人合法权益的事件要依法依规进行处理，做到品牌农业建设和经营有法可依、有法必依、执法必严、违法必究，为品牌农业发展进行保驾护航。其次，加大政府支持力度，建立健全品牌农业发展政策体系。地方政府应建立区域公共品牌建设与保护机制，加强地理标志等知识产权保护，积极推动具有地方特色的区域品牌产地市场建设，完善农产品品牌的信息网络，加快品牌农产品物流体系培育，搭建各类农业品牌推广和销售的服务平台；加大农业农村公共财政投入，扶持名优农产品基地建设，采取支持品牌农业发展的税收优惠政

策，放宽放活农业品牌的融资和信贷政策。最后，做好农业品牌保护与监管工作。农业品牌与工业品牌相比具有保护难度大和保护成本高的特点，特别是具有地域性、公共性的地理标志产品品牌保护更为困难，也更容易出现假冒伪劣产品问题，地方政府更要高度重视农业品牌的建设和保护工作，加强农业品牌使用和宣传中各个环节的监管，同时还要充分发挥行业协会、新闻媒体和社会各界的监督作用，加强农产品品牌诚信体系建设，维护品牌经营者和消费者的合法权益，引导、鼓励、支持品牌经营主体自觉维护农业品牌的形象，依法进行品牌经营，避免损害地方农业品牌的声誉。

3. 立足地域农业资源优势，搞好农业品牌发展规划

首先，围绕区域农业资源和产业优势，制定和完善农业品牌发展规划，充分挖掘农业特色资源，整合配置农业优势资源，积极培育地理标志产品和区域公用农业品牌，在优势产区集中培养一批农产品知名品牌，并通过多种途径宣传推介当地农业品牌，扩大品牌农业的影响力和知名度。其次，充分利用当地农业资源和产业优势，合理挖掘区域内的优势自然环境、特色技术工艺、地方风味、传统名吃、历史人文等资源，依托农产品品质认证、地理标识和区域公共品牌建设，打造系列有影响力的农业品牌，逐步提升农业品牌的价值，提高品牌农产品的知名度和附加值。最后，由于标准化和规范化是农业品牌建设的基础，所以地方农业主管部门应围绕品牌农业的建设发展目标，完善品牌农产品的标准体系建设，要严格制定农业生产经营标准，强化从田间地头到消费者餐桌的全程质量监管，保证品牌农产品质量安全，维护农业品牌信誉。

三、品牌农业建设的"临沂模式"及其经验

临沂市是我国著名的革命老区，也是山东省一个农业大市和重要的"红色"旅游区，近年来临沂市借助沂蒙山区域和资源优势，积极主动调整农业产业结构和产品结构，实施品牌引领战略，并通过农产品品牌化战略带动农

产品食品安全，提高农产品质量和附加值，在农业品牌建设及发展现代农业方面走在全省前列，并积累了宝贵的经验，成为山东品牌农业建设的成功样本，已经引起社会和学界的广泛关注，被总结为独特的"临沂模式"。①

（一）临沂品牌农业模式的形成

推进农业品牌化是现代农业发展的内在要求，现代农业已进入以品牌建设为引领的新阶段，品牌化逐渐成为农业现代化的核心竞争力。临沂作为一个农业大市，借助沂蒙山独特的区域农业资源和"红色"旅游资源优势，积极实施品牌引领农业发展战略，挖掘现代农业发展潜力，提高农产品附加值，不断开拓高端农产品市场，通过推行农业品牌建设促进现代农业发展与模式创新，逐步形成了具有区域特色的"临沂模式"。在 2008 年临沂市就召开了加强优质农产品基地和品牌建设推进出口农产品区域化管理发展会议，会议确定了高效农业发展要走农产品品牌化的新路子，并于 2009 年制定了实施优质农产品基地品牌创建战略，率先在全国对优质农产品整体品牌形象和企业品牌形象捆绑打包进行宣传，建立并完善沂蒙优质农产品营销网络，引起社会和有关部门的高度重视，在 2014 年举行的中国品牌农业发展大会上，有的专家对临沂品牌农业建设经验给予较高的评价。

（二）临沂品牌农业发展取得的成绩

临沂通过提出"生态沂蒙山，优质农产品"的口号，积极培育和建设农业品牌，向全国相继推出一大批名优农产品品牌，2010 年以后临沂市孕育出极具影响力的品牌多达数百个。如"蒙阴蜜桃""双堠西瓜"荣获中国区域公用农产品百强品牌；"郯城银杏""莒南花生""平邑金银花""费县核桃""孙祖"有机小米等成为有影响力的优质农产品品牌；苍山（兰陵）蔬菜曾

---

① 宋佳：《从"临沂模式"看山东农业品牌建设的尴尬破局之路》，中华人民共和国农业部官网，见 http：//jiuban. mou. gov. vn/fwllm/ggxxlb/sd/201502/t20150210-4401875. htm。

成为上海世博会指定供应蔬菜，占到世博会蔬菜供应总量的50%以上；"金锣"冷鲜肉成为2010年广州亚运会唯一指定肉制品，等等。其中，"蒙阴蜜桃""双堠西瓜"还荣获2012年最受消费者欢迎的中国农产品区域公用百强品牌；"沂南黄瓜"畅销全国20多个省100多座大中城市，并出口东南亚；"金锣"冷鲜肉销售网络遍及全国，在品牌农业助推下，临沂农产品源源不断地输送到全国许多区域性大市场，尤其是占领了"长三角""珠三角""京津唐"和"东三省"等农产品市场的很大份额。

目前临沂市已经完成注册农产品商标4900多个，其中国内驰名商标8个，山东省著名商标62个，农产品区域公用品牌42个，有影响力的企业产品品牌98个。据统计，临沂市的苍山蔬菜、蒙阴蜜桃在上海占有较大的市场份额，目前有15万兰陵人在上海经营蔬菜生意；临沂大银鱼在全国占到20%以上的市场份额。临沂农产品的品牌价值也不断提升，目前"苍山大蒜""蒙阴蜜桃""沂南黄瓜"品牌价值分别达到43.09亿元、34.76亿元和23.51亿元，品牌价值的提升又进一步增强了农产品的市场竞争力。①

（三）临沂品牌农业建设的基本经验

通过多年的农业品牌建设的实践探索，临沂市积累了丰富的成功经验，这种"临沂模式"的基本经验可以概括为以下几个方面。

1. 发挥政府部门的服务职能，积极实施品牌农业引领战略

临沂市在农产品品牌建设中，政府发挥了很好的导向引领作用，并提供了必要的服务和资金支持。市、县两级政府均出台了关于农业品牌建设的意见、规划、扶持奖励和督导考核等文件，还专门成立了相关领导小组、组织办事机构。临沂市政府将优质农产品基地品牌建设有关内容列入对县区科学发展综合考核指标，每年安排优质农产品基地品牌创建工作的资金超过1000多万元。同时，市政府还出台了一系列针对企业的奖励政策，鼓励和扶持企

---

① 资料来源新华网、凤凰网、山东农业信息网、临沂市政府网等。

业开展农产品基地品牌建设，通过加强宣传、政策引导、制定规划、典型示范、创建基地、培育品牌和加大投入等工作，稳步推进农业品牌建设，特别是通过基地示范作用，不断彰显品牌价值，促进产品质量提高，再进行文化创意包装、推介活动和市场建设成为开拓沂蒙优质农产品营销市场等培育体系，逐步形成农业品牌建设的良性机制（参见图7-1）。临沂市大力支持企业、合作社建农产品基地，逐步形成以基地促品牌、以品牌带基地的良性互动模式，已经建设了一批优势突出、特色鲜明的优质农产品基地和生态农业园区，产业聚集度也越来越高，进一步促进了农业产业集群发展。目前，全市优质农产品基地面积已扩大到574.82万亩，建设优质农产品产业园区200多个；蔬菜、果品、食用菌和茶叶等菜篮子产品的"三化率"达到53%。

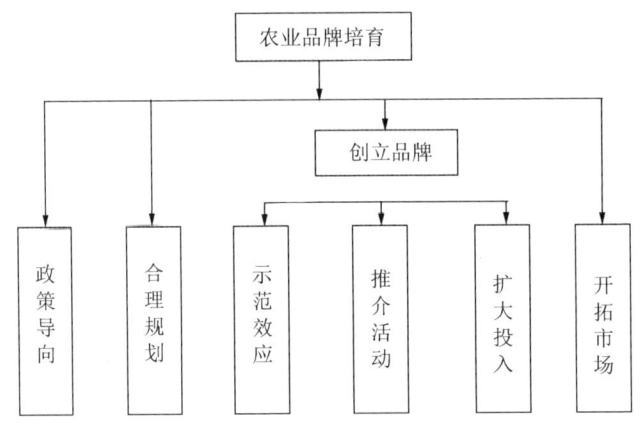

图7-1　临沂市农业品牌培育流程图

2. 建立各主体之间关联机制，形成多方共赢的局面

临沂市在培育农业品牌过程中，采取多方合作，合理分工，形成农业品牌培育和建设的合力，实现多方主体的互利共赢。具体表现是地方政府、行业协会、涉农企业、农户和家庭农场等各方进行密切配合，地方政府主要起到品牌建设规划、引导和推动的作用；行业协会主要发挥助推器的功能，帮助相关企业申请、办理手续，监督品牌建设和维护品牌形象；而企业则是品

牌建设的主体，具体负责品牌培育、商标申请、扩大影响力，申办企业也是品牌的实际持有者和受益者，肩负着维护品牌形象的直接责任；农户和家庭农场等农业生产经营者是品牌建设的参与者、受益者，也需要维护品牌声誉和形象。由于临沂市合理发挥不同主体的作用，找准各方定位，各司其职，逐渐形成了高效的品牌建设机制，加快了农业品牌建设的步伐，取得了显著成效。临沂市农业品牌培育各主体之间的关系参见表7-3。

表7-3 临沂市农业品牌培育各主体之间的关系

主体类型	功能	参与内容
地方政府	规划、引导	政府是引导者、规划者、推动者和提供政策支持
行业协会	协助、助推	行业协会帮助相关企业申请、办理手续，维护品牌形象
涉农企业	具体实施	企业是品牌建设的具体实施者、持有者和受益者维护品牌形象
农户、农场	积极参与	农户和家庭农场等是品牌建设的参与者、协助者和受益者，维护品牌形象

3. 依托农产品基地促农业品牌建设，创立多种品牌形成品牌集聚效应

首先，依托农产品基地促进农业品牌建设。临沂市以农业品牌建设为依托，各区县均形成了自己的拳头产业，如莒南县已经成为全国最大的优质花生生产基地、商品基地和出口贸易集散地，蒙阴成为全国最大的蜜桃生产基地，沂南成为全国鸭业第一县，苍山蔬菜、平邑罐头、费县板栗、郯城银杏、临沭柳编、河东脱水蔬菜、沂水生姜等闻名遐迩，产业规模不断扩大，成为国内知名度较高的产业聚集地。[①] 沂河沿岸高效生态特色农业长廊建设扎实推进，一批产值高、效益好的高档蔬菜、特色果品、苗木花卉、精品渔业、观光农业园区基地逐渐形成，一条沿河延伸、贯穿南北的沂河高效生态特色农业长廊初步成型。据了解，目前临沂市已建成优质农产品产业园区

---

① 临沂市农业局：《品牌农业实现跨越，临沂特色农产品成靓丽名片》，齐鲁网，见 http://linyi, igulu. com/lyyaowen/2018/1225/4147801. shtml。

138 个、生产基地 554.8 万亩，培育有影响力的区域品牌 42 个、企业产品品牌 98 个；认证"三品"904 个，注册农产品商标 4903 件，获得国家地理标志农产品认证 33 个。① 其次，共同创立和建设多种农业品牌和形成农业品牌集聚效应。临沂市创建的农业品牌主要包括区域形象品牌、区域公用品牌、企业品牌和产品品牌等，并将区域形象品牌作为概念品牌建设，将区域公用品牌作为母品牌建设，将企业、产品品牌作为子品牌进行建设，多种品牌共创共生和共同提升，加大了当地农业品牌宣传力度和影响力，起到了品牌扩大占领市场的效果（参见图 7-2）。农产品基地和农业品牌建设又促进了特色农业的发展，提高了农业效益，增加了农民收入。

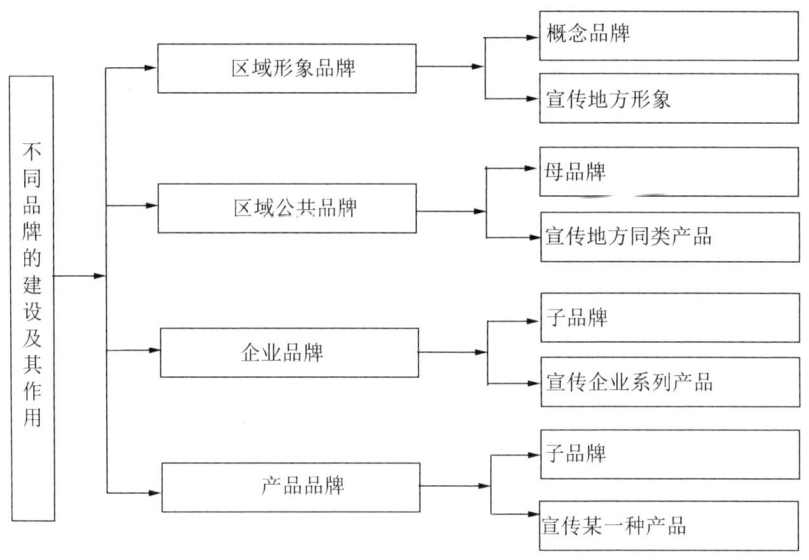

图 7-2 临沂市农业品牌建设种类及其关系结构图

---

① 宋佳：《从"临沂模式"看山东农业品牌建设的尴尬破局之路》，中华人民共和国农业部官网，见 http://jiuban.mou.gov.cn/fwllm/qgxxlb/sd/201502/t20150210.4401872.htm。

4. 创新金融服务农业品牌建设模式，为农业品牌提供优质金融服务

农村种养业规模较小、经营分散、自然和市场风险大，并且缺乏有效担保。金融机构不愿意对农业项目、农户和农村涉农企业等发放贷款，造成农业及农村其他相关产业融资难、贷款难，这不仅成为制约现代农业发展的资金瓶颈，而且阻碍农业品牌的培育和建设。针对这一难题，临沂市各级政府围绕农业品牌建设，主动联系金融服务机构，积极探索新的支农路径，创新推出连片整村推广农户贷款、农村生产经营贷款等模式，不断加大信贷支农惠农力度，大大提高了支农效率。近年来，农业银行临沂分行通过金融创新，持续加大信贷投放力度，支持农业品牌建设，围绕农业产业化价值链，推出"合作社+农户""基地+农户""企业+农户"等模式，以农户贷款、农村生产经营贷款等为主打产品，实行连片推广、整村推进，缓解了农业发展和品牌建设的资金压力，金融支农效率明显提高。为破解农村中小企业贷款"担保难"问题，农行临沂分行深化与担保公司合作，先后推出了应收账款质押、动产抵押、股权质押、多户联保贷款等十多项新业务，拓宽了企业融资担保渠道。分行还为金锣集团等企业开通电子商务和手机银行，大大提高了企业资金结算和运转效率，带动当地广大农户发家致富。

第三节　特色品牌农业发展的沂源经验

沂源县是山东省淄博市南部一个农业大县，我国改革开放以后在进行行政区划调整时，沂源县由原来隶属临沂市划归淄博市管辖，与临沂市同属于沂蒙山区。由于农业资源和生产条件的局限，过去沂源县在山东省属于欠发达县，县域经济和农业发展遇到许多困难。近年来，沂源县作为山区县走出一条品牌兴农的新路子，其基本特点就是通过大力培育特色乡镇农业品牌，积极调整农业种植结构，发展特色农业、有机农业、品牌农业，积累了特色鲜明的沂源品牌农业发展经验。

一、积极发展特色生态品牌农业

（一）积极调整农业结构 培育特色品牌农业

近年来，沂源县积极践行绿色发展理念、深化农业供给侧结构性改革，不断调整优化农业种植结构，根据当地山地多、平地少、地势凹凸不平、水土流失严重等自然环境特点，突出林果、畜牧、蔬菜、中药材四大优势支柱产业，减少粮食作物播种面积，粮食种植围绕生产特色小杂粮为主，扩大果蔬业栽种面积，特别是重点发展特色水果业，合理发展畜牧业，积极发展花卉业、中药材和农产品加工业等，在发展农业生产过程中重视生态环境保护工作，将发展地方特色农业与生态农业、有机农业、无公害农业、休闲农业和规模农业等结合起来，建设生态农业生产基地，已经取得了较好的经济效益和生态效益。

首先，在蔬菜种植方面，目前沂源县建立了以佛手瓜、茄了、韭菜等十几个品种为主的 2 万余亩秋季蔬菜种植基地，基地蔬菜日上市量达 100 余万斤，丰富了各地市场的"菜篮子"，满足了当地居民的生活消费需求，也增加了菜农的经济收入。例如，悦庄镇形成了种植有机韭菜的基地，每年栽种有机韭菜达到 3 万亩左右，被称为"中国有机韭菜第一镇"。

其次，在水果业方面，大力发展种植苹果、大樱桃、桃、梨、柿子、核桃等，沂源县是全国果品生产百强县、全国无公害果品生产示范基地县、全国绿色食品原料生产基地县、全国有机农业生产示范基地县、全国现代苹果产业十强县（张厚新，2017）。特别是沂源苹果已有百余年的栽培历史，生产面积已经发展到 30 万亩，年产量 70 万吨，"沂源苹果"以其优良的品质及其品牌效应先后获得众多荣誉称号，在 2016 年中国品牌价值评价中"沂源苹果"的品牌价值达到 149.33 亿元，"2017 年第六届品牌农商发展大会"在北京举行，会议评选出 100 个"2017 最受消费者喜爱的中国农产品区域公用品牌","沂源苹果"位列其中,这是"沂源苹果"继获中国农交会金奖,"世博果""奥运果"之后的又一殊荣,也是沂源在实施农业品牌战略上持续精准发力的结果。沂源县还先后获得"全国果品生产百强县""全国现代苹果产业十强县"等多项荣誉。①

再次,除了沂源苹果以外,沂源县还培育出区域特色明显的沂源黑山羊、特色小杂粮、有机花生、沂蒙山花生油、沂源核桃、无公害大樱桃、沂源金梨、石桥丹参、中华寿桃、油桃、有机葡萄、巨峰葡萄、翠微茗茶、沂蒙山花椒、柿子和桔梗等 26 种优势特色品牌产品。目前,燕崖镇已经形成种植面积达 3 万亩大樱桃生产基地,其中进入盛果期为 2 万亩,拥有 20 多个品种,大樱桃年产量约 3600 万斤和年产值约 4 亿元,种植户占全镇总户数的 95%,还建设发展为中国江北第一樱桃市场,燕崖镇成为远近闻名的樱桃小镇。

另外,最近几年,沂源县还注重立足特色生态农业资源和品牌优势,积极发展乡村休闲旅游业,打造乡村特色旅游品牌,开发多个有影响力的乡村旅游项目,并注重旅游文化融合发展,开辟多条红色旅游线路,举办一年一度的"中国(沂源)七夕情侣节""山东沂源苹果节""沂源大樱桃节""燕崖樱花节"等节庆活动,创建特色鲜明的生态果蔬采摘园,积极打造旅游度假休闲胜地,不断延长农业的产业链。

(二)发展新型农业 促进农业品牌建设

多年来,沂源县积极以"特色+创新"的模式推进新型农业发展,依托全县 800 余家专业合作社和家庭农场,建立果业、花卉、蔬菜等新型农业产业基地 3 万余亩,同时以"生产+加工+科技"的方式发展农产品精深加工业,促进农业产业链延伸和实现农业全链条增值,带动农业增效和农民增收。沂源县坚持把科技创新作为推进农业发展和品牌化建设的引擎,建设科

---

① 张传来:《"沂源苹果"城区域"金名片"》,《大众日报》2017 年 7 月 14 日。

技示范园 30 余处，引进推广新技术 50 余项，农业科技成果转化率达到 90% 以上。同时，沂源县开展农业标准化建设，已建成国家级果蔬标准园 8 处、省级农产品生产基地 8 处、市级标准化示范基地或都市农业园区 36 处，带动发展标准化农业生产面积 45 万亩和绿色农产品生产基地 15 万亩，培育了一大批特色优势农业生产区域，形成中庄苹果、燕崖大樱桃、东里葡萄、西里寿桃、大张庄红提葡萄、悦庄韭菜等一系列农业品牌。

自 2016 年以来，沂源县积极参加山东省淄博市关于农产品质量安全县创建活动，把农产品质量安全县创建工作放在突出位置，着力创建省级农产品质量安全县活动，将其作为推进农业供给侧结构性改革、提升全县农产品质量安全监管水平的有力载体和重要抓手，借此机会逐步健全农产品质量安全工作责任体系、农业标准体系、农产品监管体系和检验检测体系等，加强县、镇、村三级监管队伍建设，建成市级以上基地 23 处，新认证"三品一标" 5 个，铺开 32 处追溯体系建设，以问题为导向，持续强化农药投入品管理，立案查处各类违法案件，进一步形成齐抓共管的监管工作长效机制，全面提升全县农产品质量安全水平，为农业实现更高质量、更有效益和更具市场竞争力的发展提供有力保障。

（三）通过培育农业品牌 开辟农产品销路

首先，坚持把培育农业品牌当作政府部门的重点工作来抓。长期以来，沂源县委、县政府十分重视农业品牌建设，大力培育名牌农产品，积极进行农产品地理标志认证工作。多年前已在国家工商总局商标局核准注册了"沂源苹果""沂源大樱桃"地理标志证明商标；沂蒙山花生油和中庄苹果入选山东省农产品知名企业品牌目录。目前，沂源已累计认证"三品一标"农产品 94 个，注册农产品商标 180 件。其中，"沂源苹果"是国家农业部农产品原产地地理标志登记保护产品，是"中国农产品区域公用品牌价值百强产品"，荣获"最具影响力中国农产品区域公用品牌"称号，并在 2015 年央视中国品牌价值评价信息发布会上榜上有名，品牌价值高达 146.62 亿元。2017 年 6 月，"沂源苹果"荣获由中国优农协会评选的"2017 最受消费者喜爱的中国农产品区域公用品牌"；2017 年 8 月，在第十八届中国绿色食品博览会上"沂源苹果"又获得"金奖产品"荣誉称号，这也是淄博市唯一获奖产品，这对提升农产品区域公用品牌知名度和增强农产品的市场竞争力具有重要意义。

其次，积极开辟农产品销售渠道。为了推介沂源特色农业品牌的形象，沂源县政府有关部门先后参加各类订货会、农产品交易会、绿博会等各类会展 20 多次，在多地举办名优产品营销推介会、新闻发布会达 10 余次，提升了沂源特色农产品品牌的知名度和影响力。2016 年 11 月，沂源县组织团队参加在昆明举办的中国第十四届国际农产品交易会，在此会议上"沂源苹果"再次荣获中国国际农产品交易会"金奖产品"，进一步提升了沂源苹果和沂源特色农业在国内外的知名度。2017 年 5 月，沂源县还参加了在天津举办的"中国投资贸易洽谈会暨 PECC 国际贸易投资博览会"，沂源县在展会现场召开"高山林海·生态沂源"宣传推介会，组织了 8 大类 30 多个沂源特色农产品组合进行集中展示，并组织开展了"扫二维码送苹果""沂源苹果免费品尝"活动，吸引了众多客商的关注。

再次，开展新型农产品销售活动。在全球网络化浪潮推动下，利用互联网发展电子商务已成为流通领域的重要选择。现在沂源县积极尝试"互联网+农业标准化+检验检测+品牌认证"的农业经营模式，大力发展"互联网+"农产品电子商务，推进农业品牌的网上促销，以推进互联网电商为主线，全力创新推进特色农业龙头产品经营发展方式。沂源县已建设一处 1 万平方米的县级电子商务园区和 2 家省级电子商务示范企业，发展电子商务平台类企业 5 家，发展规模较大的电子商务企业已超过 50 多家，其中年交易额在 1000 万元以上的电子商务企业有 6 家。互联网技术推动的电子商务快速发展，为沂源县农产品开辟新的销售渠道带来了良好机遇，2016 年，仅沂源苹果实现互联网交易额就多达 2 亿元，较上一年增长 120%。

最后，沂源县依托大型批发市场和大型超市拓展特色品牌农产品市场，在国内许多大中城市，建立沂源名优农产品直销点、名品专柜、专卖店等销售网点，对接了网上农产品市场，线上与线下销售并举，拓展了农产品销售渠道。沂源特色品牌农产品销售网络已经开辟了 8 大类 60 多个品种板块，包括沂蒙特产、山珍野味、时令鲜果、四季干果、五谷杂粮等，形成了 300 多个产品系列的特色营销组合，将沂源特色农产品与城乡消费者紧密联系在一起。①

二、以建设水果特色小镇带动农业经济发展

（一）扶持水果特色小镇建设

近年来，沂源县先后培育了一批农业特色小镇，通过特色小镇带动当地特色和品牌农业发展，如燕崖镇是闻名遐迩的樱桃小镇，西里镇是沂源县著名的水蜜桃小镇，中庄镇是沂源苹果小镇，悦庄镇享有"中国有机韭菜第一镇"之美誉，张家坡、东里等是葡萄小镇，大张庄镇是传统的花生生产镇，三岔是花椒、核桃、柿子特色小镇，土门是沂蒙山桔梗小镇，等等。其中三个水果特色小镇在当地最为出名，分别是樱桃小镇燕崖镇、水蜜桃小镇西里镇和苹果小镇中庄镇（参见表 7-4）。

---

① 路锦：《"沂源模式"特色农业监管有道》，见 http：//www.yiyuan.gov.cn/art/2016/12/13/art5604。

表7-4 沂源县三个水果特色小镇发展情况之比较①

	辖区面积（平方公里）	人口（万人）	辖行政村（个）	水果栽种面积（万亩）	主要水果种类	特色品牌水果	荣誉称号
燕崖镇	126	3.0	46	4.5	樱桃、苹果等	燕崖大樱桃	国家级生态镇、省特色景观旅游名镇、省一村一品示范镇等
西里镇	123	4.9	59	5.0	桃、苹果、葡萄等	西里水蜜桃	山东省旅游强镇；淄博市生态镇等
中庄镇	107	3.1	45	5.5	苹果、樱桃、桃、葡萄、草莓等	中庄苹果	中国优质苹果基地、山东省苹果名镇、山东省最佳休闲乡镇等

（二）打造特色樱桃小镇——燕崖镇

燕崖镇是沂源县重点培育特色生态农业的乡镇之一，下辖46个行政村，总面积126平方公里，3万人。目前，燕崖镇农业的主打产业是林果业，森林覆盖率达67%，林果栽种面积达4.5万亩，其中大樱桃种植面积占67%。燕崖镇生态农业建设成绩突出，先后荣获"国家级生态镇""省特色景观旅游名镇""省级文明镇""省一村一品示范镇""省级环境优美乡镇""市首届生态优美十佳镇""市十大旅游小镇"等称号，樱桃产业逐渐成为当地的特色优势农业。

首先，围绕发展大樱桃产业做好特色农业的大文章。燕崖镇自1992年开始引种樱桃，以后几年大樱桃种植进入全面发展阶段，目前已成为江北地区集中连片发展大樱桃面积最大的乡镇，种植面积达3万亩，其中进入盛果期为2万亩，拥有20多个品种，大樱桃年产量约3600万斤、年产值约4亿元，种植户占全镇总户数的95%。燕崖大樱桃具有个头大、色泽艳、口味

---

① 张厚新：《走进沂源三个水果特色小镇》，《淄博日报》2017年4月14日。

好、耐储运等优点，畅销北京、上海等国内 20 多个省市，继 2007 年成功申报了"国家级大樱桃标准化示范区"之后，2014 年又获得国家工商总局"沂源大樱桃"地理标志认定。

其次，拓展水果销售渠道和培育新型农业经营主体。产业规模的壮大带动了当地大樱桃市场发展，逐渐由果农自发形成的集市贸易发展成为场地专业批发市场，经过多年发展完善，燕崖已成为全国规模最大的大樱桃专业营销市场。随着互联网和电子商务在农村市场的兴起，燕崖镇近年来不断拓宽果品销售新渠道，发展了多家电商企业，积极探索建立果品定制销售模式，2016 年成功创建全市首批电子商务示范镇，市场渠道的拓展很好地促进了产品的销售，当年燕崖镇大樱桃市场总交易量达 4000 万斤，总交易额实现 5 亿元。同时，为了将水果业进一步做大做强，燕崖镇还积极培育水果种植大户、家庭农场、农业专业合作社、农业产业化龙头企业等新型农业经营主体，及时引进新品种和新技术，更新农业生产经营模式，规划建设大樱桃、苹果生产基地和现代农业产业园，配套发展设施农业和观光休闲农业，不断提高特色水果业的产业竞争力。

最后，依托特色农业带动当地旅游服务业发展。燕崖镇牢牢树立"既要金山银山，更要绿水青山"的发展理念，紧紧抓住创建全域旅游示范县的契机，利用本地特色农业资源和农业品牌效应，大力发展乡村旅游业，积极建设文化旅游强镇。近年来，燕崖镇利用当地生态旅游资源优势，将农业产业与休闲度假、文化旅游业融合发展，先后开发建设多个乡村生态休闲旅游项目，依托山水人文特色和连片大樱桃种植区，打造了几个旅游特色村。作为著名的牛郎织女爱情文化传说的发源地，通过每年举办"中国（沂源）七夕情侣节"，使燕崖成为省内外闻名的旅游度假休闲胜地，还通过举办沂源大樱桃节、燕崖樱花节等旅游节庆活动，延长了农业产业链，提高了农业的附加值。2016 年，燕崖镇累计接待游客 20 万人次，实现旅游综合收入 800 万元，并被确定为沂源县五大旅游发展重点镇。

（三）培育水蜜桃小镇——西里镇

西里镇位于沂源县南部，也是淄博市最南端的一个乡镇，辖59个行政村，面积为123平方公里，人口为4.9万人。西里镇先后获省旅游强镇、市生态镇等称号，在特色生态农业建设方面取得了较好成绩。

首先，将水果业打造成为当地农村的支柱产业。西里镇有"中华寿桃之乡"的称号，在发展林果业过程中逐步形成了多品种种植格局，主要水果栽种规模包括1万亩桃、1万亩苹果、1万亩葡萄和1万亩花椒等，年产各类有机鲜桃1.5亿斤、"沂源红"苹果1.2亿斤、有机葡萄8000万斤和其他干鲜果品5000万斤。其中，万亩中华寿桃园被评选为省级中华寿桃标准化生产基地，"西里牌"中华寿桃被认证为国家A级绿色食品，远销国内外市场。

其次，西里镇及时打出红色旅游牌。西里镇还注重挖掘生态农业和红色文化两大旅游资源，积极发展生态旅游、红色文化旅游等产业，这里是全国首个"时代楷模"朱彦夫同志的故乡，现在这里建立了朱彦夫事迹教育宣传基地，建成"大寨田""棚沟造地""红山梯田""朱彦夫旧居""夜校旧址"等多处农业生产参观点。当地政府还依托朱彦夫事迹宣传教育基地，开设山东省残疾人励志教育基地、沂蒙旅军史馆、淄博双拥文化教育基地、学生实践教育基地等，全方位展现了朱彦夫同志顽强拼搏和革命精神，红色旅游业的发展既拉动地方经济发展，扩大了农业增值空间，又传播了老区人们不屈不挠战斗与拼搏精神，弘扬了沂蒙山革命和创业文化。

（四）推介特色苹果小镇——中庄镇

中庄镇地处鲁中山区腹地，属于沂源县南部的一个镇，辖45个行政村，面积为107平方公里，人口有3.1万人。中庄镇是一个山区林果生产专业镇，现有林果面积 5.5 万亩，其中种植苹果 4.5 万亩、大樱桃 8000 亩以及桃、葡萄、草莓等 2000 亩，年产果品 1.2 亿公斤以上，尤其是以苹果最为出名，被评为国家绿色食品标准化生产基地，曾取得过中国优质苹果基地百强乡镇、山东省林果生产专业乡镇、山东省苹果名镇、山东省环境优美乡镇、山东省绿化模范镇、山东省最佳休闲乡镇等荣誉称号。

首先，挖掘果业资源优势，苹果业支撑起小镇特色经济。中庄苹果具有"色艳、皮薄、汁多、肉脆"等市场竞争优势，"中庄"牌苹果商标被认定为山东省著名商标、中国驰名商标，曾获得省部级荣誉称号 40 多个，是绿色 A 级农产品、国家名牌产品，中庄苹果曾经获得"北京奥运会专用果""上海世博会专用果""人民大会堂国宴用果"等殊荣[1]，是国家地理标志农产品，品牌资源相当丰富，为当地特色果业持续发展奠定了基础。

其次，开辟水果营销路径，积极打造电商品牌。中庄镇充分发挥苹果产业优势，利用网络信息技术和现代销售手段，积极打造电商品牌，培育电商服务和推出一批网络销售商品，并把打造优势网销商品作为推动电子商务发展的重要途径，现已建设一系列电商村、淘宝村、电子商务企业等，电商业户达 160 多家，实现年销售苹果及其他农产品 1200 多万斤。目前中庄镇开辟了 2600 多亩的电商直供农产品标准化生产基地，建设容量达 5000 万斤的仓储基地，建造 50 多处农产品物流快递点。[2]

另外，中庄镇还加大农村教育和文化等基础设施的投入，完善农村生产生活环境，突出抓好"美丽乡村连片创建工程"建设，以特色农业为龙头带动乡村全面振兴。

---

① 《沂源县中庄苹果获评"齐鲁最美田园"》，见 http：//www.china.com.cn/news/zhuanti：/kzpl/2013-11./29/content-30747964.htm。

② 资料来自沂源政府网：http：//gov.yiyuan.gov.cn/col/col946/index.html。

第八章　发展县域经济
推动现代农业模式创新

县域经济是相对于中心城区经济而言的一种经济形态，县域经济是以县级行政区划为地理空间、以市场为导向、具有区域特色的一种经济形态。当前我国县域经济仍属于一种行政区划型的区域经济，涵盖着农村和城镇，兼有农业与非农产业。但是，县域一般是农业、农民、农村等"三农"问题集中的地方，县域经济与现代农业发展关系密切，在区域农业发展和经营模式创新方面承担重任。目前我国拥有 2856 个县级行政区划单位，其在资源禀赋、发展条件、经济发展水平等方面千差万别并各具特色，县域经济的发展前景及路径更具复杂性，如果以发展县域经济为突破口，积极探索振兴县域经济与产业结构转型升级的根本路径，创新现代农业发展模式，就能很好地解决"三农"问题，加快农业现代化进程。

第一节　县域经济与农业发展的关系密切

一、县域经济的地位及其基本内涵

我国县制可谓源远流长，源于春秋战国时期，定制于秦朝，自秦始皇推行郡县制以来，尽管其他行政区划名称和地位变化较多，而县制始终保持稳定不变，时至今日县域经济发展仍然在我国具有举足轻重的地位。统计显示，现在县域经济已占据我国国民经济总量的半壁江山，不仅构成了国家宏观经济发展的基石，而且成为地方解决"三农"问题、新型城镇化问题和产业结构调整问题等的重要平台，在解决民生、社会发展和管理问题等方面也扮演着越来越重要的角色。

县域经济是以县级行政区划为地理空间，具有地域特色、功能完备的区域经济，因而县域经济属于区域经济范畴，既有农村经济，也存在城镇经济，包括区域内的第一、二、三产业。县域经济与县域是既有区别又有联系的两个概念，县域一般包括县域政治、县域经济、县域社会、县域文化教育和县域资源生态等。而县域经济只是县域的一部分内容或者说是其一个子系统，县域经济通常反映一定时期内一个县域的经济发展水平、发展速度和规模、发展质量和效率、发展特色、发展问题、经济结构和经济竞争力等基本状况，具有一定的可比性。

二、县域经济与农业发展的关系密切

目前我国县域经济是以县城为中心、乡镇为纽带、农村为腹地、城乡兼容的区域经济，县域集中了大量的农业资源，农业是许多县域经济发展的基础产业，所以县域经济往往是"三农"问题较为集中的区域。改革开放以来，我国县域经济得以快速发展。目前县域已占我国国土面积的93%、总人口的85%，农业生产经营活动的主阵地也在县域，只有做大做强县域经济，才能为农业现代化和现代农业可持续发展提供坚实的基础。以山东省为例，截至2016年年底，山东省共有县级单位137个，其中县57个，县级市27个，城区53个，县以及县级市占比61.31%。山东县域占有80%以上的人口和地区生产总值，贡献了60%左右的地方财政收入，而且现代农业发展与县域经济的进步形成十分密切的关系。一方面，良好的县域经济发展态势给农业发展奠定了基础。另一方面，现代农业发展水平不断提高又推动了县域经济健康发展，农业产业结构调整和形成的产业优势使得县域经济发展特色更加鲜明。

第二节　县域经济发展促进农业发展模式创新

县域经济发展不仅对地方国民经济的拉动作用越来越明显，而且能够与当地农业和农村经济形成互动发展格局，特别是县域经济能够促进农业发展模式创新，加快农业现代化进程。长期以来，山东省县域经济发展快速平稳、实力突出、特色鲜明、亮点较多，与农业发展产生了互动机制，在县域经济促进现代农业发展及模式创新方面积累了丰富的经验。

一、山东省县域经济发展成效显著

（一）县域经济发展平稳和成绩突出

改革开放以来，山东省县域经济的发展成效显著，县域经济实力增长较快，GDP 总量的 80% 以上都是县域经济贡献的，改革及经济发展的许多经验也是由县域创造或总结出来的。现在山东省正处于由大到强战略性转变的关键时期，县域经济发展无疑会起到关键性的作用。据山东省发改委发布的数据显示，2016 年，山东省县域实现生产总值为 61926 亿元，同比增长 7.7%，高于全省平均增幅 0.1 个百分点；占全省生产总值的比重达到 92.4%，同比提高 0.1 个百分点；全省县域实现公共财政预算收入 4709 亿元，比上年同口径增长 9.4%，高于全省平均增幅 0.9 个百分点；占全省公共财政预算收入比重达到 80.4%，同比提高 0.7 个百分点；当年县域实现税收收入 3547 亿元，同口径增长 3.9%，占全省税收收入比重达到 84.2%。同时，县域经济平稳发展给农业带来了全方位的影响。

（二）进入全国百强县的数量较多

山东省经济在全国位置的提升是与县域经济稳定发展分不开的，一大批全国百强县（市）的涌现成为带动区域经济发展的龙头。从近 10 年的全国百强县评选情况来看，山东省入选百强县的数量始终稳定在全国前三位，反映了山东省县域经济发展的强劲势头（参见表 8-1）。自 2000 年开始评价的中国县域经济与县域基本竞争力百强县（市），简称"中国百强县（市）"，相对客观地衡量了我国县域社会经济综合发展、协调发展、可持续发展的状况，根据全国 2000 多个县域的社会经济统计资料，不但从发展水平而且从发展活力和发展潜力方面对县域的社会经济综合发展进行测算。中国百强县（市）数量仅占全国县域经济单位总数的 5.57%，其地区生产总值总量却占全国县域经济的 26.60%，其地方财政一般预算收入占全国县域经济的 33.17%，可以说中国百强县（市）是全国县域经济的中坚力量。

表 8-1　山东省进入全国百强县（市）情况统计

年份	2000	2005	2010	2015	2018
山东省入选全国百强县名称	荣成市、文登市、龙口市、胶州市、胶南市、蓬莱市、即墨市、寿光市、招远市、莱州市、桓台县、乳山市、诸城市、广饶县、长岛县、莱西市、邹城市、兖州市	荣成市、文登市、龙口市、胶州市、胶南市、蓬莱市、即墨市、寿光市、招远市、莱州市、乳山市、诸城市、莱西市、章丘市、平度市、滕州市、新泰市、兖州市、肥城市、邹城市、莱阳市	荣成市、文登市、龙口市、胶州市、胶南市、蓬莱市、即墨市、寿光市、招远市、莱州市、乳山市、桓台县、诸城市、曲阜市、莱西市、章丘市、平度市、滕州市、新泰市、兖州市、肥城市、邹城市、邹平县	龙口市、即墨市、滕州市、胶州市、荣成市、寿光市、诸城市、邹城市、莱州市、招远市、广饶县、章丘市、平度市、肥城市、莱西市、新泰市、高密市、青州市、齐河县、蓬莱市	龙口市、荣成市、莱州市、招远市、蓬莱市、诸城市、寿光市、青州市、高密市、胶州市、莱西市、平度市、新泰市、肥城市、邹城市、滕州市、广饶县、乳山市、邹平县

续表

年份	2000	2005	2010	2015	2018
数量	18	21	23	21	19
占比	18%	21%	23%	21%	19%

资料来源：全国县域经济专业研究机构中郡研究所历年发布的《县域经济发展报告》"全国县域经济
　　　　与县域基本竞争力百强县"。

注：2010年以后，由中国城市经济学会中小城市经济发展委员会编纂《中国中小城市绿皮书》发布
　　的中国中小城市综合实力百强县/市（全国科学发展百强县/市），与中郡研究所发布的百强县情
　　况略有差别；在2018年全国县域经济百强县榜单中排名此前一直靠前的青岛即墨和济南章丘，
　　因撤县（市）划区未被纳入统计范围。

同时，山东省百强县的崛起也拉大了与欠发达县的经济和收入差距，县域之间发展的不平衡性加剧。对于经济欠发达县，山东近年来在财政、金融、土地、产业发展、城镇发展、重点项目、奖励资金等方面的扶持政策相继出台，欠发达县一般属于农业县，各级财政对"三农"建设支持力度逐渐加大，山东省推行了对口支援扶持政策对于县域经济平衡发展也起到一定的积极作用，现在多数欠发达县农业和农村发展的基础条件有所改善，为振兴县域经济奠定了基础。

（三）县域经济发展改革试点有序推进

进入21世纪以后，为了进一步扩大县级经济管理权限，我国浙江、湖北、河南、广东等省先后进行了"强县扩权"改革，把地级市的一些经济管理权限直接下放给一些重点县，在经济管理方面形成了近似于"省管县"的格局，赋予县级更大的经济发展自主权，实践证明"强县扩权"效果十分明显，为县域经济发展注入了活力和动力，为搞活和做大做强县域经济创造了条件。山东省也曾在2003年和2006年进行放权试点改革，尤其是对30个经济强县给予了更多的经济管理权限，以及事务统筹权、社会管理权等方面给

予更大的自主权，对强县发展起到了较为重要的作用。近年来，山东省在推进县域新型城镇化和新农村建设、保障改善民生方面成绩突出，在转方式、调结构、培植优势主导产业、提高发展质量效益上创出了新经验，特别是在发展县域生态经济、绿色经济、循环经济和特色经济等方面进行了大胆改革和试点，积累了一定的成功经验。2014 年，山东省政府公布了《山东省县域经济科学发展试点方案》，确定了城乡统筹、转型升级、生态文明、园区经济、镇域经济、民营经济等 6 项任务，分别由 21 个试点县（区、市）承担先行先试和创新发展的任务（参见表 8-2）。各有关试点县可享受省级下放到市级的审批权限，包括城乡居民在就业、养老、社保、教育、公共医疗、保障性住房等方面逐步享受平等待遇，每年每个试点县安排不少于 2000 万元专项资金进行扶持，在省对各市的切块资金中予以安排，并按照规定的投向用于试点县建设。国家和省安排的专项资金也重点向试点县倾斜，并提高省级配套资金和省补助资金比例（李占江，2014)①。

表 8-2　山东省试点县分布情况及其任务指标

主体类型	试点县（区、市）	试点和创新内容
城乡统筹	即墨市、寿光市、荣成市、邹平县	要在推进新型城镇化和新农村建设、保障改善民生等方面走到全省前列
转型升级	临淄区、龙口市、新泰市、东港区、茌平县	在转方式、调结构、培植优势主导产业、提高发展质量效益上创出新经验
生态文明	泗水县、蒙阴县	贯彻主体功能区理念，大力发展生态经济、绿色经济，创造生态文明建设的经验
园区经济	章丘市、诸城市、沂水县、齐河县	着力壮大园区经济，促进集约集聚发展
镇域经济	莱州市、广饶县	以县城和重点镇建设为突破口，发挥优势，突出特色，做大做强镇域经济
民营经济	滕州市、邹城市、莱城区、牡丹区	做强载体，优化环境，激发活力，在培育民营经济发展上走到全省前列

资料来源：《山东省县域经济科学发展试点方案》2014 年 6 月。

---

① 李占江：《山东 21 县打造县域经济升级版，六方面先行先试》，http：//sd. ifeng. com/zt/xianyujingji/，2014 年 6 月 12 日。

县域经济科学发展试点工作是山东省进行的支持县域经济发展的新探索，在政策支持上更加注重激发试点县内生动力，这主要体现在以下几个方面：一是增强要素支撑，在省重点建设项目、产业政策、政府投资、资金扶持等方面向试点县适当倾斜，对列入省级重点项目以及符合国家产业政策的好项目、大项目，落地确有困难的由省里统筹用地指标和优先安排；二是支持试点县依法有序开展低效土地二次开发和旧城镇、旧厂房、旧村庄改造，发展"飞地经济"；三是优先支持试点县申报国家级创新平台，安排试点县发行企业债券等。山东从全省137个县（区、市）中确定的21个试点县几乎全是经济强县，对于经济欠发达县会产生一定的辐射、示范和引领功能。

二、山东省县域经济成长给农业发展带来动力

（一）县域经济发展带动了农业产业化经营

山东省县域经济迅速发展培育了大批农村龙头企业，一些龙头企业与周边联合起来进行农业产业化经营，形成了"利益共享、风险共担"的利益共同体，降低了农业的经营风险，实现了农业增效和农民增收。多年来，山东农业产值和增加值一直居全国首位，是名副其实的农业大省，山东省农业产业化经营在全国一直处于领先位置。自20世纪90年代以来，在龙头企业带动下，山东农业产业化经营快速发展，特别是在胶东半岛地区的一些市县，农业产业化经营发展迅速，并积累了丰富的经验，形成了特征鲜明的县域农业产业化经营模式，如"寿光模式""安丘模式"等，都曾成为国内其他地区学习借鉴的典范（曹俊杰、高峰，2013）[1]。一些市县以区域优势和农业资源优势为依托，采取"公司+农户""公司+生产基地+农户""公司+批发市场+农户"等模式，后来一些农民专业合作社和农业协会等组织也加入农业产业化经营，又出现"公司+农民专业合作社+农户""公司+农业协会+农

---

① 曹俊杰、高峰：《工业化和城镇化背景下的农业现代化问题研究》，中国财政经济出版社2013年版，第157—165页。

户"等模式，多种经营主体之间形成了在农业经营中的利益共同体，既克服了农民一家一户分散经营的规模小和风险高的弊端，又大大地延伸了农业产业链条，增加了就业机会，使农业增效、农民增收、地方受益，有效地促进了农村工业化、城镇化、信息化和农业现代化的协调发展。

（二）县域经济发展促进农业产业结构优化

首先，县域经济发展推动了农村产业结构调整。随着县域经济的发展，山东省县域经济的产业结构发生了显著改变，2003 年山东省县域经济三次产业比是 16.6:52.1:31.3，到 2017 年三次产业比率已经调整为 6.7:45.3:48.0（参见表 8-3）。同时，县域经济发展促进了农业产业结构优化升级，目前山东省蔬菜种植和销售在全国占据重要位置，享有"中国第一大菜园子"之美誉。除此之外，山东省畜牧业、水产养殖业、水果业等发展势头较好，在全国都占有重要位置。农业产业结构调整优化为农业增效和农民增收奠定了基础。

表 8-3　2003—2017 年山东省县域经济的产业结构优化情况　　　单位:%

年份	第一产业	第二产业	第三产业
2003	16.6	52.1	31.3
2007	10.7	59.3	30.0
2011	8.8	52.9	38.3
2015	7.9	46.8	45.3
2017	6.7	45.3	48.0

资料来源：根据相关年份的《山东省统计年鉴》数据整理。

其次，县域经济发展对优化粮食等种植结构调整提出新的要求。近年来，由于受供求关系等因素影响，我国玉米出现了相对过剩问题，价格不断走低，农民种粮收入有所减少，也制约了县域农村经济发展。在此背景下，调整玉米种植结构的任务十分紧迫，2015年和2016年全国推行"粮改饲"试点工作，分两批共设立100个试点县，其中第二批包括山东省的11个县，"粮改饲"实施方案就是重点调整种植业结构，减少试点地区玉米种植，大规模发展适应于牛、羊等草食畜牧业需求的饲料作物，即扩大推广青贮玉米和苜蓿等种植，进而提升种养业综合效益。2016年，山东省发展1000亩以上的青贮玉米种植基地近200个，总面积达58.7万亩。在此基础上，山东省还将逐步扩大粮改饲试点范围，加快培育优质青贮、饲草品种，培育新型农业经营主体和龙头企业，促进农业产业转型升级。

（三）县域经济发展中培育了一些重要农业品牌

山东省在发展县域经济和特色农业过程中，充分发挥农业品牌效益，积极培育具有地方特色的农业品牌，已经涌现了一大批有一定影响力的特色农产品品牌，例如在粮食方面，有高青大米、明水香稻、龙山小米、微山金谷米等；在水果方面有栖霞苹果、莱阳梨、肥城桃、昌乐西瓜、蒙阴蜜桃、峄城石榴、福山大樱桃、沾化冬枣等；在蔬菜方面有寿光蔬菜、章丘大葱、金乡大蒜等；农产品加工业方面有青州柿饼、龙口粉丝、周村烧饼等。许多农产品、畜牧产品和水产品等已形成了自己的品牌优势，其中不乏成为全国知名的品牌，有的农副产品凭借品牌优势增强了在国内外市场上的竞争力。同时，品牌农业也带动了县域经济的快速持续发展，对于形成区域特色农业发展模式具有重要意义。

二、县域经济发展促进了农业发展模式创新

（一）县域经济发展促进县域特色农业发展

长期以来，山东省在推进县域农业经济结构调整优化过程中，引导各地发挥区域比较优势，突出区位特点和产业特色，初步形成一批具有鲜明特点的区域农业经济板块，如胶东半岛海洋农业与农产品加工业板块、黄河三角

洲高效生态农业板块、鲁南休闲旅游农业板块、鲁西种养结合的现代农业板块等。黄河三角洲地区发展优质水稻种植，打造出了黄河大米的品牌；微山湖积极发展生态养殖业，微山湖金丝鸭蛋远近闻名；寿光、临淄、高青、安丘、诸城等县（区、市）大力发展生态高效蔬菜业，在国内外蔬菜市场上的占有率不断提高；烟台市的蓬莱市、牟平区、福山区、芝罘等市（区）是我国大樱桃的主产地，大樱桃产业发展较好，特别是福山大樱桃最为出名，被国家命名为"中国大樱桃之乡"，占全国栽植面积的40%，占全国产量的60%，已经形成了产业规模和规模效应。伴随着高效特色农业模式的形成与发展，山东省农业竞争力不断提升，县域经济的实力逐步增强。

（二）县域经济发展培育一批农业模式创新的典范

山东省不少县域经济在发展过程中，创立了具有当地特色的典型农业发展模式，积累了许多宝贵的成功经验，其中不乏具有借鉴和推广价值现代农业发展模式，既有较早形成的县域特色模式，如莱西的村级财务公开、章丘的城镇带动、胶州的新农村建设、山亭的农业跳跃式发展，以及农业国际化和企业化结合的"安丘模式"、农业社会化和标准化结合的"寿光模式"等（曹俊杰、高峰，2013）[①]，又包括近几年涌现出来的特色农业现代化的"平度模式"、加快城乡一体化的"龙口模式"、创新农业产业化经营的"诸城模式"、休闲旅游农业带动的"莱州模式"、突破农业融资的"武城模式"等，这些模式和经验将在下一章专门进行总结与具体介绍。

[①] 曹俊杰、高峰：《工业化和城镇化背景下的农业现代化问题研究》，中国财政经济出版社2013年版，第157—165页。

第三节　县域经济存在制约农业发展的
问题及应对措施

目前，从山东省县域经济整体发展形势来看，正进入转型升级、重点突破、整体提升的关键阶段，一些新的瓶颈问题已经凸显，比如建设用地指标缺口大、新农村基础设施建设资金匮乏、中小企业融资难、欠发达县内生发展动力不足等，都在困扰着县域经济发展，特别是县域经济发展中的诸多矛盾和问题对农业发展及其模式创新产生了制约作用，必须引起高度重视并及时采取必要的措施。

一、县域经济中存在的制约农业发展的问题

（一）县域经济发展的评价机制及其发展方式落后

1. 县域分类与评价体系缺乏科学性和时代性

现在对各县域分类一般是按照经济实力进行排位，通常划分为经济强县、中等发达县和欠发达县等，这种分类虽然能够体现县域经济发展的实力及综合发展水平，但是这种分类方法带有明显的计划经济痕迹，主要以经济发展快慢和经济实力强弱论英雄、排座次，这种评价、引导和激励机制必然带来各地方只注重追求经济指标而忽视生态环境和社会指标、片面追求经济增长速度而忽视经济结构、盲目追求经济数量而轻视经济质量和经济效益等结果，这与新时代科学发展观和可持续发展观背道而驰，也不利于县域经济长远健康发展，难以针对农业大县、资源型县、生态县和工业转型县等不同县域形成科学分类指导，不利于引导不同县域积极发挥其比较优势和特色经济。

2. 县域经济内生发展动力不足，没有走上科学发展道路

县域经济内生性发展模式要求立足于县情、地情和农情，坚持以市场为导向和以改革创新为动力，注重技术进步和产业结构调整，搞好空间布局和城乡统筹，重视资源配置效率和提高竞争能力，谋求经济发展速度、质量、效益与社会发展、民生幸福、资源节约、生态维持、环境保护等相统一，坚持走协调、可持续发展道路。目前一些市县的经济发展缺乏内生动力，仍然沿袭传统的"粗放型"和"非人本"发展模式，经济发展与资源节约、生态保护、绿色发展、提质增效和富民增收等目标不能协调，县域经济发展中存在的资源错配、产业结构不合理、生态问题突出、可持续性和竞争力不强、与民生脱节以及居民缺乏幸福感等问题相当普遍，推动县域经济转型发展任务十分艰巨。

3. 县域管理体制和运行机制不利于有效支持"三农"建设

目前，县域经济发展仍然受到许多体制性和机制性的约束，一些经济强县在这方面问题更加突出，"市管县"体制、财政体制、金融体制、户籍管理体制等体制性约束明显；财税分配制度不合理，县级财政收支不平衡问题突出，财政支农政策激励效果不明显，种粮等农业补贴额度有限，难以调动农民种粮的积极性；一些县域普遍存在农业贷款难、融资难、融资贵、成本高等问题，随着近年来国有商业银行从农村收缩，有些专业银行基本不给县域机构和农村放款计划，资金短缺制约了县域经济和现代农业的发展。

（二）县域经济发展极不平衡影响区域农业发展

首先，与国内先进省份相比，山东省县域经济竞争力不强。虽说山东省进入全国百强县的数量相对较多，但是县域经济整体实力和综合竞争力还不够强，相较于江苏、浙江等沿海省份，山东百强县呈现了"多而不强"的状况，特别是进入全国十强县（市）的不多，有的县域经济发展后劲不足或者已经出现落伍现象，县域经济面临的可持续发展问题十分突出，做大做强县

域经济的任务还异常艰巨。

其次，县域经济发展差距大不利于后进县解决"三农"问题。山东省东、西部县域经济发展差距较大，发展极不平衡。据山东省发改委公布的统计资料显示，2016 年青岛市县均财政收入是德州市的 6.04 倍，县均税收收入是德州市的 6.1 倍。即使从山东省进入全国百强县的情况来看，地区生产总值最高的县（市）已超过 2000 亿，地区生产总值最低的县（市）只有几个亿；从三次产业结构来看，有的百强县（市）第一产业比例低于 1%，而有的百强县（市）第一产业比例竟然超过 70%，县域经济非均衡发展的情况可见一斑。山东省进入或者接近全国百强县的市县与经济相对落后的市县之间、东西部不同地区的市县之间等，县域发展各项指标水平差距较大，再加之地方政府在推行改革时急于搞试点和树典型，在财政投入和支持政策方面往往喜好向先进市县倾斜，这种"锦上添花"式的政策偏好势必影响对经济落后市县的投入与支持，不利于解决这些地方的"三农"问题。

再次，县域经济发展极不平衡严重影响区域农业发展战略的实施。由于受地理区位、资源禀赋等诸多因素的影响，山东省县域经济发展极不平衡，尤其是东西部地区之间县域经济发展不平衡的矛盾更为突出。据山东省统计局公布的 2018 年上半年县域经济数据来看，地处山东东部沿海地区的龙口市已实现 GDP 640.5 亿元，而处于西部地区的阳信县完成 GDP 只有 89 亿元，前者高出后者 7 倍多。从山东省进入全国百强县（市）的情况来看，进入百强县（市）行列的多集中于山东半岛等东部沿海地区，而中西部地区进入者寥寥无几，地区之间县域经济发展极不平衡；同样对于山东省已经进入全国百强县（市）的县域经济的规模差异和三次产业比的差异也很大，这充分反映出县域经济发展的区域不平衡和差异性。县域经济发展的不平衡给省市等地方政府制定和实施政策带来了困难，很难做出统一的规划和要求，尤其是在农业农村发展方面不同县域发展基础和条件差异很大，实施乡村振兴战略和农业现代化战略等都要考虑发展快慢与不平衡问题。

（三）县域农业经济发展积累的矛盾较多

首先，县域经济与现代农业互动发展积累的矛盾较多，存在的问题比较突出。目前山东省县域产业结构不尽合理、产业升级缓慢、缺乏优势产业支撑、农业产业结构低端、资源环境压力较大、农业质量效益不高等深层次矛盾和问题仍未得到较好的解决；当前一些农村地区面临着农民增收难和增收渠道狭窄，农业生产经营比较分散和经营规模小，由于土地流转难形成农业规模经营和效益；农业效益低、农产品销路不畅、农产品质量安全问题突出、综合经济实力和竞争力不强；农业发展方式粗放，主要依靠投入资金、劳动力、土地等生产要素实现农业经济规模增长，科技、信息、管理等新要素投入不足，高投入、高消耗、高排放、高污染与低质量、低效益并存，粗放发展模式带来了生态环境恶化等问题。

其次，县域经济发展中面临的"三农"问题复杂多样。山东省许多县（市）过去长期存在的老"三农"问题还没有很好的解决，而新"三农"问题又大量出现，新老问题叠加效应突出。目前山东省农业人口占比仍然较高，增加农民收入、加快农村劳动力转移和改善农民的生产生活条件等压力大，山东与上海、广东、浙江、江苏等沿海发达省市相比，在县域城镇化、镇域经济、民营经济等方面均有不小差距，在产业发展中存在龙头少、链条短、生产低端同质、竞争力低的问题，在乡村振兴与新型城镇化建设、农业转型升级、生态文明、园区经济发展等方面的任务十分艰巨。

（四）县域农业产业链短和农业增值能力弱

山东省不少农业大县依赖当地的自然地理条件和传统种植历史，建立了"一县一业""一镇一色""一村一品"等特色农业经济体系，许多县域特色农业已经具有一定的产业比例和知名度。但有些县域的主导产业仍然以比较原始的形态进行生产和销售，不能很好地与现代科学技术、信息技术和先进管理方式等进行有效对接，品牌意识不强，农产品加工增值能力差，有的虽然发展起来一定规模的农产品加工业，但多数仍处于农产品初加工和粗加工阶段，农业产业链条不够长，严重制约着当地农业增效和农民增收，县域农业现代化水平较低。例如，地处山东半岛的栖霞市，享有"中国苹果之都"的美誉，目前全市苹果种植面积达到 70 万亩，年产优质苹果超过 150 万吨，全市 66 万人口中有超过 40 万人直接从事苹果生产活动，当地农民来自果业的收入超过总收入的 80%。近年栖霞市通过引进或创新栽培技术，提升苹果产量和质量，果农收入有所增加，但由于当地仍然以销售苹果为主要收入来源，没有及时拓展苹果的产业化链条，各种相关加工业和服务业并不发达，果业的附加值没有得到有效开发，导致农业产业对县级财力支撑较弱，和周边市县的财政收入水平相比存在较大差距，反过来地方财政难以支撑当地农业基础设施的发展，影响民生事业的进步和农业现代化水平的提高。

二、多措并举促进县域经济与现代农业互动发展

（一）完善县域考评体系和扩大县级经济发展的自主权

1. 逐步完善县域经济社会发展考评体系

只有不断完善县域经济社会发展考评体系，才能对于不同县（市）进行科学、客观和公正考核评价，引导其进行正确决策和制定科学的发展政策，有利于不同县（市）根据自身情况实施不同的发展战略。比如，对于农业大县、资源型县、生态县和老工业基地转型县等不同主体，必须根据国家法规政策和结合当地实际情况而进行科学化、细密化、差别化评价和考核，形成有针对性和可操作性的实施政策及配套激励措施体系，逐渐加大对欠发达县域经济社会发展的支持力度。

2. 扩大县级经济发展的自主权

首先，要进一步推进省直管县（市）体制改革试点，扩大县级发展自主

权，增强对资金、技术、人才等关键要素的支配权，整合资源配置，为县（市）发展创造良好环境。其次，按照"重心下移、权责一致"的改革原则，给予县级政府的经济社会管理、事务统筹等权限，凡适宜由县（市）政府行使而且法律法规又没有禁止下放的管理权，都要尽早充分下放给县（市）政府，特别是要完善县级基本财力保障机制，确立财政困难县的长效运行保障机制，省级财政每年根据实际情况，制定县级基本财力保障范围及标准，重视发挥县级政府对县域经济发展的主导作用，上级政府部门在对县域进行科学分类的基础上要制定和实施放权政策，在总结县（市）扩权试点经验的基础上，逐步向所有县（市）放权，为县域经济社会协调持续发展和支持"三农"建设提供保障。

3. 提高县域产业和人口聚集能力

科学编制县域城乡总体规划，完善人口居住、就业结构、产业发展、土地利用、生态环境保护等规划体系，注重历史文化的保护与传承，突出地域发展特色，培育县域特色优势产业，引导产业向园区聚集，然后引导园区向城镇集中，推进产城融合，全面提升城镇公共服务能力，改善城镇的设施环境条件，增加城镇就业创业机会，吸引本地农业转移的人口和各类优秀人才落户城镇，对于科技、教育、管理等方面的人才和紧缺技能型人才可开通绿色迁移通道，吸引农村居民进城置业安居、进城就业和进城养老等。同时，开展自愿退出承包地、宅基地的进城农民获得与城镇居民相同的社会保障试点改革，在县域内探索退出农村土地权益与申请城镇保障住房相挂钩，拓宽农村人口向城镇流动的通道。

4. 促进县域经济平衡稳定发展

目前，由于山东省各县域经济发展水平差异性较大和不平衡性问题突出，东西部地区之间、经济强县与非强县之间的县域经济差距拉大，不利于实现全省县域经济和区域农业健康持续发展。因此，应当通过完善财政投入、税收、金融、转移支付、产业合作和扶贫等政策，逐步缩小县域经济发展差距。山东省除了加大对西部欠发达地区采取投入倾斜政策以外，还要将中央对地方的惠农政策资金集中起来，重点解决制约西部地方发展的基础设施薄弱问题，特别是着重解决县域内农村道路、电力、通信、自来水和环境等设施条件落后问题，从根本上增强县域发展的基础保证，以吸引更多的市场化投资。当然，解决县域经济发展不平衡问题不能采取杀富济贫和削强补弱的办法，更不能因此拖了发达县、百强县发展的后腿，而应当实现促强与扶弱的统一，既要保证发达县和强县的正常发展，又要引导和支持欠发达县找准优势实现跨越式发展，特别是欠发达县一般是农业县，要善于在"农"字上做文章，找准农业资源和发展条件优势，积极培育特色农业产业和产品，发展品牌农业，创新农业发展模式，尽快赶超发达地区，最终提升整体县域经济发展和农业现代化水平。

（二）完善县域财政、金融和科技支持体系

1. 逐步完善对县域经济支持的财政体系

推进管理体制改革，省、市级政府要进一步简政放权，适当扩大县级政府经济社会管理权限，稳步推进土地管理制度改革，理顺各级政府间财政分配关系，进一步改进对县域项目和建设用地管理方式，健全县级基本财力保障机制，完善财政转移支付制度，继续推行完善省直管县（市）财政改革试点，建立健全县域融资体制。自 2013 年开始，山东省政府设立了县域经济发展奖励资金，已经列入省级预算，因此加大了对县域经济发展的支持力度，今后还要推行和完善省、市对县乡的财政转移支付政策，逐步提高财政困难县（市）的保障水平。要逐步建立和完善县域科技多元化投入机制，加快科技与产业融合发展，最终迈入县域经济发展依靠科技进步的轨道上来。

2. 建立和完善对县域的金融支持体系

在融资体制上进行改革，尽快完善县域金融体系，拓展县域经济利用资本市场的渠道，合理运用财政贴息等政策引导金融机构对县域各类经营主体，增加信贷规模，扶持建立面向普通农户、农业经营大户、家庭农场、农

业合作社和农村小微企业的小额信贷组织，简化对农村和农业项目的贷款审批程序，创新农业贷款方式，逐步健全农户和农村小微企业信用担保体系，改革县域和农村的抵押担保方式。同时，积极开展民间融资规范引导工作，促进民间融资规范有序发展并流向县域经济项目。近年来，山东省较为重视县域和农村金融体制改革，省政府及时出台《关于加快全省金融改革发展的若干意见》，大胆推动县域金融创新发展试点工作，为贯彻落实《关于加快全省金融改革发展的若干意见》，更好地促进县域金融创新发展及发挥金融改革试点带动作用，2013 年 11 月，山东省金融办、财政厅、银监局、证监局等部门联合下发了《关于进一步扩大全省县域金融创新发展试点范围的通知》，明确要求进一步扩大县域金融创新发展试点范围，将平阴县、济阳县、沂源县、招远市、新泰市、文登市、荣成市、五莲县、巨野县、临邑县列为试点县（市），还把莱芜市整体列入试点范围，至此山东省县域金融创新发展试点工作覆盖全省，2015 年年底股份制银行县域覆盖面积达到 50%左右，还有 80%左右的县（市）农村信用社机构改制为农村商业银行，城市商业银行县域分支机构、村镇银行均实现全省覆盖，全省建立小额贷款公司超过400 家，其中 70%以上设在了县（市），10%以上设在了示范镇。

3. 不断拓宽县域经济发展的融资渠道

山东省还应不断拓宽县域经济发展的融资渠道，创立更加宽松的政策环境，实行配套的扶持和奖励政策体系，对在县域新设金融机构、小额贷款公司、融资性担保公司和金融中介机构等采取相关的优惠措施，加快各类新兴金融业态和组织的发展，对那些贡献大、服务能力强和经营规范有序的金融组织给予一定的奖励，对由于服务农村和农业受到经济效益损失的机构提供适当的补助，保证其健康稳定发展；深化农村信用社改革，推动农村商业银行改革和发展，允许符合条件的银行等金融机构设立村镇银行，开展小额贷款公司和农村资金互助社试点；重视发挥小额贷款公司和融资担保公司等民间借贷机构在县域金融发展中的作用，开展并逐渐扩大农村合作型、互助型金融组织服务试点工作，推动各类金融中介机构向县域延伸，完善县域金融市场中介服务体系并提高有关主体的服务水平。

4. 建立支持科技创新的财政和金融体系

地方政府应当不断加大科技研发投入，增强县域经济发展的科技支撑能力，推动科技进步和技术创新，建立健全技术人才、成果交易市场和技术服务体系，依靠科技进步的力量促进产业产品结构调整和经济效益的提高，尤其是要注重提高农业科技水平，积极实施科技兴农和科技强农战略，把农业发展切实转到依靠科技进步和提高劳动者素质上来。一些地方农村的青壮年劳动力向城镇和非农产业流动，因此，今后农业的根本出路在科学化、机械化和规模化，现在对小农户少量的补贴激励功能已不明显，可以从农业综合补贴中划出一部分加大对专业大户、家庭农场、农民专业合作社和农业产业化龙头企业等新型农业经营主体补贴，支持新型农业经营主体采用先进的机械和生产技术。进一步完善县域金融支持体系，调整金融支持政策，鼓励发展地方性中小金融组织，构建县级区域性资本市场，增加县域经济发展的信贷额度，加大金融部门对新型农业经营主体和具有创新能力的县域中小企业的支持力度，切实解决有关人员、合作经济组织、企业在创业创新和发展中遇到的资金瓶颈问题。

（三）创新县域发展体制和转变县域发展方式

1. 创新县域发展的体制和机制，扫除县域经济发展和转变方式的障碍

首先，县域经济发展及其结构调整、转变方式与创新体制机制密不可分。一方面，县域经济发展是推动体制改革和机制创新的动力，另一方面，体制机制创新也为县域经济发展扫除障碍，这就需要处理好县域经济发展与体制机制创新之间的关系。其次，化解当前县域经济发展中的制约因素，必须尽快创新财税体制、融资体制、科技体制和管理体制等。近年来，由于受国内外经济大环境影响，山东省县域经济发展已经进入新常态，经济增速有所放缓，已由高速增长转入次高速和中速增长，促进县域经济发展的传统制

度、政策因素难以为继，依靠上级财政推动、招商引资、扩大出口、资源拉动等传统发展方式已遭遇瓶颈，只有通过体制转型和机制创新，才能释放新的活力和取得新的政策红利，突破县域经济发展的瓶颈。

2. 扩大县域管理体制改革的试点范围，提高县域公共服务和社会保障水平

多年来，山东省积极进行"强县扩权""省直管县"等方面的体制改革试点，需要进一步总结经验扩大改革范围，让更多县（市）享受管理体制改革和政策创新的红利。县域发展体制创新要充分体现转方式、调结构、去产能、增效益，加快传统产业转型升级，积极培育战略性新兴产业，培育壮大县域特色经济，积极提升县域经济发展水平。县域经济发展必须坚持以人为本的基本原则，检验县域经济发展的得失成败很重要的一个标准就是民生是否改善，人民的幸福指数是否上升，为此必须尽快提升县域城乡统筹发展水平，加强县域生态环境综合治理，提高县域城乡公共服务和社会保障水平。

3. 化解县域经济发展中的各种矛盾，加快转变县域经济发展方式

化解县域经济发展中的各种矛盾和转变发展方式必须重视处理好以下几个方面的关系：一是处理好发展城镇经济与农村经济的关系。县域经济包括城镇经济和农村经济两部分，二者既有统一性也有对立性，统一性主要表现为城乡资源流动带来配置效率提高以及工农业互补、互动带来互相促进，对立性主要表现为二者有时候会产生一定的矛盾冲突。由于厚此薄彼片面强调发展某一个方面而造成产业结构失衡，所以客观上需要理顺二者发展的关系，在某一个时期可以有偏重和重点发展战略选择，但从长远来看必须实现县域内城镇经济和农村经济的协调发展。二是需要处理好数量与质量的关系。传统的发展方式是重数量轻质量的不可持续性的发展模式，在发展县域经济过程中必须尽快转变种植发展方式，化解长期以来困扰地方经济健康发展的质与量的矛盾，增量和提质共同构成了现代县域经济发展的重要目标，不能只重视生产数量和产值的增加而忽视产品质量的提高，更不能为了追求一时一地的产量、产值指标而牺牲产品的卫生安全指标。三是需要处理好县域经济发展速度与效益的关系。可持续发展理念要求经济发展速度要与经济效益、取得的经济成果统一起来，脱离经济效益的发展速度越快越有害，就会带来资源过度消耗、供求矛盾加剧和环境污染严重等恶果。四是需要处理好县域经济发展与生态环境的关系。地方政府有关部门及其工作人员要树立正确的政绩观，注重保障民生幸福和改善生态环境，建立绿色 GDP 的考核指标和评价指标，防止片面追求经济发展指标而忽视生态环境问题。

（四）树立农业发展新理念和发展县域特色农业

由于受制于区位条件、资源特点和发展基础等因素，各地县域农业发展状况和水平会存在较大差异，但不论农业发展现状和水平存在何种程度的差异，都应当充分利用县域区位优势和农业资源优势，积极发展当地特色农业、品牌农业和高效农业，大力发展农业精深加工和食品加工业，并不断完善农产品流通体系，提升农业现代化发展水平，破解农业现代化进程中农民如何走向富裕之路的最大难题，逐步实现县域农业可持续发展。

1. 牢固树立资源节约和生态文明的县域农业发展理念

鉴于目前山东省一些县域农业发展中存在资源配置不合理和生态环境问题较多，在规划县域农业发展方面必须树立资源节约和生态文明的农业发展理念，注重农业经济发展与生态环保、资源可持续利用、农村社会进步等紧密结合，大力发展高效生态农业和循环农业，提升县域农业生态环保水平，追求县域农业的经济效益、生态效益、环境效益和社会效益等相协调的综合效益。尽管当前山东省一些县域农业经济发展水平并不低，但农业的可持续竞争力并不强，尤其是农业在资源节约、生态优化和环境保护方面做得不够好，农业生产比较粗放，农业投入严重不足，农业技术水平相对较低。因此，在县域农业发展过程中要坚持资源节约、绿色生态和集约发展的理念，把生态文明全面融入农业发展过程中，加强环境资源集约利用，促进农业产业集约化发展，注重农业环境保护和生态修复，走资源节约与环境友好型可持续的现代农业发展道路，开创绿色农业、生态循环农业和低碳农业发展模式,并通过技术创新提升改造传统农业,注重发展现代高科技农业和信息农业,使县域农业逐步实现生态化、集约化、信息化和科学化。

2. 做大做强农业资源优势县的特色农业

目前县域经济在很大程度上受农业资源及农业发展水平的影响,农业资源条件差异往往决定着县域经济发展的不同类型和特色,县域经济发展和资源情况又决定了农业现代化发展路径。山东省县域经济和县域发展差异大,特色各异,其中一些县是县域经济强县,也有的属于发展相对落后的县。因此,扶持和引导的政策也不应该相同,关键是能够发挥县域经济各具特色的比较优势,开创具有本县域特色的现代农业发展模式,促进县域经济持续健康发展。特别是山东省一些农业资源优势县,有的属于农业大县,以粮、棉、油和畜牧业生产为经济发展的重点;有的属于特色农业资源县,特殊的地理区位、水土资源条件、生产技术和经验形成的特色农业产业,以及具有特色的土特产品而形成的地理标志、商标品牌和商誉,给农业发展奠定良好的资源基础。例如,地理标志作为一种特殊的农业资源被称为"三农"的知识产权,对提高农产品竞争力,增加农民收入有现实意义。据有关研究估计,目前我国的地理标志产值已超过 8000 亿元,保护与发展地理标志已经成为壮大县域经济的一个重要课题。山东省是我国地理标志资源异常丰富的一个省份,如烟台苹果、章丘大葱、莱芜生姜、金乡大蒜等,在国内外都有较高的知名度,充分挖掘和利用这些无形的县域特色农业资源,对于做大做强县域经济和创新现代农业发展模式具有重要意义。

3. 拓展农业多种功能,发展生态休闲农业

积极拓展农业的多功能性,促进农业与旅游、教育展览、文化传承、健康养老等产业深度融合,发展生态旅游农业、休闲体验农业。山东省一些县(市)具有明显的地域优势,应找准现代农业发展定位,积极发展休闲农业和乡村旅游业等,增加农业附加值。近年来,山东省一些具有地理特色和地域优势的农业大县,积极尝试改变农业主导产业的较为单一的局面,利用相对良好的地域特色、自然环境和人文历史资源,尝试发展生态休闲农业、观光旅游农业等。例如，寿光市依托蔬菜高科技示范园、弥河生态农业观光园、滨海国家湿地公园等带动现代生态观光旅游农业的发展，不少景点被评为国家 3A 和 4A 级旅游景区，寿光市还荣获了"中国优秀旅游城市"称号，很好地把美丽乡村建设与发展乡村旅游结合起来，生态休闲旅游农业已经成为拉动当地县域经济发展的重要增长点。又如，栖霞市发挥当地农村旅游资源优势，发展休闲旅游农业，特别是利用丘处机故居等道教文化景观和山水旅游资源，开拓以"游庄园、访道观、探山林、泡温泉、品美酒"为主要内容的旅游项目，带动当地发展休闲度假、养生养老、民俗文化等产业，着力打造乡村旅游、文化旅游、生态旅游等知名品牌，延长了农业产业链条。再如，莱州市突出地域特色和充分挖掘农村旅游资源，提出"旅游为民、旅游富民"的口号，加快发展乡村休闲旅游业，通过打造一批乡村旅游特色村庄、乡村旅游特色项目、乡村旅游精品线路等，创新农业和农村发展模式，从根本上改变了传统的农村产业结构，提高了农业经济、社会和生态效益。

（五）拓展县域经济与农业现代化、乡村振兴协调发展模式

1. 协同推进县域经济与农业现代化建设

县域是"三农"问题比较集中的区域和统筹城乡发展的关键载体，县域经济发展有利于改善农村生活和农业生产条件，有利于优化农村产业结构，在推进县域经济发展的过程中，要进行科学规划和统筹发展，强优势、补短板、重创新，将县域经济发展与农业现代化和新农村建设紧密结合起来。一方面，通过发展县域经济推动农业供给侧结构性改革，充分发挥县域农业资源优势，发展现代生态农业、高效农业和休闲农业，缓解农产品供求矛盾，为实现农业增效、农民增收和农村增绿的目标奠定基础；另一方面，通过实施农业现代化战略和进行农业供给侧结构性改革实现县域经济转型升级，做大做强县域特色产业，促进县域产业结构合理布局和协调发展，走出一条既有本地特色又有实际效果的县域经济发展新路。

2. 发展县域经济与实施乡村振兴战略相统一

首先，通过发展县域经济促进乡村振兴战略的实施。县域经济发展可以推动城乡基础设施建设条件的改善，提高农村文化教育水平，并完善农村市场和服务体系，逐渐形成县域经济发展与农村劳动力素质提高、新型农民成长、农业增效、农民增收、农村增绿和农村生产生活条件改善的协调发展模式，为繁荣区域经济、实现城乡一体化和顺利解决"三农"问题创造条件。其次，通过实施乡村振兴战略带动县域经济和县域农业发展。加快乡村建设对县域经济和县域农业发展起到很好的推动作用，农村是县域经济建设的主阵地，随着新农村建设的全面开展，农民增收、农村基础设施和生活环境条件改善、农村市场服务体系完善等，不但提高了县域人均收入水平和减轻了地方财政负担，而且可以拉动整个区域经济快速发展，最终形成县域经济、农业现代化、乡村振兴等良性互动与同步发展。最后，促进县域农村一、二、三产业融合发展。2018 年 8 月，山东省委、省政府共同出台《关于加快县域经济健康发展转型发展的若干意见》，提出在加快县域经济发展中要振兴乡村经济、促进乡村产业融合的发展思路，开展农业"新六产"示范县创建活动，以县域为支撑，促进产业链重构，形成全环节提升、全链条增值、全产业融合的农业"新六产"发展格局。特别要发挥农业龙头企业的作用，促进农业生产、加工、物流、研发和服务相互融合，支持发展农产品、林产品、水产品深加工和农村特色加工业，提升加工转化增值率，推动县域农村一、二、三产业融合发展。

3. 促进农业产业化升级和培育农村新兴产业

首先，农业产业化促进了传统农业向现代农业转变，随着新型农业经营主体的壮大和现代农业模式的创新，还要实现农业产业化不断升级。寿光市作为著名的"中国蔬菜之乡"，较早实行农业产业化经营，近年来随着农业和农村经济发展形势的变化，不断推动农业产业化向纵深发展，依靠科技创新加快园区农业、种子种苗产业、品牌农业和创意农业等现代农业的发展，不断延长农业产业链条，带动了农产品加工业以及储藏、包装、流通、会展、旅游、培训等农村二、三产业的发展，建成了国内首家蔬菜电子拍卖中心和全国首家蔬菜网上交易市场，实现了农村资源优化、农产品附加值提高、产业集群化、扩大农村就业和县域产业优化升级的多重目标，许多成功经验值得推广。

其次，要从"互联网+"等新视角改造传统农村产业，培育农村新兴产业、新业态和新的经济增长点，努力发展农村现代服务业，打造农村新的经济生态链，实现农村一、二、三产业融合发展，促进农业增效、农民增收、农村增绿和县域经济全面发展。积极发展休闲农业，鼓励发展乡村旅游，深化旅游业供给侧结构性改革，实施休闲农业、乡村旅游精品工程和创业、创新、创客工程，打造相对集中、功能齐备、特色鲜明的乡村旅游集群片区，推进乡村旅游规模化发展；尝试建设一、二、三产融合发展的乡村旅游园区，推动特色小镇的旅游功能开发建设，加大对县域内古街区、古村落、古民居和古文化等资源的保护利用，打造一批古村落度假村、主题村落、乡村精品文化活动，推动乡村休闲旅游农业健康稳定发展。

（六）开创县域经济与新型工业化、城镇化协调发展新模式

1. 促进县域经济和新型工业化协调发展

增加农民收入和富裕农民是发展县域经济的根本目的，从山东半岛一些县经济发展比较成功的经验来看，要富裕农民就必须减少农民，而减少农民的最重要途径就是农村工业化和城镇化带动。因此，一是要抓好农产品精加工、深加工业发展工作，依靠科技进步提升农村工业发展水平，培育形成一批农村龙头企业和区域品牌，拉长农村产业链条，扩大农村劳动力就业和增加农村居民收入，实现县域经济跨越发展；二是实现县域经济与新型工业化协调发展，要避免重走传统农村工业化"乡乡点火、村村冒烟"和"先污染、后治理"的老路，改变农村企业分散布局和粗放经营状态，促进企业向园区集中，有利于节约土地、环境治理和要素集聚，进一步促进县域内产

业集聚和产业集群发展，带动当地服务业兴起，形成县域经济发展与农村工业化相得益彰的新格局。

2. 实施新型城镇化战略 促进县域经济持续发展

实施新型城镇化战略要立足县域经济发展实际，坚持科学发展、合理规划和注重实效的原则，进行城乡统筹和提升县域城乡统筹发展水平，将县域经济发展与新型城镇化建设有机结合，加强县城建设和加快小城镇发展，打造一批具有象征意义、有文化底蕴和富有现代气息的特色小镇，发展城镇二、三产业和推动产城融合，既要注重城镇经济社会发展，又要加强城镇生态环境保护，促进城镇基础设施向乡村联通、产业向乡村辐射、公共服务向乡村延伸，不断增加吸纳转移农村剩余劳动力，走新型城镇化带动县域农村发展的新路子。2014 年出台的《国家新型城镇化规划（2014—2020 年）》指明了新型城镇化的发展路径、主要目标和战略任务，提出推动城乡发展一体化，加快农业现代化进程，建设社会主义新农村，这也为正确处理县域经济发展与新型城镇化建设的关系提供了理论和政策依据。新型城镇化具有城乡统筹、工农业互动、产城一体化等基本特征，通过发展城镇经济扩大辐射周边农村地区，带动农村非农产业和现代农业发展。

3. 协调县域经济发展与产业融合的关系

县域经济发展离不开产业支持，需要认真挖掘县域经济内生发展潜力，促进县域一、二、三产业融合发展。一是县域经济发展应与小城镇建设和园区建设结合起来，促进农村人口和剩余劳动力向城镇集中，引导各类企业、要素和产业向园区有序聚集，实现产业兴城和城镇带动产业发展的良性循环。二是新型城镇化带动产城互动和产城融合，在发展城镇产业的基础上，不断增强城镇的容纳力和吸引力，不但为城镇居民提供良好的生产、生活和服务环境，而且为转移农村剩余劳动力创造条件。

4. 形成县域经济与新型工业化、城镇化同步发展格局

由于农业现代化、新农村建设和新型工业化、城镇化战略的实施主阵地都在县域广大农村地区，县域经济的健康持续发展为新型工业化和城镇化建

设创造了条件，实施新型工业化和城镇化战略不但对于振兴县域经济意义重大，而且对于推动农业现代化以及城乡一体化具有不可替代的作用，为资源和生产要素在工农业之间和城乡之间合理流动奠定了基础，尤其是方便了城镇企业、人才到农村投资、就业和创业，把先进的现代生产要素带到县域农村地区，可以加快农业现代化和新农村建设的进程，形成县域经济与新型工业化、城镇化同步协调发展的新局面。

（七）优化县域经济结构和农业产业产品结构

1. 进一步优化县域经济结构，形成一、二、三产业融合发展格局

一方面，鉴于目前农业在许多县域经济中占据举足轻重的位置，必须继续重视农业稳定发展，在确保粮食安全的前提下，进一步调整优化农业产业和产品结构，积极培育优势农业产业，大力发展县域特色农业，扩大生产优质高效农产品，不断提高农业和农产品的市场竞争力。另一方面，在保证农业稳定发展的基础上，积极实施工业强县（市）战略，长期以来县域经济发展的经验告诉我们，无农不稳，无工不富。要培育县域主导工业产业，注重培养当地竞争力强的核心企业，并围绕核心企业发展配套产业，合理发展农村工业及进行工业结构优化升级，特别是要重视发展农产品加工业。农产品加工业一头连着农业，另一头连着农村服务业，与城乡广大人民群众的生产生活息息相关，加快农产品加工业发展可以更好地推动农村一、二、三产业融合发展和农业供给侧结构性改革，不但有利于延伸农业产业链条，提高农产品的附加值和增值空间，而且对农村和农业发展形成强大的辐射带动作用。

另外，当前县域服务业发展相对落后但发展潜力巨大，要积极培育区域新型服务业，改造升级传统服务业，重点发展技术、信息、人才、金融、保险、现代物流、医疗、教育、文化、旅游和餐饮等服务业，引导房地产、资本、租赁、担保、健体、康复、养老等服务业健康稳定发展。各级政府要加大对县域产业的投入、提供政策扶持和加强必要的监管工作，促进三次产业结构合理并形成内在的互动机制，保证县域一、二、三产业深度融合和可持续发展。

2. 不断优化农业产业结构和区域布局结构

在确保本省粮食安全的基础上，加快优化县域农业产业结构及其区域布局，不断改善农产品供给结构，推动农林牧渔结合、粮经饲统筹、种养加一体发展，形成日趋合理的农业产业结构体系。

首先，在种植业方面，促进"粮经饲"三元种植结构协调发展，科学布局粮食生产，在抓好建设一批吨粮县、吨粮市和保证口粮安全的基础上，因地制宜扩大一些县（市）的大豆、杂粮杂豆、花生、薯类、蔬菜、水果等种植面积，逐步扩大开展"粮改饲"试点县范围，适当调减籽粒玉米种植面积，增加青贮玉米、苜蓿、黑小麦等饲草作物种植面积，在胶东半岛、鲁北等干旱缺水地区增加马铃薯等耐旱作物种植，临近大城市和批发市场的县（市）可以扩大规模化、品牌化蔬菜花卉种植，并不断提升设施蔬菜和设施园艺水平。

其次，在林业经济发展方面，继续加强经济林、防护林和生态林建设，扩大栽种果树、茶树和特色经济林面积，鼓励适宜地区种植木本粮油、木本药材等树种，做大设施花卉产业，拓展林草、林药、林菜、林菌、林禽和林畜等间作农业发展模式，推广农林复合高效经营模式。

再次，在畜牧业方面合理发展奶牛、肉牛、肉羊等草食畜牧业，做好奶牛养殖大县种养结合整县推进试点工作，加快优质牧草生产基地建设，积极拓展畜牧业功能，打造粮草兼顾和农牧结合的种养新模式，推广畜禽标准化、规模化和生态化养殖模式，着力发展高效生态畜牧业。

最后，在渔业发展方面，要进一步提升水产养殖业水平，内陆县（市）注重发展淡水养殖和渔业增殖业，沿海县（市）要不断优化海洋捕捞业，拓展渔业休闲产业发展的空间，将渔业与水上休闲观光、划船垂钓、生态旅游业发展结合起来。

3. 进一步调整粮经饲种植业结构和优化农业产品结构

山东是粮食生产大省，粮食播种面积和总产量均居全国第三位，2003 年以来全省粮食总产曾实现"十三连丰"的好成绩，粮食总产先后跨上700亿斤、800亿斤、900亿斤三个台阶，预计到2020年粮食生产能力将达到1000亿斤以上。可是，长期以来山东省一直注重小麦、玉米两大粮食作物生产，杂粮和饲料作物种植面积狭小，种植结构十分不合理，加之近年制约现代农业发展和粮食生产的瓶颈因素逐渐增多，玉米等粮食价格一直处于低迷状态并出现"卖难"现象，影响了农民增收和种粮积极性，优化粮经饲种植结构势在必行，推动小麦、玉米两大粮食作物生产向适当调减籽类玉米播种面积和增加大豆、杂粮、饲草料种植面积，特别是扩大青贮玉米、苜蓿、黑小麦等饲草作物种植面积。

同时，发展现代农业除了培育优势产业，为了适应消费个性化、多样化和优质化的需求，还要加快发展特色农业、高科技农业和优质农业，大力培育"名优特新"经济作物，提高农产品质量和市场竞争力。山东省逐渐把农产品质量安全看作现代农业发展的生命线，提出到2020年全省农产品质量安全监管体系健全完善，标准化生产水平大幅提高，主要农产品监测合格率稳定在98%以上，力争成为全国农产品质量最安全、最放心地区。在实践中，有的县（市）在扩大农产品种植面积的同时，对主导农产品的品质也不断提升。例如，目前栖霞市十分注重提升苹果的品质，不但及时引进更新种植优良品质的苹果，及时淘汰低产低质品种，推广应用苹果专用配方施肥以确保苹果的甜度和品质，而且还鼓励嘉和果品专业合作社等农民专业组织带动果农提高种植技术，培育水果品牌，增强当地苹果的市场竞争力，这些经验值得推广借鉴。

4. 形成饲料种植业和畜牧业良性互动格局

一方面，山东省是一个畜禽养殖大省，许多县（市）畜牧业比较发达，每年需要消耗大量饲料，例如，到2015年山东省奶牛存栏量已达到130.6万头，肉牛存栏数已达到330.4万头，羊存栏超过2235.7万只，但落后的饲养方式与畜牧业快速发展不相适应，长期以来实行"人畜同粮""粮饲不分"等不科学的喂养方式没有得到有效改善，严重影响了畜牧业的经济效益。另一方面，采用苜蓿等精饲料代替粮饲料具有成本低、效益高的优点，目前山东省扩大苜蓿种植具有现实意义，苜蓿作物耐盐碱性较强，沿海地区和黄河三角洲地区等分布大量的滩涂地、低洼地和盐碱地，不适合粮食作物生长而比较适合苜蓿等牧草作物生长，如果能够完善田间基础设施条件，实行标准化和规模化生产，提高水肥配套、病虫草害综合防治和青贮等技术，可以合理利用土地资源增加牧草饲料供给，促进畜牧业快速健康发展。山东省奶牛养殖每年大约需要 90 万吨苜蓿干草，而目前省内苜蓿干草年产量只有 30 万吨，存在 60 万吨缺口；牛羊每年需要青贮饲料多达 4400 万吨，省内实际年产量只有 2800 万吨，存在 1600 万吨的缺口。有关县（市）应当采取扶持政策，推广使用适应不同区域和种植条件的高产、优质、耐盐碱、抗逆性强的苜蓿优良品种，逐渐形成以饲料作物种植促进养殖、以养殖带动饲料作物种植、饲料种植业和畜牧业良性互动的局面。

5. 进一步探索种养结合的农业发展模式

按照"以养带种"的原则，在牛、羊、兔等食草动物养殖的优势县（市），应当积极发展青贮专用玉米、苜蓿等优质饲料作物，合理确定粮改饲的种植面积，通过扩大试点有效探索种养结合模式，集成发展饲料作物生产应用成套技术，提高饲料作物利用率，提升草食畜禽标准化规模养殖水平。2016年，山东省扶持了连片 3000 亩左右青贮专用玉米种植 10.8 万亩，连片 1000 亩以上苜蓿种植 2.6 万亩，粮改饲的示范县（区、市）青贮专用玉米及苜蓿等优质牧草种植达到 30 万亩，初步形成了种植规模与规模效益，并构建了不同养殖规模和水平的种养结合模式。根据试点规划，到 2020 年，山东省青贮专用玉米 3000 亩连片种植的面积将达到 200 万亩以上，带动全省种植面积在 500 万亩以上，实现青贮饲料基本满足草食家畜饲喂需要；优质牧草（苜蓿）1000亩连片种植面积将达到 20 万亩以上，带动全省种植面积将突破 100 万亩，苜蓿等优质干草基本满足奶牛饲草需求，基本形成优质高效饲料作物生产与畜牧业融合发展的格局。在此基础上还要进一步探索科学的多种种养结合的农业发展新模式，不断提高农牧业经济效益，促进县域农业可持续发展。

第九章　现代农业发展的典型
模式与经验总结

山东省不少县域经济在发展过程中，创立了具有当地特色的典型发展模式，特别是在农业现代化建设中涌现了一些有代表性的特色模式，积累了许多宝贵的成功经验，其中不乏具有借鉴和推广价值的现代农业发展模式，包括特色农业现代化建设的"平度模式"、加快城乡一体化发展的"龙口模式"、创新农业产业化经营的"诸城模式"、休闲旅游农业带动的"莱州模式"、突破农业融资瓶颈的"武城模式"等。

第一节　特色农业现代化建设的"平度模式"

平度市属于山东省青岛市的一个县级市，曾连续十几年进入全国百强县（市）的行列。平度市在农业现代化建设方面走出了具有自己特色的道路，2015年国家农业部曾以"平度特色的农业现代化之路研究"为专题召开研讨会，与会的国务院有关部门领导和专家对农业现代化的"平度模式"进行了肯定，对平度市在农业现代化方面的探索给予高度评价，中央电视台、人民日报、新华社、经济日报等重要媒体予以集中关注和报道。在特色农业现代化建设方面取得极大成功的"平度模式"，其基本经验和特征表现为：稳妥推进农业生产经营的专业化，提高农业标准化水平；提升农户家庭经营的外部组织化和规模化程度，提高农业集约化水平；推进农业社会化生产，加强农业品牌化建设，等等。"平度模式"的成功经验对全国其他地区的农业现代化建设具有重要的启发意义和借鉴作用。

一、通过改革创新促进特色农业现代化发展

平度是山东省面积最大的县级市，人口 140 万，人均耕地面积约 2 亩。平度市是山东省唯一入选了"国家中小城市综合改革试点单位"的城市，稳步推进 5 个方面 26 项改革，特别是现代农业改革与建设试点绩效评价在全国居于领先位置，获批"国家农村产业融合发展试点示范县"。2016 年，平度市完成地区生产总值 813 亿元，年均增长 9.8%，实现一般公共预算收入 49.8 亿元，年均增长 12.9%，位居全国县域综合竞争力百强排名第 31 位；当年实现规模以上工业总产值 1834 亿元，年均增长 11%，位居全国工业百强县第 29 位；5 年累计完成涉农基础投入 47 亿元，建成粮食万亩示范点 143 个，粮食产量多年在山东省位居各县（市）第一位，蝉联"全国粮食生产先进县（市）""全国超级产粮大县"等称号；国家地理标志保护产品达到 18 个，位居全国县级市前列。2016 年，全市实现新增城镇就业 5.8 万人，转移农村劳动力 8.8 万人，城乡居民人均可支配收入分别达到 36359 元和 17223 元，城乡居民人均收入比为 2.11∶1，低于全国 2.72∶1 的平均水平。

目前平度市已发展规模以上农产品加工企业 110 家，成立农民合作社 2505 家、家庭农场 3218 家、农民合作社联社 20 家，成立了农联会、蔬菜流通协会等服务型专业组织 182 家，有 8500 家农户成为服务对象。平度市计划在未来五年通过深化改革，加快建设山水田园休闲旅游胜地、国家现代农业示范区，搞好国家农村产业融合发展试点，打造农村三次产业融合发展新模式，不断提升农业现代化水平。

2016 年，青岛市还专门制定出台了《关于加大支持平度农村发展改革工作的意见》，支持平度加快深化农村改革，释放农业农村发展动能，形成以工促农、以城带乡、工农互惠、城乡一体发展新格局，实现农业发展方式转变，提高农业可持续发展水平和竞争力，到 2020 年基本实现农业现代化。

二、在保证粮食安全的前提下创新农业发展模式

粮食既是人们生活消费的主食，也是粮食加工业发展的基础，平度市作为一个经济发达的县（市），并没有放松对农业和粮食种植的要求，而是长期严守耕地和基本农田保护红线，以加强永久基本农田划定与保护等方式，制定严格的耕地保护政策，稳定粮食生产，始终将保证粮食安全工作放在突出位置来抓。目前全市建立良种繁育基地 20 万亩，先后繁育推广良种 18 个，其中 4 个品种尝试了航天育种形式，全市良种覆盖率达到 100%；改造中低产田累计达到 55 万亩，建成 50 万亩的粮食生产功能区。据统计，2003—2017 年，平度市先后 11 次获"粮食生产先进县"称号，5 次获"全国超级产粮大县"奖励。2017 年中央一号文件提出了在加强重大生态工程建设中"加快推进国家农业公园建设"要求，青岛平度店子镇国家农业公园获农业部批准建设，成为全国首家国家农业公园，该项目总规划面积 172 平方公里，总投资约 70 亿元，于 2018 年建成开放。目前平度市还建成现代农业功能区 100 万亩，规模以上农业园区 85 个，4A 级景区 1 处，3A 级农业观光景区 2 家，省农业旅游示范点 1 家，农业观光园区 31 个，等等。

另外，该市还依托农贸批发市场、农民专业合作社、农业大户和家庭农场等，积极发展"互联网+"农业模式，政府搭建农产品市场供需信息发布平台，并与淘宝、京东、一亩田等 10 多家农产品网络销售企业合作，通过开设农产品销售绿色通道、农超对接等形式，连接农业产供销各环节，解决农民卖难问题。自 2016 年以来，平度市在全国率先探索推进农民创新创业，积极打造"农创+科技""农创+旅游""农创+电商"等"农创平度"模式，

鼓励农民创新创业带动农业新产业、新业态发展，促进农村产业深度融合，拓展农民的增收空间，"农创平度"已被国家发改委作为典型经验在全国推介，其成为平度推进农业现代化建设的重要特色。

三、通过打造农业品牌增加农产品的附加值

多年来，平度市坚持走科学发展、农业增效、农民增收的农业现代化之路，将"高端、特色、名牌、精致、创意"作为农业现代化发展的主题，创立特色农业发展模式，积极打造农业品牌，努力提高农产品质量和档次。平度市创"三品一标"农产品123个，其中无公害农产品70个、绿色食品30个、有机食品9个，国家地理标志保护产品18个，保护区域面积达160多万亩，成为全国拥有地理标志保护产品最多、最集中的县级市，其中马家沟芹菜荣获了全国首个叶类农产品的国家地理标志产品认证，计划争取到2020年再新认证"三品一标"30个左右，平度因此也被誉为"中国品牌农业硅谷"。目前全市农产品注册商标达450多件，拥有市级以上农产品名牌18个，其中马家沟芹菜、喜燕牌花生油、大泽山葡萄3个农产品商标被认定为中国驰名商标，还有3个山东省著名农产品商标，2个青岛市著名农产品商标，3个"岛城十大农产品商标"等。

根据2017年有关部门和机构关于中国品牌价值评价结果显示，平度市大泽山葡萄、马家沟芹菜分别以12.78亿元和7.2亿元荣登地理标志产品区域品牌亿元榜单，成为青岛市仅有的两个上榜产品。平度市还在全国建成第一家芹菜博物馆、首家鲜食葡萄博物馆等，在青岛超市普通芹菜售价约4元/公斤，平度的"马家沟芹菜"可以卖到40—78元/公斤，而精品芹菜"玻璃脆"每公斤售价更高达到200—400元；大泽山葡萄、沽河牌蔬菜等的售价均为普通农产品的几倍乃至十几倍，金手指葡萄售价在300元/公斤左右，雪花牛肉可以卖到3000元/公斤。这些高端特色农产品不但凸显了"平度模式"的特色，而且也很好地带动了农业增效和农民增收，例如，现在马

家沟芹菜的保护地域达 6.8 万亩，栽培面积达 2 万亩，亩均收入由原来的不足 2000 元提高到 14000 元。

四、以农业现代化建设为契机 促进农业结构转型升级

平度市还以农业现代化建设为契机，促进农业结构转型升级，2016 年，平度市实现地区生产总值 813 亿元，增长 9.8%，其中第一产业实现 107.9 亿元，增长 4.8%，农业增长速度明显滞后于其他产业；全市三次产业结构由 2015 年的 13.3∶52.5∶34.2 调整为 13.2∶51.4∶35.4，结构得到进一步优化，但三次产业结构调整的空间仍然较大。近年来，平度市以主导产业发展为基础，以农业品牌培育为重点，加快推进一、二、三产业融合发展，积极培育农业和农村发展的新动能。

2017 年，平度市政府进行规划，争取以农业现代化建设为契机，促进产业结构调整和农业结构转型升级，进一步完善农田水利设施，提高农业综合生产能力，高标准打造 50 万亩粮食高产示范区、30 万亩生态果品功能区、20 万亩出口加工型蔬菜功能区；推进特色小镇建设，加强一批特色产业名镇和生态宜居美镇建设，不断改善农村生产和生活环境，推动美丽乡村建设。总之，平度市通过农业结构调整带动农业现代化发展，同时又通过推进农业现代化实现农业结构转型升级，二者实现良性互动发展。

五、推进农业供给侧改革 助力特色农业发展

近年来，平度市积极发挥政府主导作用，加快推进农村综合改革和农业供给侧结构性改革，营造良好环境，激发农业和农村发展活力，形成加快推进农业发展的强大合力，促进农业现代化水平不断提高。2015 年，平度市在青岛率先开始开展农村产权制度改革，当年就完成了 150 个村的农村产权制度改革任务，截至目前，已有 770 个村完成了农村产权制度改革，通过农村产权制度改革，村民变身成股东，成为最大的受益者。1594 个村完成农村土

地承包经营权登记颁证，占确权村总数的 95%，列青岛各区市第一位。

同时，平度通过农村金融体制改革，疏通农业融资渠道，该市成为全国首批农村承包土地经营权抵押贷款试点县（市），已实现发放银行贷款 9699 万元，通过开展"政银保""助保贷""企业扶持过桥基金"等金融业务，利用 5 亿元的财政资金带动 50 多亿元的社会资金全部用在涉农领域。该市还围绕农村产业融合发展试点，结合"农创平度""特色小镇"和"美丽乡村"建设活动，建设发展农产品生产功能区、农业产业园和休闲农业，充分发挥龙头企业、合作社、家庭农场等新型农业经营主体的作用，推行多种农业产业化经营，适度扩大农业经营规模，提高农户组织化和社会化程度，延长农业的产业链条，促进农业增效和农民增收，提升农业现代化水平。

另外，平度市最近几年还经常组织农业科技下乡活动，组织农业专家、科技人员、科技带头户及农资经营单位，下乡开展农业政策宣传、农机专家现场咨询、农业生产信息发布、农业实用技术推广等，向农民群众发放农业科普材料、开展技术咨询、播放农业技术声像资料，宣传推介农业新技术、新成果、新品种、新农药化肥等，或者通过农技专家到田间地头进行面对面、手把手提供农作物栽培技术及病虫害防治等技术服务，指导帮助农民解决生产实际问题，对镇村干部、合作社负责人和农民进行专题培训，为发展现代农业提供科技支撑。

第二节　加快城乡一体化发展的"龙口模式"

龙口是山东省烟台市下属一个县级市，也是在全国百强县（市）榜单上排名比较靠前的市。根据工信部所属的"赛迪智库"发布的《2017 年中国县域经济百强白皮书》，龙口市排名为我国县域经济百强第 8 位，在山东省高居第一位。2016 年，龙口市地区生产总值达到 1111 亿元，人均生产总值突破 17 万元，已经达到高收入国家和地区水平，当年城镇和农村居民人均可支配收入分别达到41708元和19049元。龙口市曾致力于在江北率先以县级市成建制实现城乡统筹，引起社会和学界的极大关注，中国社会科学院曾在此专门举办了"龙口城乡一体化理论研讨会"，吸引了不少国内"三农"问题的专家学者前来探讨"龙口模式"。"龙口模式"的主要经验可以概括为以下几个方面。

一、通过科学规划布局 加快城乡融合

在龙口市实施城乡一体化发展战略过程中，坚持规划先行和科学布局，规划建设局投入1700万元设计出"龙口城乡一体化发展系列规划"，在空间布局上设计为城市组团式城乡总体格局，共分为东城、新区、南山、西城、东海等五大区域框架结构，重点建设高新区、工业区、滨海度假区三大经济板块，以五大组团城区辐射周边农村，以三大经济板块加速融合周边村庄，以城乡产业合理布局形成城乡融合，通过产业驱动、大项目建设、园区扩张加快农村城镇化进程，2014年已累计推动160多个村庄实现社区化和城镇化。2017年龙口市政府又启动新一轮城市和村庄规划编制工作，高起点抓好城市规划设计，提升基础设施建设水平，促进城市发展向完善功能、提升品质转型，推进以人为核心的新型城镇化，提高城市集中度和繁荣度，推动美丽乡村建设，全面深化村庄人居环境综合整治，完善农村公路安全防护和公路网化工程，为城乡融合发展奠定了物质基础。

二、政府主导和龙头企业带动城乡一体化

首先，积极发挥政府在城乡一体化中的主导作用。龙口市政府在推行城乡一体化过程中起到了主导作用，积极推动城乡社会保障和公共服务的一体化，在短短的几年时间内，龙口市、镇两级财政共投入支农资金几十亿元，仅农村公路建设投入就达1.1亿元。财政支持推进了城乡基础设施对接、社会事业同轨、公共服务同享。自2012—2016年，市财政五年支持"三农"

资金 107 亿元，为农业稳定发展和城乡一体化建设奠定了基础。

其次，充分发挥龙头企业对城乡一体化的带动功能。龙口拥有众多的经济实力较强的村和龙头企业，集体经济收入过百万的村有 160 个，销售收入过亿元的龙头企业多达 148 家，像南山集团、威龙股份、东宝食品等龙头企业已经成为对地方经济很有影响力的大企业，如果充分发挥经济强村和龙头企业对城乡一体化的带动作用，就可以成为弥补财政投入城乡建设缺口的重要渠道。在政府的引导和推动下，仅南山集团几年内就兼并了周边 36 个自然村，让 2.8 万农民转变成市民；不少地方近年通过强村兼并、村庄合并和土地整合，并引导农民通过土地入股、租赁、转让等多种形式，促进农业规模经营和农村劳动力非农就业转移，实现了农村社区化、农民市民化和农业现代化的统一。

三、统筹城乡基础设施建设和改善农村生产生活环境

龙口市推行了农村居住向社区过渡，城镇公共服务资源进一步向农村延伸，形成一村或者多村组建一社区的居住模式，到 2014 年年底，龙口已整建 160 多个村，从而使 25% 以上的农村实现了城镇化，全市城镇化水平达 57%，近 60% 农民进入城镇生活，70% 的农村劳动力从事非农产业。自 2015 年以后，龙口市又完成一批村庄的社区化改造，新型城镇化建设和城乡服务水平不断提高，农村形成了服务半径 1.5 公里、步行不超过 15 分钟的医疗网，建成城乡 1 公里内实现乘坐客运公交车的交通网，形成辐射城乡 31 万人口的同质饮水网。自 2012—2016 年，龙口市常住人口城镇化率由 61.2% 提高到 66.8%，城市建成区面积由 105 平方公里扩展到 122.9 平方公里，城乡面貌整体改善；5 年完成城建投入 157 亿元，村镇建设投入 62.7 亿元，建成新型农村社区项目 25 个，回迁群众 1.4 万户，解决了 198 个村、15.8 万群众的饮水安全问题。2016 年，龙口农民人均可支配收入已过 19000 元，城乡收入差距缩小为 2.19∶1，远低于全国的 2.72∶1。

同时，根据龙口市制定的"十三五"规划，要持续深化小城镇和美丽乡村建设，不断提升农村人居环境，计划到 2021 年累计新增城镇就业 5 万人、农村劳动力转移就业 1.1 万人，城镇登记失业率控制在 1.5%以内，城镇和农村居民人均可支配收入分别达到 6.1 万元和 3 万元左右，全市常住人口城镇化率要达到 72%，城乡一体化水平进一步提高。

四、发展乡村旅游业助推农村经济发展和城乡融合

为了充分发挥城市拉动乡村发展的功能，提高人们的幸福指数和消费质量，满足城市居民现代生活中对休闲、观光、旅游等需求，龙口市提出了"美丽乡村"建设的目标，市政府高度重视乡村旅游项目的建设和发展，希望通过乡村旅游带动农村经济快速发展。如何挖掘旅游资源潜力把乡村旅游做大做强，让更多的老百姓积极参与和共同发展致富，成为该市乡村旅游发展的重要方向。为此，市旅游局曾多次组织有关镇村负责人到省内外乡村旅游发展较好的地区考察学习，学习借鉴了一些乡村旅游发展的先进经验和做法，创立了一批乡村旅游线路和景点项目，吸引了大量城镇居民到乡村进行休闲旅游和采摘、餐饮、购物、住宿等。

2013 年以来，龙口市在乡村旅游建设中涌现了不少典范，获得了许多荣誉称号，如东江街道获"山东省旅游强乡镇"荣誉称号，南山旅游景区、王屋山生态农业度假区内的水果和茶叶采摘园获"山东省精品采摘园"称号，芦头镇庵夼村获"山东省旅游特色村"称号，王屋山生态农业度假区还获得"山东省四星级好客人家农家乐"命名。现在当地正兴起建设发展旅游特色村、海岛渔村、农家乐、农家宴、农业生态园、精品采摘园、农业旅游示范点等热潮，越来越多的企业和人员积极参与旅游开发项目，一个特色乡村旅游经济圈正在形成，2016 年全市旅游业总收入达到 75 亿元，近 5 年旅业业收入实现年均增长 7.6%的速度，特色乡村旅游业架起了城乡居民经济交流的桥梁，也带动了农村经济发展和城乡融合。

五、实施城乡绿化美化工程和加强公共服务

2012—2016 年，龙口市增加城市绿化面积 140 万平方米，累计投入 7.2 亿元进行美丽乡村建设。首先，实施"城市森林"和城市绿化工程。把绿化美化、抗污染性、抗旱节水作为选择绿化树种的重要指标，耐旱性强的柳树、法桐、小龙柏等成为城市街道两旁栽植较多的树种，雪松、栾树、银杏、毛白杨、黄金槐、大叶女贞、西府海棠、大叶黄杨球等树种占比也较高。同时，增加建设方便居民休闲观光的公园、花园、草坪等景观，不断扩大城镇绿化美化面积，增强城市"绿肺"功能，美人蕉、月季、红叶石楠、草本麦冬、铺马尼拉草坪成为城市吸引游人注目的风景，尤其是近年来引种了大面积紫玉兰、矮牵牛、孔雀草等绿化和美化效果较好的花草，市园林处进行常规性的花草树木的栽植、浇水、打药、养护等工作，目前龙口市城区绿化面积已超过 300 万平方米。

其次，积极推进美丽乡村建设活动。近年来，龙口市政府把全面推进美丽乡村建设确定为一大为民服务的实事，全市美丽乡村建设总体思路是"全域覆盖、整体推进、重点突破、打造特色"，乡村道路主要围绕美化、绿化、硬化、净化、亮化等工作全面展开，实行规划引领和以点带面，着重打造好市镇两级示范带，进行了市级示范带、镇级示范片村庄规划，龙港、徐福、新嘉、诸由观、黄山馆、高新区等镇街区分别设立了一批市级示范带和镇级示范片村庄，并全面启动道路硬化、绿化、美化等工作。同时，按照该市南部山区、中部平原和北部沿海的地区特色，分别规划打造生态旅游示范区、生态人文居住区和生态游览观光区等，积极推进美丽乡村建设。

最后，推行城乡均等化的公共服务政策和措施。多年来，龙口市认真落实城乡均等化的各项创业就业扶持政策，帮助更多的城乡劳动力成功创业和就业，2017 年全市开展各类职业技能培训 4000 人次，新增城镇就业 1 万人、

农村劳动力转移就业 2500 人，持续提升城乡社会保障能力和保障水平，完善城乡公共文体设施，丰富城乡群众业余文化生活，通过推行城乡均等化的公共服务政策和措施缩小城乡差距，为实现城乡一体化目标创造条件。

第三节　创新农业产业化经营的"诸城模式"

诸城是山东省潍坊市的一个县级市，位于胶东半岛东南部，下辖 16 处镇街、市属重点园区等，市内分布着 208 个农村社区、27 个城市社区和1311 个自然村，面积 2183 平方公里，总人口约 108.8 万人，连续多年加入了全国百强县（市）行列。2016 年，诸城市完成地区生产总值 810 亿元，实现财政总收入 93.6 亿元，县域经济基本竞争力升至全国百强县第 26 位。同时，诸城也是一个农业大市，主要种植作物为粮食、蔬菜、水果、花生和茶叶等，先后荣获首批"国家农业产业化示范基地""国家现代农业示范区""全国基层农技推广体系改革与建设示范县"和"农产品质量安全示范县"等称号，连续多年被评为"全国粮食生产先进单位"。自改革开放以后，诸城市从探索农业产业化经营，到现如今通过农业产业化促进农村产业融合发展，形成了被国内重要媒体宣传的独具特色的"诸城模式"，有许多经验值得总结和推广。

一、诸城农业产业化经营模式的变迁

（一）诸城市是农业产业化的发源地之一

所谓农业产业化，是以产加销、贸工农一体化经营，注重农业生产的区域化布局、专业化生产、一体化经营和社会化服务。自 2004 年 7 月 3 日《人民日报》报道了山东省诸城市农业产业化建设的成就以后，很快引起国内一些媒体、专家和地方政府有关部门的关注，不少地方组织了专门参观考察和学习活动，理论界也开始讨论农业产业化经营问题，农业产业化经营模式也相继在一些地方得到推广并取得了突出成绩。事实上，无论是从 20 世纪八九十年代"产供销、贸工农一体化"开始，还是到如今农村一、二、三产业融合发展，诸城市一直处于农业产业化发展引领者的地位。农业产业化经营的核心内容是充分发挥农村龙头企业对农业和农村相关产业的带动作用，最先采取"龙头企业（公司）+农户""龙头企业（公司）+基地+农户"等形式，龙头企业与农户之间结成利益共享、风险共担的利益共同体。目前，随着新型农业经营主体的产生和发展，以及农业产业化龙头企业实力的增强，农业产业化经营模式正在改变，已经出现了"龙头企业（公司）+合作社+农户（场）""龙头企业（公司）+基地+协会+农户""龙头企业（公司）+社区+家庭农场"等新的产业化运作模式，龙头企业和新型农业经营主体等带动了农业产业化不断创新。

（二）诸城市农业产业化经历的几个重要发展阶段

回顾诸城市农业产业化的发展历程，迄今大体经历了五个发展阶段。

第一，农业产业化的萌芽阶段。1984—1987 年，在全面推行农村家庭承包经营责任制的基础上，农村的乡镇企业开始兴起，在一些农业重点产业出现了涉农企业与当地农户的合作，产业化经营的理念初步形成。

第二，农业产业化初步发展阶段。1987—1992 年，全面推行产供销、贸工农一体化，开展"订单农业"，一些龙头企业与周边农户结成利益共同体，农业产业化体系初步形成。

第三，农业产业化快速发展阶段。1992—2001 年，诸城市正式提出实施农业产业化经营战略，按照"市场牵龙头、龙头带基地、基地连农户"发展思路，推行种养加、产供销、贸工农一体化的经营模式，农业的主要产业基本上推广产业化经营，主导产业得以快速发展。

第四，农业产业化的提高阶段。2001—2015 年，为了更好地适应经济全球化和国际化形势发展的需要，诸城市加快发展外向型龙头企业，全面推进农业标准化、社会化、组织化生产，丰富了农业产业化的内涵，产业化经营水平进一步提高。

第五，农业产业化的完善升级阶段。2015 年以后，随着我国工商企业下乡经营农业、农业规模化经营和农村新产业、新业态的发展，以及关于农村土地实现"三权分置"、培育新型农业经营主体和加强农业供给侧结构性改革等政策出台，农业产业化发展进入新的历史时期，需要不断创新农业产业化经营机制，吸纳农民专业合作社等加入产业化组织，实行现代农业规模化、企业化、生态化和多功能化经营，努力实现农业增效、农民增收和农村增绿，促进农村一、二、三产业深度融合发展。

（三）审时度势推进新时期农业产业化升级

首先，作为全国农业产业化经营的发端地，诸城市曾积累了产加销、贸工农一体化等农业产业化经营的先进经验，培育出了诸城外贸、得利斯等一批国内知名龙头企业。但是，随着农村经济和农业发展形势变化，诸城农业产业也面临着技术水平不高、产品档次低、生产要素供应不规范、竞争无序等问题。因此，如何让农业产业化经营升级、继续发挥产业化对现代农业的支撑作用，成为诸城市改革创新的一大课题。

其次，发展农业产业化龙头企业被认为是破题关键环节，以农业龙头企业带动农业产业化升级，实行的运作模式，采用了农业产业化的经营手段，让农户和企业实现了双赢。但是，在新时期随着农民专业合作社、农业协会等农村经济组织的兴起，需要及时将这些经济组织引入农业产业化主体，以克服小农户分散、经营规模小与合作成本高等缺点，诸城市鼓励龙头企业下沉农村社区、建设原料生产基地、开办加工车间、创办合作社或与农民专业合作社有效对接，支持龙头企业与社区合作建设新项目，形成"龙头企业+合作社+社员""社区+龙头企业+家庭农场"等经营模式，使农业产业化经营形式不断创新升级。

最后，诸城许多农业龙头企业主动通过合作社把农民流转的土地作为龙头企业的生产基地，实行标准化生产，成方连片种植，不仅解决了困扰龙头企业农业规模经营问题和农产品质量问题，还形成了工业带动农业、农业支持工业的新格局。目前诸城规模以上农业龙头企业已经超过 280 多家，其中销售收入过亿元的就有 48 家，包括国家级重点龙头企业 3 家、省级重点龙头企业 9 家。诸城市还通过创新合作社收益分配方式，实行社员入股土地保底分红、合作社经营利润按股分红等分配方式，提高农民参加专业合作社的积极性。现在诸城依法登记农民专业合作社多达 2136 家，合作社联合社 27 家，土地专业合作社 50 家，入社农户 16.8 万户，占总农户数的 65.5%。此外，诸城市还加快推进家庭农场建设，努力构建以家庭农场为基础单元的现代农业经营模式，推动农业转型跨越发展，完成工商注册登记家庭农场 617 家。

（四）扶持新型农业经营主体 发展规模高效农业

2017 年，诸城市政府出台扶持新型农业经营主体，发展规模高效农业的政策，重点支持农民合作社、家庭农场、专业大户等加大投入，扩张规模，特别是鼓励发动现有工业企业、房地产开发企业及 110 家潍坊市级以上农业产业化龙头企业下乡经营农业，争取每家领办 1 处不少于 200 亩的设施农业示范园区，实现每年新增高效经济作物面积 10 万亩，用 3 年时间使全市优质高效经济作物面积发展到 50 万亩以上，主要包括瓜菜、果茶、花卉、中草药及油用牡丹、核桃、大榛子等木本油料高效经济作物，市财政对达到规模要求的园区在水电路等基础设施建设方面给予补贴，对投资主体的商业贷款进行全额贴息，投资主体与社区或自然村部分农民采取"投资方+管理方+农户"的模式，也可由企业投资建设后自营或者租赁给农民使用，待农民收入积累完成后整体转让等，以此提升农业产业化经营档次和水平。

二、多措并举促进农业产业化创新发展

（一）做大做强龙头企业是实现农业产业化升级的保障

农业龙头企业仍然是构建新时期农业产业化经营的有效载体，要想实现农业产业化升级，必须做大做强农业龙头企业。目前，诸城市现有各类龙头企业1200多家，其中有一定规模的龙头企业有400多家，得利斯集团等曾被列入全国首批重点龙头企业。农业龙头企业的发展不但促进了农业产业链优化和延长，而且带动了当地农村产业的融合，目前诸城市通过龙头企业带动，推广了"生产基地+加工企业+商超销售"等产销模式，农业产业链条不断优化升级，还形成了果蔬产业、苗木花卉产业、花生产业、茶叶产业、肉鸡产业、生猪产业、烤烟产业、玉米深加工产业、粮油面食产业、特种动物产业等十大农业融合产业体系。今后除了壮大农业产业化龙头企业，还要发展家庭农场、农业经营大户、农民专业合作社等新型农业经营主体，并不断提高新型农业经营主体的经营水平和带动能力，以适应现代农业发展新形势的需要。

（二）形成农业产业化经营中多主体之间的利益联结机制

首先，完善农业龙头企业与普通农户之间的利益联结机制，龙头企业的发展壮大只有让农户的红利同步增长，让农户和企业实现双赢，才能长期维系农业产业化经营模式和巩固利益联盟，诸城市在发展订单农业中实施推广"最低保护价"制度，调动了普通农户参与农业产业化组织的积极性，种植户履约率大幅提升，农户与龙头企业之间建立了更为稳定的合作关系。2017年，全市90%的农产品得到就地加工转化增值，带动45万农民参与到产业化经营链条中，农民收入的75%来自农业产业化经营体系。

其次，建立健全农业龙头企业与新型农业经营主体利益联结机制，充分

发挥新型经营主体在农业产业化升级中的作用，与普通农户相比，新型农业经营主体具有素质高、经营能力强以及在规模化、标准化生产方面的优势，能够更好地提升农业产业化水平，诸城市通过支持农业龙头企业与农民专业合作社有效对接，形成"龙头企业+合作社+社员""龙头企业+合作社+家庭农场""龙头企业（公司）+基地+协会+农户（场）"等产业化经营新模式，延伸拓展了农业产业链和价值链。

最后，强化龙头企业与地方政府、农村社区、行业协会等合作利益关系，诸城市鼓励龙头企业下沉农村社区、建设原料生产基地、开办农产品加工车间、创办合作社，支持龙头企业与社区合作建设新项目和发展新业态，并把旅游业作为新时期农村三产融合的重要抓手，在一批龙头企业的带动下，全市已发展各种形式的休闲旅游农业园50多家，农家乐300余家，从业人数约1万人，其中农民就业0.88万人，带动农户1.15万户，年接待人次达165余万人，发展观光旅游农业多渠道增加农业附加值，乡村旅游和现代农业的融合发展成为诸城农业产业化经营的新亮点（杨瑞雪、蒋欣然，2017）①。

（三）以标准化和品牌化建设提高农业产业化水平

首先，加强农业标准化管理，增强农产品竞争力。诸城市已被农业部确定为全国标准化生产综合示范区；全市共有35个基地通过了山东省无公害农产品基地认定，认定总面积达到了52.3万亩，占耕地总面积的32.7%。通过加强农业标准化管理，完善农产品质量监控体系，加大农产品质量检测力度，全市获得无公害农产品认证已有16个；获得绿色食品认证达12个。目前诸城市龙头企业自属标准化养殖场多达110多处、自属种植基地超过12万亩；当地90%以上的农户进入产业化经营链条和90%以上的农产品实现就

---

① 杨瑞雪、蒋欣然：《山东诸城：产业融合快要靠龙头带》，《农民日报》2017年4月20日。

地加工转化，来源农业产业化经营的收入占农民总收入的 75% 以上。

其次，不断扩大农业标准化生产范围和规模。在种植业方面，诸城重点培育发展安全蔬菜、优质黄烟、有机绿茶、高档花卉等高效作物，当地 80% 的农产品都形成了比较规范的标准化生产体系，共建起国家级农业标准化示范区 9 个，示范带动建成优质粮食基地 90 万亩、蔬菜 37 万亩、花生 20 万亩、黄烟 12 万亩、果品 4 万亩、花卉苗木 3 万亩、茶叶 1 万亩。在养殖业方面，诸城市加快调整养殖结构，改良畜禽品种，提高畜产品质量，大力培育肉鸡、生猪、特种动物等特色养殖产业，努力打造国家级畜产品质量安全示范基地。当地规模化畜禽饲养场达到 3000 余处，畜禽标准化规模养殖比重 85% 以上（都镇强、张晶等，2014）①。诸城市计划到 2019 年新建农业种植园区全面达到标准化示范园区要求，提升标准化畜禽养殖园区 100 处，实现主要农产品生产技术标准全覆盖。

最后，加强农业品牌建设引领农业发展。诸城市选择以品牌农业为发展方向，着力建设现代农业示范基地，坚持规模化经营、标准化生产、企业化管理、社会化服务，促进农业稳定发展、农民持续增收，再造诸城农业新优势。诸城市加快发展高效品牌农业，鼓励企业和合作社创建农业品牌，以品牌农业统领高端和高效农业的发展，加快形成全产业链的现代农业发展模式。近年来，诸城市已经培育了省级以上农产品著名商标及名牌产品 53 个，其中国家级 15 个；"三品一标" 172 个，"三品" 基地 62.3 万亩。2017 年，诸城市政府工作报告中要求继续加强农产品品牌培育，突出抓好蔬菜、果品等产业的 "三品一标" 认证，加强中国驰名商标、省著名商标、省农产品名优品牌创建活动，在巩固 "诸城绿茶" 国家地理标志品牌营销的同时，正进行 "诸城板栗" "诸城特菜" 等区域公用品牌创建活动，试图以品牌建设引领现代农业发展。

---

① 都镇强、张晶等：《诸城打造农业产业化升级版》，《大众日报》2014 年 3 月 27 日。

三、调整农业结构促进农业产业优化升级

近年来，诸城市政府为加快农业产业结构调整步伐，改变传统粮食作物比重过大现状，深入实施以大田调大棚、山地调林果、零散调规模"三调"为主要内容的农业供给侧结构性改革，立足发展绿色生态农业，加快推进农业转型升级和提质增效，优化农业产业、产品、区域布局结构，实现农民持续增收致富和农业可持续发展。诸城市在农业结构调整方面主要取得了以下几个方面的成效。

（一）不断优化农业种植结构

由于最近几年粮食供给持续增加而出现卖粮难、粮价低现象，影响了农业健康发展和农民增收，因而诸城市主动调整农业种植结构，改变传统粮食作物比重过大状况，逐步压缩粮食播种面积，扩大蔬菜、水果、花生、瓜类和茶叶等经济作物的种植面积（参见表9-1）。诸城市还设立农业产业发展基金，鼓励引导农民发展茶叶、瓜果和蔬菜等经济作物。农业种植结构优化，不但实现了农业增效和农民增收的目标，而且为农业产业化升级创造了条件，特别是有些瓜果、蔬菜等新品种的引种使其品牌影响力提升，提高了在国内外市场上的竞争力和占有率。一些经营主体为了满足日益扩大的市场需求而结成新型农业产业化组织，不断创新现代农业经营模式。

表 9-1　2016 年诸城市主要作物　　种植面积单位：万亩

作物类型	粮食	蔬菜	花生	烟草	水果	瓜类	茶叶
种植面积	190	36	18	8	5	3	2

资料来源：2017 年诸城市人民政府工作报告。

（二）优化农业区域布局 发展规模化种植基地

在南部山区，诸城市重点发展水果、茶叶和药材等产业，近年又引进了M9T337 苹果、矮化大樱桃和无性系茶叶等新品种，带动了大批农民脱贫致富；在沿河镇街，积极引导发展瓜菜、马铃薯产业和设施农业；在交通条件便利、自然环境优越的地方建设生态农业示范园（区），现在全市共建设各类现代生态农业示范园区 238 个，占地 25.2 万亩，1000 亩以上的农业园区已达 63 个。一些生态农业示范园区还融合当地的山水文化、恐龙文化、名人文化和乡村文化等，使农业园区与人文景观、自然景色融为一体，促进了农业功能由食品保障向品质提升、休闲娱乐、文化传承等更高层次拓展，许多生态农业示范园（区）已经成为现代农业发展的样本，每年吸引大批客户参观学习及游客观光休闲，经济效益、社会效益和生态效益均得到较好提高。

同时，自 2017 年始诸城市还规划了以农业供给侧结构性改革为主线，加快推进"三调""二提"活动，"三调"即大田调大棚、山地调林果、零散调规模，通过"三调"实现压粮、增菜、扩果和农业规模化、标准化生产；"二提"即畜牧业提升标准质量、提升养殖效益，通过"二提"实现畜牧业和水产养殖业提质增效与产业升级。

（三）优化农业品种结构 提高农产品质量安全水平

首先，实施种苗优良化工程。着力建设国内一流的种苗研发基地，市财政投资 5000 万元实施农业科技孵化器项目，占地 1600 亩，配套建设组培中心、智能温室等，每年繁育优质种苗达 1000 万株，并培育一批种苗繁育、推广一体化企业，年引进推广各类农作物新品种 70 多个。

其次，通过标准化生产提高农产品质量和安全标准，抓好种植环节的农业标准化生产和农产品质量安全，强化网格化监管，持续加强对生产基地和农资业户的现场督导检查，在镇街、社区设立农产品质量安全监管机构，每年速测蔬菜样品 6000 个以上，定量检测样品 650 个。为了加强农产品质量安全监管力量，诸城市还实行农产品质量安全协管员聘任制度，通过签订责任书和加强绩效考核，防止监管漏洞。2017 年，诸城又提出全面推进农业供给侧结构性改革，通过实施品牌化引领、园区化布局、标准化生产等战略发展现代农业，以提高农业供给质量和效益为主攻方向，为提高农产品质量和安全水平创造条件。

（四）积极发展特色生态农业和品牌农业

首先，突出地域特色，积极发展生态农业和休闲观光农业，融合名人文化、恐龙文化、乡村文化和南部山水文化等文化资源，开发一批特色鲜明、生态农业与地域文化结合的休闲旅游景点，建设一批质量安全、采摘游乐于一体的生态农业观光园，打造一批休闲农业品牌。2016 年，诸城市已被列入山东省休闲农业和乡村旅游示范县名单。

其次，通过农业技术创新促进特色生态农业发展，主要集成推广统防统治、绿色防控、测土配方施肥、秸秆综合利用等生态技术，促进农业废弃物循环利用，目前全市秸秆综合利用率已达到 90% 以上，生态农业得到较好的发展。

最后，培育农业品牌，促进产业融合发展，农业品牌打造坚持产品品牌、产业品牌、地域品牌并重，用品牌带动农业发展。到 2016 年年底，全市有效期内"三品一标"达 82 个，其中无公害农产品 27 个、绿色食品 51 个、有机食品 3 个、地理标志农产品 1 个，打造了"诸城绿茶""诸城花生""诸城特菜""诸城板栗""诸城速冻食品"等一批区域特色优质农产品。

四、通过农业产业化促进农村产业融合发展

（一）通过农业产业化升级助推农村产业融合

近年来，诸城市培育新型农业服务主体快速成长，鼓励农户与农业产业化龙头企业、专业大户、家庭农场、农民专业合作社等结成新的利益共同体，推动农业产业化转型升级，并建立农村产业融合服务平台，完善农业产前、产中、产后一体化和社会化服务体系，初步实现农业产业化与产业融合发展相互促进的格局。为了进一步提高农业产业化水平及其带动农村产业融合的能力，采取以国家级农林科技孵化器为平台，吸引涉农高校、科研院所、种业公司等进行深度科技合作，引进转化一批先进科技成果，同时实施"农技人员包社区、包农户"工程，组织农业部门机关干部和农业科技人员，积极应用推广一些先进和实用农业技术，还加强对新型职业农民开展技术和技能培训，为农业产业化经营和产业融合发展提供高素质主体。

（二）农业产业融合发展推动农业供给侧结构性改革

2017年年初，为加快农业供给侧结构性改革，整体推进现代农业发展与农业产业化升级，诸城市委、市政府提出了创新开拓"品牌化引领、园区化布局、标准化生产、社会化服务、融合化发展"为主要内容的"五化"现代农业发展战略，逐步形成以优质品牌蔬菜为主的瓜菜产业，以矮化苹果、矮化大樱桃为主的鲜果产业，以大榛子、板栗、核桃为主的干果产业，以诸城绿茶品牌为主的绿茶产业，以长白、大白、杜洛克等品种为主的生猪养殖产业，以罗斯308、爱拔益加等品种为主的肉鸡养殖产业，以狐狸、貂为主的特种动物产业等七大种养产业及菌菇、中草药等特色产业，培育瓜菜、果业、茶业和畜禽精深加工、农业旅游观光等五大主导产业，创立全国优质安全农产品生产出口基地，以国家级现代农业示范区建设为契机加快产业集群集聚发展，实现农业

增效、农民增收、农村增绿和农产品市场竞争力提高的目标。

（三）通过农村产业融合提升现代农业发展水平

首先，诸城市大力扶持引导农业龙头企业主动拓展产业链，培育"新六产"，通过延伸农业产业链提升农产品价值链，根据农业产业发展状况及时培育农业新产业和新业态，发展农产品精深加工企业，增加农业经济效益和农产品的附加值，通过加强产业链横向拓展，因地制宜地发展终端型、体验型、循环型、智慧型农业，推进农业与休闲、观光旅游、度假、教育、文化、农业体验、会展、采摘购物、餐饮、养生和养老等产业深度融合，拓展农业更多新功能及农业增值空间。

其次，坚持农业园区化布局，打造高端精品园区与生态休闲、文化旅游等相结合，大力发展观光农业、文化农业、创意农业，培育建设休闲农庄、农业公园、农业庄园、特色农场等新型业态，打造田园综合体或乡村农业综合体，培育生态循环型、文化创意型、农家乐型和休闲养生型等多种现代农业园区，促进农业与农村其他相关产业融合发展。自 2017 年开始，诸城市计划每年新建 500 亩以上现代农业示范园区 80 个，到 2019 年全市建成 500 亩以上现代农业示范园区 300 个以上。

最后，加强建设农村产业融合服务平台，为农村产业融合提供全方位和多种类型服务，加快发展产业融合示范园区，更好地发挥园区在产业融合发展方面的辐射、示范和带动作用。

第四节　休闲旅游农业带动的"莱州模式"

莱州市系山东省辖县级市，由烟台市代管，西临渤海莱州湾，全市总面积 1928 平方公里，总人口约 90.2 万人。莱州有"山东粮仓"和"月季之乡"的美誉，农业主产小麦、玉米、花生，盛产苹果、葡萄、蔬菜、花卉、对虾、梭子蟹、文蛤、大竹蛏等，莱州市作为全国粮食主产区之一，在粮食创建方面曾一度保持全国领先水平，莱州市也是全国重要的花生出口基地和水果集中产区，同时花卉业发展势头较好，花卉种植面积广、品种多，尤其是以月季花最为有名。2012 年，莱州市被认定为国家现代农业示范区，现代农业发展呈现出建设水平高、产出能力强、持续发展后劲足的特点，农业物质装备水平不断提高，高标准农田面积比重占 65.37%，农作物耕种收综合机械化水平达到 97.07%，比全面实现农业现代化目标值高出 7 个百分点；农业技术推广服务人员大专以上学历达到 84.35%，超出了基本实现现代化的标准。2016 年，根据《国家现代农业示范区建设水平监测评价系统》结果显示，莱州市国家现代农业示范区建设水平监测评价综合得分为 76.49，超过国家基本实现农业现代化的 75 分标准，已基本实现农业现代化。特别是近年来莱州市在调结构、转方式过程中，拓展发展新思路，走出了以发展乡村生态休闲旅游为重点的农业农村现代化新路子，其成功经验已经引起省内外许多媒体和研究者的广泛关注。

一、依托农业资源和自然环境，培育休闲旅游农业体系

（一）变农业资源为休闲旅游资源，打造县域经济和休闲农业品牌

莱州月季花栽培以品种优、种类多、观赏价值高闻名遐迩，每年鲜花盛开时节，会吸引大量市民和游客休闲度假、观景赏花。该市多年来连续进入全国农村综合实力百强县（市）行列，还被命名为"国家绿色农业示范区"和"中国月季之都"等荣誉称号，2017 年 8 月，在山东省农业厅和省旅游发展委联合公布的 10 个县（区、市）入选山东省休闲农业和乡村旅游示范创建名单中，莱州市榜上有名并成为烟台市唯一获此殊荣的县（市）（参见表 9-2）。近年来莱州市还先后认证了 26 个无公害农产品和绿色、有机食品，莱州月季、莱州大姜成为国家地理标志证明商标。同时，莱州作为一个

沿海县（市），海洋农业比较发达，海产品有 300 多种，其中对虾、梭子蟹等海鲜产品远近闻名，每年夏秋季节吸引周边大批游客到此避暑和品尝海鲜。

表 9-2　莱州市近年来获得的各类荣誉称号

荣誉类别	荣誉名称
区域经济	黄河三角洲高效生态经济区；山东半岛蓝色经济区；全国县域经济基本竞争力百强县（市）
农业与农村经济	国家绿色农业示范区；全国农村综合实力百强县（市）；中国玉米良种之乡；中国月季之都；中国草艺品之都；中国石都
生态环境与旅游	国家环保模范城市；国家卫生城市；中国优秀旅游城市；山东省休闲农业和乡村旅游示范县
社会文明与民生	中国长寿之乡；全国最具幸福感城市；全国社会治安综合治理先进市；山东省文明城市

资料来源：根据人民网、莱州市人民政府网、《山东经济战略》（2012 年第 5 期）等媒体和报道的信息整理而得。

（二）充分利用资源环境优势，开发休闲旅游产业和景点

莱州依山面海，自然环境优美，山地丘陵面积广大，低山占域内总面积的 10.25%、丘陵占 48.12%、平原占 41.63%。莱州为北温带半湿润地区，四季分明，光照充足，年平均温度约为 12 度，是人们夏季避暑休假的好去处。这里拥有长达 108 公里的海岸线，海岸沙滩连绵，海水清澈碧蓝，沿海岸线分布着许多良好的自然港湾，均属休闲观光胜地。莱州利用丰富的旅游资源，开发了众多旅游景点，境内有云峰山、胡家顶、大泽山、九顶莲花山、大基山、凤凰山、黄山等主要山峰 55 座，当地主要旅游景点有云峰山、大基山、千佛阁、黄金海岸等，其中云峰山摩崖石刻为国家重点文物保护单位。另外，位于莱州湾浅海水域的芙蓉岛更是景色迷人，是游客向往的观光景点；云峰山成为"中国书法名山"、大基山成为国家 4A 级景区，休闲旅游业在当地方兴未艾。

二、完善旅游规划和政策体系， 绘制美丽乡村旅游蓝图

（一） 规划先行绘制美丽乡村旅游蓝图

近年来，莱州市以推进全域化旅游为抓手，以"旅游为民、旅游富民"为目标，全面推进乡村旅游快速发展。通过完善发展规划，明确发展思路，加大乡村旅游业的政策扶持和规划指导力度，突出地域特色，挖掘旅游资源，抓好重点景区、景点建设，自 2014 年以来，莱州市争取山东省旅游局专项资金支持，规划完成了《莱州市乡村旅游发展总体规划》和文昌路街道等 5 个镇村的概念性规划，2015 年又完成了全市 10 个重点旅游特色村庄的《景观设计规划》，为发展乡村旅游提供了规划蓝图和基本思路。

（二） 通过实施"五个一批"工程，提升乡村旅游业发展水平

莱州市提出通过打造提升"一批乡村旅游特色村庄"、扶持"一批乡村旅游经营项目"、推介"一批乡村旅游特色商品（农产品）"、培训"一批乡村旅游带头人队伍"、推出"一批乡村旅游精品线路"等"五个一批"工程，进一步完善当地农村旅游设施，提升旅游管理服务水平，打造美丽乡村的"升级版"，大力培植一批乡村旅游经营项目，创新乡村旅游发展模式，引进民间和社会资本，加大乡村旅游项目投入力度，指导各地发展乡村民宿客栈、特色酒庄（农庄）、精品采摘园等休闲旅游经营项目，扶持乡村旅游点建设，开设旅游商品购物超市、购物一条街、销售展示馆，推动农副特产向旅游商品转化。莱州市相继策划推出一批"美丽莱州（景区+乡村）"精品旅游线路，到 2017 年莱州市已经打造形成了 13 条精品乡村旅游线路，并多渠道加大对外宣传一些重要乡村旅游景点和线路，乡村旅游业呈现出很好的发展势头。

（三）加强乡村旅游人才培养，选拔乡村旅游带头人

莱州市有关部门还十分重视乡村旅游人才培训工作，多次组织乡村旅游带头人参加赴境外学习培训，拓宽乡村旅游发展思路，还以旅游特色村庄、经营业户、乡村旅游从业者为主体，通过外出考察、学习观摩、专家培训、编发学习资料等多种形式，培育一批能干事、懂经营、会管理的乡村旅游带头人；分批组织选拔乡村旅游带头人分别到省内外考察学习乡村旅游经验和模式，不断提升乡村旅游发展整体水平，对于带动当地乡村休闲旅游业发展具有积极作用。

三、调整农村产业结构，促进新型休闲农业发展

（一）及时推动农村产业结构调整

莱州矿产资源丰富，也是支撑传统经济发展的重要物质基础之一，当地已发现矿产资源 30 多种，现已探明可供开采的有黄金、莱州玉、菱镁石、大理石、花岗石、铁、银、铜、铅、锌、钼等，其中黄金储量居全国首位。莱州市石材资源丰富，具有开采价值的石材总储存量有 30 多亿立方米，占全国储存量的 10% 左右。改革开放以来，莱州市依托石材资源优势发展规模石材产业，形成了矿山开采、板材加工、工艺雕刻等产业体系，石材产业最兴盛时期发展加工企业超过 3000 多家，年开采石材近 50 万立方米，年加工石板材达 2500 万平方米，在 2003 年莱州被中国石材协会命名为"中国石都"，石材产业曾经成为个别乡镇的支柱产业。但是，由于石材产业迅速发展对当地生态环境造成一定的破坏，近年来莱州市政府积极实施产业结构调整政策，石材产业发展规模呈现萎缩格局，取而代之的是休闲旅游农业等新兴农业产业异军突起，各地正在挖掘休闲旅游资源，积极发展特色生态休闲农业。

（二）充分利用农业资源发展新兴产业

如何利用传统农业资源发展新兴产业成为当地经济发展的新课题，莱州市政府及时引导相关乡镇进行农业产业结构调整，既要农业和农村经济发展，也要青山绿水，山区、丘陵进行绿化造林、发展生态有机果蔬业，充分利用石材加工企业积累起来的资本、人才、技术、管理等要素优势，积极发展乡村休闲旅游产业。莱州市很多从事生态旅游农业的农户和企业都是从石材等传统资源消耗型产业转型而来，有的农民借助以前挖石材的矿坑蓄水养鱼，发展垂钓休闲农业；有的农民则将矿坑改建成为水库，蓄水灌溉果林、菜园和花圃，吸引游客观光旅游和果蔬采摘。有的矿主转行发展玫瑰产业，通过建高档玻璃温室引种和研发新的玫瑰品种，开办陈列展览基地和出售种苗，打破了季节限制，可以一年四季供游客观赏玫瑰，尤其是一些玫瑰繁育基地打造的玫瑰系列化妆品和饮品等更是受到消费者和游客的青睐，有的基地已经形成集科研、生产、销售、观光旅游于一体的玫瑰经济产业链，取得较好的经济、生态和社会效益。

（三）通过美丽乡村建设 优化旅游环境

近年来，莱州结合生态文明乡村和美丽乡村标准化建设，统筹推进农村路、水、电、林、环卫等基础设施建设，大力开展造林绿化和生态修复工作，努力打造天蓝、水清、山绿、空气清新的新农村，高标准建设了一批社区公园、河套湿地公园等惠民工程，营造宜人生态环境，建造美丽村镇家园，在山地、丘陵、路边、河岸等地开展植树造林活动，2016 年全市新增造林面积达到 12.9 万亩，森林覆盖率提高到 35.7%；持续开展镁石、石材、废塑料等结构性污染行业专项整治，仅 2016 年全市关停、取缔各类污染企业多达 1463 家，当地的生态环境不断得以改善，为发展生态旅游农业创造了条件。

四、培育乡村旅游示范点， 开创乡村旅游新线路

（一）培育乡村旅游示范点

莱州市旅游局坚持旅游部门牵头，组织乡镇、街道、村庄、民营企业、旅游公司、新闻媒体共同参与，策划打造涵盖春、夏、秋、冬一年四季的"美丽乡村月月休闲汇"活动品牌，以特色品牌活动聚集人气，激活乡村旅游消费市场，先后成功举办东海神庙祭海祈福民俗文化节、第三届杏花旅游文化节、百士通玫瑰旅游文化节、驿道初家面塑艺术节、南崔家大樱桃采摘节、郭家店镇马山巨发葡萄采摘节等 10 余场民俗文化活动，并通过微信平台、网络直播、旅行社推介等多种渠道对外宣传推介，吸引市内外游客 70 多万人次。2017 年 8 月，山东省农业厅和省旅游发展委联合公布山东省休闲农业和乡村旅游示范创建名单，本次全省共有 10 个县（区、市）、20 家单位、22 处园区、20 个村（社区）及 20 处景观入选，不但莱州市作为烟台唯一县（市）入选山东省休闲农业和乡村旅游示范县名单，而且莱州市驿道镇初家村入选"山东省美丽休闲乡村"名单，莱州市文昌路街道傅家桥山水田园景观入选"齐鲁美丽田园"名单，足见莱州市乡村旅游业发展成绩得到了上级有关部门的充分肯定。

（二）开创乡村旅游新线路

莱州市驿道镇初家村，位于莱州市区东 25 公里，属经济薄弱的山区村庄。初家村交通便利，村西侧省级公路—朱诸路贯穿南北，与秀丽的崮山美女峰遥相呼应，村内茅草房、石砌墙、石板古巷等百年传统古村落风貌犹存。该村四面环山，自然生态环境良好、山水资源丰富，拥有 5000 亩山峦、1600 亩耕田，全村现有居民 123 户、316 人，2015 年农民人均可支配收入4000 元。近年来，初家村依托自然生态优美、历史底蕴深厚的独特禀赋，大

力发展生态旅游、乡村旅游，叫响"胶东老山村、修养初发地"品牌。目前，初家村已建成观音庙、望海亭、芍药亭等特色景观 16 处；规划打造农家乐等餐饮类饭店 3 家、农家客栈 10 余家，床位数 30 多个；建有银杏园、油葵园、大姜园等农家园区多处，面积 1000 余亩。自从发展乡村旅游以来，村里的旅游资源优势对外凸显，到初家村踏青，享受清新空气、绿色空间的人越来越多，慕名参观旅游初家旅游景点的人也络绎不绝。

莱州市文昌路街道傅家桥村，位于莱州市文昌路街道东南山区。近年来，傅家桥村抓住建设生态文明乡村的有利时机，按照街道的部署和要求，重点在基础设施和产业发展上下功夫，围绕路、水和环境三大板块进行重点打造。总投资 2000 万元，开辟了"两纵、两横、一连线"的道路网，硬化路面 6 万平方米，10.2 公里，架设桥梁一座，使村庄和园区内的主干路网初步成形。上新建及扩建水库 4 处，新增蓄水量 28 万立方米，新铺设输水管线 7000 余米，形成了"五库""十塘"沟壑相连，布局合理，方便高效的水域体系，使辖区内粮田，全面实现自流灌溉。同时，傅家桥村积极深入挖掘浓郁的地方特色，打造美丽乡村。新建 3000 平方米休闲广场一处，游客服务中心一处，并恢复马车店驿站原貌。新建小水库垂吊园，增加水上娱乐设施，开辟汽车影院等。新建 200 亩家庭农场，重点发展现代农业，形成以种养、观光、休闲、采摘于一体的产业园区。

（三）践行绿色和生态旅游发展理念

莱州市郭家店镇坚持践行绿色发展理念，提出"多彩郭家店、绿色东南山"的口号，围绕特色、打造亮点，大力发展乡村文化旅游、康体养老、休闲农业等生态产业。为提升乡村旅游发展品质，郭家店镇将乡村旅游与生态文明乡村建设紧密结合起来，按照"统一规划、统一标准、统一政策"的原则，努力守住生态底线，保护镇域青山绿水，打造区域旅游品牌，促进乡村旅游业突破发展。近几年，随着乡村休闲旅游的发展，位于莱州市东南山区的郭家店镇小草沟村成为当地和周边县（市）市民自驾游、家庭游的目的地，来这里逛银杏林荫大道、参与果品采摘成为吸引游客的重要项目。当地政府将小草沟村确定为旅游特色村建设示范点，重点开发农事体验、田园观光、乡村养老、果蔬采摘等休闲旅游项目，挖掘天然森林氧吧、民风民俗参观等特色旅游资源，不断丰富旅游主题，进一步把特色采摘、观光旅游、休闲度假与乡土民俗、红色文化等结合起来，努力拓展吸引游客的乡村休闲旅游项目，提高农业、旅游业和农村服务业等整体经济效益。小草沟村为了扩大旅游市场，两年内就投资 650 万元扩展开发乡村旅游项目，建设"寸草心"大队客栈、乡里乡味美食中心、光阴小院等 5 项重点工程，把小草沟建设成人与自然和谐相处、生态文明、生态文化、生态经济融为一体的美丽乡村，围绕"多彩东南山，康乐小草沟"这一主题做好生态乡村旅游的大文章，小草沟村还聘请专家对全村生态旅游开发进行规划，注册成立了小草沟村生态旅游开发有限公司，通过举办"小草沟秋韵旅游文化节"，促人气、树品牌，精心打造旅游节事活动，2016 年全村接待游客数量突破 6 万人次，村民从旅游业实现增收 50 多万元，达到经济效益、生态效益和社会效益的统一。

五、培育特色旅游新亮点， 拉长乡村旅游产业链

（一）培育乡村休闲旅游特色村庄

随着乡村休闲旅游热的逐渐升温，莱州市旅游局因势利导，以美丽乡村建设为导向，帮助一些具有旅游资源优势的村庄做好规划，挖掘特色旅游资源，加大政策扶持力度，开发建设一批"乡村旅游特色村庄"。先后培育打造了"初家山水田园""崖上银杏林""尚家山樱桃谷""大岚张杏花村""小草沟苗木村""后河古民居""宏顺梅园新村""南崔家樱桃园""卸甲庵茶园""田家生态田园""仓上渔家乐""宁家垂钓休闲"等一批特色乡村旅游品牌，彰显不同的田园休闲风情。同时，莱州市还积极争取上级扶贫政

策，将驿道初家村列为省级旅游精准扶贫村庄，扶持发展特色乡村旅游业。

（二）举办乡村旅游节庆活动

莱州市旅游主管部门在帮助打造旅游特色村庄的基础上，还立足农村生产和生活实际，充分挖掘民俗文化内涵，积极培育民俗文化品牌，策划包装一批乡村旅游节庆活动。目前已经成功举办了"东海神庙祭海祈福民俗文化节""二月二寒同山民俗文化节""梅园新村梅文化艺术节""大岚张杏花节"等特色节庆文化旅游活动，正在筹划"南崔家大樱桃采摘节""寒同山枫叶文化节""小草沟银杏文化节"等乡村民俗文化活动，以此提升乡村旅游社会影响力。

（三）打造"四位一体"的乡村旅游产业

多年来，莱州市注重发展"四位一体"的乡村旅游产业，即集观光、休闲、体验、娱乐等于一体，重点围绕特色景区观光、滨海度假休闲、城区公园游览、乡村旅游体验等主题，举办多元化、综合性的现代农业观光园。例如，马家庄现代农业园就是一个兼具原生态的景致和垂钓、水上乐园等现代娱乐设施，让游客体验自然之美的同时参与娱乐、消费和健体活动，通过果蔬采摘、休闲垂钓、品尝农家饭等特色活动，感受休闲旅游带来的乐趣。加大对外宣传力度，包装推介城郊休闲游、乡村生态游、田园观光游、滨海渔家体验游等多条特色乡村旅游线路，扩大宣传推介当地的特色农产品，如"傅家桥小米""天堂山茶叶""卸甲庵茶叶""小草沟银杏酒""尚家山小樱桃""南崔家大樱桃""马家庄葡萄"等，都成为游客乐于购买的乡村旅游土特农产品，还有当地生产的桑叶茶、苦菜茶等产品包装、集中推介和市场对接。

六、发展众筹农业和创意农业, 推动现代农业模式创新

(一) 积极发展众筹农业, 创立休闲农业新模式

以众筹方式建立起来的莱州市虎头崖镇瑞云农庄, 是由 20 位传统文化爱好者共同打造的不同风格民俗客栈, 拥有 20 个风格迥异的客房, 每个房间众筹费用每年 5000 元, 是莱州首家生态养心养生场所, 房间可以根据个人喜好来装修布置, 上交给瑞云农庄的众筹费用保证了股东每周一至周五免费入住的权利, 周六、日房间将会被出租给游客, 所获得的租金由瑞云农庄和股东平分, 农庄内的菜地等也实行股东制, 每位股东均有自己独属的菜地、养殖场等。农庄外围还分片区种植各式各样的蔬菜和水果, 农庄里的绿色蔬菜均未使用农药, 为市民提供绿色无公害食品, 除了菜园、果园以外, 还建设了鱼塘、养殖场等各种户外休闲设施, 为客户提供一个雅致、安静的休闲体验场所。瑞云农庄还通过举办民俗节推出各种文艺演出活动, 民俗书屋、房间、食品和红色展屋等吸引游客前来体验和观赏。这种众筹农业模式使得传统农业向高效农业转型升级, 不仅增加了农庄的收入和知名度, 而且让股东受益, 具有很大的发展潜力。

(二) 发展体验农业与创意农业相结合的新模式

2013 年成立的莱州虎头崖镇金亿源果蔬专业合作社, 是一家集科研、生产、采摘、加工、销售、服务于一体农业综合经营单位, 其培育的脱毒苗甜宝草莓已经成为莱州市一枝独秀的品种, 该合作社采用了先端的有机栽培种植技术, 创造适合草莓生长繁育的环境, 生产的草莓色泽鲜艳、柔软多汁、香味浓郁、酸甜适口、营养丰富, 让顾客消费到纯天然的无公害绿色瓜果蔬菜。现在该合作社开展的采摘活动一年四季都能进行, 逐渐形成了全季采摘品牌, 尤其是开辟的冬季采摘体验模式对游客更具吸引力, 室外天寒地冻,

大棚内春意盎然和硕果累累，新鲜的草莓、西红柿等丰富果蔬品种供游客采摘，游客通过体验农业与创意农业得到乡村旅游的乐趣，合作社通过田园采摘游等体验式营销手段还可以拉动果园餐饮、娱乐等第三产业，提高了农业经济效益，该合作社在融合发展体验式农业、休闲农业和乡村旅游业上走了一条具有重要特色的道路。

（三）通过生态农业建设引领休闲农业发展

目前，莱州市已经成功创建国家现代农业示范区，为了主动适应经济发展新常态形势，以全面实现农业现代化为目标，以转变和创新农业发展方式为主线，力争在生态休闲农业发展方面实现新突破，发挥其在现代农业发展中的示范引领作用。2015 年，莱州专门组织召开全市生态农业示范县建设项目启动会议，总结分析了生态农业取得的成就、面临的新形势和存在的突出问题，并对生态农业示范县项目进行了重点部署，要求立足区位优势和农业特点，充分挖掘农业内部增收潜力，加大农业结构调整力度，大力发展生态循环农业和生态休闲农业，并具体采取以下几种重要措施：一是加大投资力度，计划建设 6 处生态循环农业和休闲农业示范基地，总面积 2520 亩，通过建设示范作用大、带动能力强、服务功能优的果树、茶叶园区，发展成方连片生态循环农业和休闲农业，通过典型示范和辐射带动，推进全市生态农业和休闲农业建设；二是发展农民专业合作社推动生态农业和休闲农业发展，截至 2017 年 6 月，全市在工商部门登记注册的各类农民专业合作社有 1412 家，合作社成员数已达 10800 人，带动非成员农户数 14.77 万户，占全市农户总数的 60.8%，合作社不仅涵盖了良种培育、月季、大樱桃、大姜、水产养殖等 10 多个产业，而且参与旅游公司开辟乡村旅游线路和培育休闲农业品牌；三是加强农民培训，促进生态农业和休闲农业发展，广泛开展绿色证书、科技入户、青年农民培训等多项培训工程，每年培训农民近 6 万人次，持证农民数已达到了 51%，积极推广资源节约型、环境友好型、生态高效型和休闲观光型等应用技术，提高现代农业经营管理能力和水平；四是加速转变农业发展方式，在发展生态农业的基础上做好生态旅游农业大文章，把生态资源优势转化成生态旅游资本优势，建立起与美丽生态相适应的现代农村休闲旅游产业体系；五是提升农业科技水平和生态环保指标，提高农产品品质和附加值，搞好农村产业融合，优质高效生态农业与休闲旅游农业发展相结合，增强农业可持续发展能力，促进农业现代化建设。

第五节　突破农业融资瓶颈的"武城模式"

武城是山东省德州市下辖的一个农业大县，土地面积为 748 平方公里，人口约 40 万人，主要作物为小麦、玉米、棉花等，早在 2010 年武城县粮食生产已经实现"吨粮县"目标，棉花单产位居全省前列，曾被评为"全国优质棉生产示范基地县"，食用菌、辣椒、畜牧业等特色产业发展较快，其中食用菌种植面积已突破 1500 亩，被评为"中国食用菌之乡"。长期以来，融资难和融资贵是制约我国农业发展和规模经营的一个重要原因，因而解决资金瓶颈问题既是县域经济发展的基本条件，也是创新县域农业发展和经营模式的客观需要。山东省武城县在探索农业和农村融资道路上率先尝试了所谓"武城模式"，武城县是我国开展农村承包土地经营权抵押贷款的试点县之一，"武城模式"的基本做法和经验有以下几个方面值得总结。

一、制度先行和明晰农村土地产权关系

2016 年 4 月，山东省政府批准了武城县《农村承包土地的经营权抵押贷款试点实施方案》（以下简称《方案》），形成了具有武城特色的土地抵押小额贷款模式，为活化农民家庭承包的农村土地和展现新型农业经营主体流转农地的融资功能创造了条件，创新了当地农业发展与农民致富的融资道路。此《方案》出台仅 4 个月，截至 2016 年 8 月末，武城县就累计办理农

村经营土地经营权抵押贷款 147 笔，用于抵押的农村承包土地 5868.9 亩，实现贷款金额达 3324.4 万元。为了有效盘活农村土地资源和顺利实现农地抵押贷款，必须规范完善农村承包土地经营权的确权颁证、登记评估、流转机制，为此武城县还及时制定了《农村土地流转经营权登记管理办法（试行）》，为流转土地的农民及专业大户、龙头企业、农民专业合作社等新型农业经营主体确权创造了条件，政府有关部门还颁发了《农村土地经营权证》，以此确保用于抵押贷款的农村承包土地的经营权合法有效，以及明晰权属关系。据统计，当年全县共确权登记土地面积达到 72.8 万亩，农村土地承包经营权确权率和办证率均达到 100%。

二、政府规范管理与市场引导相结合

在完成土地承包经营权确权颁证以后，为了积极探索承包权与经营权分置、确保抵押贷款数量，武城县又制定了《关于 2015—2017 年农村土地流转交易价格最低保护价和指导价》意见，较好规范了土地经营主体办理农地经营权抵押贷款活动。另外，武城县进一步完善农村综合产权交易中心功能，建立农地经营权流转中介服务机构，促进农村产权交易，截至 2016 年年底，全县已完成各类农地产权交易 382 宗，土地流转面积达 3.85 万亩，合同约定金额为 2.86 亿元。

同时，要充分尊重农村金融机构市场主体的资格和地位，保证其经营利益，才能从长远上调动其积极性，在农村必须培育建设良好的信用体系。为了在当地形成良好的信用环境和秩序，武城县还制定了《农村信用体系建设实施方案》，依托省域征信服务平台，加大信息采集力度，进行客户信用评级，可根据客户需求及时办理贷款授信业务，对于信用记录不好的客户会受到信贷限制。

三、建立健全风险补偿和缓释机制

武城县政府印发了《农村承包土地经营权抵押贷款风险补偿金管理办法（试行）》，建立农地经营权抵押贷款风险补偿金，对金融机构因开展农村承包土地经营权抵押贷款产生的损失按照单笔贷款金额的30%给予补偿。同时，引入担保风险缓释机制，武城县政府与山东省农业融资担保有限公司签订了《武城县农村承包土地经营权抵押担保贷款合作协议书》，由该公司承担农地经营权抵押贷款担保业务，协议确定了服务对象是以农村承包土地经营权抵押贷款的种植大户、家庭农牧场、农民合作社等涉农新型经营主体；银行与担保公司签署《武城县农村承包土地经营权抵押贷款担保业务合作协议书》，武城县政府还制定了《农村承包土地经营权抵押贷款担保管理暂行办法》等规范文件，通过建立健全风险补偿和缓释机制，预防了金融机构贷款损失风险，提高了有关金融机构发放此类贷款的积极性。

四、建立和完善抵押物处置机制

武城县政府为了降低和化解农村承包土地的经营权抵押贷款的风险，制定了《农村承包土地的经营权抵押贷款风险防范"项目池"管理办法》，规定当农村承包土地的经营权抵押贷款发生不能偿还时，在新型农业经营主体中选择相对优质主体，为承接抵押土地经营权提供储备，加强农村承包土地的经营权抵押风险防范措施，保证了这项农村信贷改革健康发展。武城县关于推动农村土地经营权流转的创新措施及其积累的宝贵经验，不但为实施乡村振兴战略和创新现代农业发展模式创造了条件，而且对于其他地区推动和实践农地"三权分置"制度改革具有重要的借鉴参考意义。

参考文献

一、中文参考文献

［美］霍里斯·钱纳里等：《工业化和经济增长的比较研究》，上海三联书店1989年版。

［日］速水佑次郎、［美］弗农·拉坦：《农业发展的国际分析》，中国社会科学出版社2000年版。

［日］速水佑次郎、［日］神门善久：《农业经济论》，中国农业出版社2003年版。

［美］阿瑟·刘易斯：《经济增长理论》，商务印书馆1991年版。

［美］西奥多·舒尔茨：《改造传统农业》，商务印书馆1987年版。

曹俊杰、刘丽娟：《新型城镇化与农业现代化协调发展问题及对策研究》，《经济纵横》2014年第10期。

曹俊杰：《工商企业下乡与经营现代农业问题研究》，《经济学家》2017年第9期。

曹俊杰：《山东省几种现代生态农业模式的特征及其功效分析》，《中国软科学》2010年第12期。

曹俊杰：《实现由工业反哺农业向工农业协调发展战略转变》，《中州学刊》2016

年第 11 期。

曹俊杰：《我国几种工业反哺农业模式比较研究》，《农村经济》2017 年第 3 期。

曹俊杰：《资本下乡的双重效应及对负面影响的矫正路径》，《中州学刊》2018 年第 4 期。

曾福生：《中国现代农业经营模式及其创新的探讨》，《农业经济问题》2011 年第 10 期。

陈晓华、高云才、冯华：《限制长时间大面积租赁农地》，《人民日报》2015 年 4 月 26 日。

冯献、崔凯：《中国工业化、信息化、城镇化和农业现代化的内涵与同步发展的现实选择和作用机理》，《农业现代化研究》2013 年第 3 期。

付文军：《三农改变中国》，中共中央党校出版社 2014 年版。

高芸、蒋和平：《我国农业现代化发展水平评价研究综述》，《农业现代化研究》2016 年第 3 期。

高越：《国际生产分割模式下企业价值链升级研究》，人民出版社 2019 年版。

巩前文、张俊飚：《能量比值法构建与实证检验——关于农业资源利用效率测算方法的一个改进》，《中国人口·资源与环境》2008 年第 2 期。

顾钰民：《农业现代化与深化农村土地制度改革》，《经济纵横》2014 年第 3 期。

韩俊：《准确把握土地流转需要坚持的基本原则》，《农民日报》2014 年 10 月 22 日。

何安华、楼栋、孔祥智：《中国农业发展的资源环境约束研究》，《农村经济》2012 年第 2 期。

何秀荣：《关于我国农业经营规模的思考》，《农业经济问题》2016 年第 9 期。

胡中应、胡浩：《低碳农业发展规律的必然选择》，《经济问题探索》2015 年第 9 期。

黄祖辉、邵峰朋、文欢：《推进工业化、城镇化和农业现代化协调发展》，《中国农村经济》2013 年第 1 期。

姜长云：《推进农村一二三产业融合发展的路径和着力点》，《中州学刊》2016 年第 5 期。

蒋和平、张成龙、刘学瑜：《北京都市型现代农业发展水平的评价研究》，《农业现代化研究》2015 年第 3 期。

孔祥智：《农业供给侧结构性改革的基本内涵与政策建议》，《改革》2016 年第 2 期。

李宾、王曼曼、孔祥智：《我国城镇化与农业现代化协调发展的总体趋势与政策解释》，《华中农业大学学报（社会科学版）》2017 年第 5 期。

李丽纯：《基于灰色优势分析的中国农业现代化水平测度与波动趋势分析》，《经济地理》2013 年第 8 期。

陆文荣、卢汉龙：《部门下乡、资本下乡与农户再合作——基于村社自主性的视角》，《中国农村观察》2013 年第 2 期。

乔金亮：《遏止工商资本下乡"圈地"》，《经济日报》2015 年 4 月 28 日。

宋洪远：《关于农业供给侧结构性改革若干问题的思考和建议》，《中国农村经济》2016 年第 10 期。

苏发金：《工业化、城镇化与农业现代化：基于 VAR 模型的分析》，《统计与决策》2012 年第 11 期。

陶立业、张鸿欣：《加速实现农业四化》，《财经研究》1960 年第 3 期。

田欧南：《工商企业介入农地经营的风险研究——基于省际面板数据的实证分析》，《社会科学战线》2012 年第 9 期。

涂圣伟：《工商资本下乡的适宜领域及其困境摆脱》，《改革》2014 年第 9 期。

万宝瑞：《培育农产品名牌，加快推进我国农业发展方式转变》，《人民论坛》2017 年第 5 期。

王伟新、祁春节：《"四化"同步与中国小农经济出路》，《农业现代化研究》2014 年第 1 期。

王文强：《论增强农业供给侧结构性改革的主体力量》，《农村经济》2017 年第 4 期。

王艳：《结合国外先进经验论中国城郊农业旅游开发措施》，《世界农业》2016 年第 3 期。

吴海峰：《推进农业供给侧结构性改革的思考》，《中州学刊》2016 年第 5 期。

吴石磊、王学真：《现代农业创业投资引导基金及其梭形投融资机制构建》，《宏观经济研究》2017 年第 11 期。

吴石磊：《中国文化产业发展对居民消费的影响研究》，经济科学出版社 2016 年版。

吴石磊：《现代农业创业投资的梭形投融资机制构建及支持政策研究》，经济科学出版社 2018 年版。

夏春萍：《工业化、城镇化与农业现代化的互动关系研究》，《统计与决策》2010 年第 10 期。

徐加胜：《工业反哺农业——新时期中央作出的重要战略决策》，《理论视野》2005 年第 4 期。

许经勇：《深入推进农业供给侧结构性改革的几个问题》，《吉首大学学报（社会科学版）》2017 年第 3 期。

薛亮：《当前农业创新发展的几个问题》，《农业经济问题》2016 年第 5 期。

颜景辰、雷海章：《世界生态农业的发展趋势和启示》，《世界农业》2005 年第 1 期。

张红霞：《对外贸易差异影响我国区域经济协调发展研究》，人民出版社 2018 年版。

张红宇、楫燕庆、王斯：《如何发挥工商资本引领现代农业的示范作用——关于联想佳沃带动猕猴桃产业化经营的调研与思考》，《农业经济问题》2014 年第 11 期。

张文超：《日本"品牌农业"的农产品营销经验及中国特色农业路径选择》，《世界农业》2017 年第 6 期。

张军：《发展现代农业要处理好六大关系》，《学习与探索》2014 年第 9 期。

张晓山：《"入世"十年：中国农业发展的回顾与展望》，《学习与探索》2012 年第 1 期。

张叶：《现代生态循环农业模式研究——以浙江省为例》，《浙江学刊》2016 年第 5 期。

张义博：《农业现代化视野的产业融合互动及其路径找寻》，《改革》2015 年第 2 期。

郑有贵：《构建新型工农城乡关系的目标与对策》，《教学与研究》2010 年第 4 期。

周晶晶、朱力：《现代农业转型的国际借鉴与政策启示》，《现代经济探讨》2015 年第 8 期。

周振、孔祥智：《中国"四化"协调发展格局及其影响因素研究——基于农业现代化视角》，《中国软科学》2015 年第 10 期。

朱俊峰：《坚持市场化取向推进农业供给侧结构性改革》，《中国发展观察》2016 年第 6 期。

祝卫东：《关于推进农业供给侧结构性改革的几个问题》，《行政管理改革》2016 年第 7 期。

二、英文参考文献

A. P. Potapov，"Scenarios of the formation of the resource potential of agricultural production in Russia"，*Studies on Russian Economic Development*，Vol. 26，No. 2 （2015）.

Aaron Iverson. N.，"Halberg，A. Muller：Organic Agriculture for Sustainable Livelihoods"，*Landscape Ecology*，Vol. 29，No. 10 （2014）.

Cox S.，"Information technology：The global key to precision agriculture and sustainability"，*Computers and Electronics in Agriculture*，Vol. 36 （2002）.

Daniel Neuhoff，Sonam Tashi，Gerold Rahmann，Manfred Denich，"Organic agriculture in Bhutan：potential and challenges"，*Organic Agriculture*，Vol. 4，No. 3 （2014）.

Edward B. Barbier，"Frontiers and sustainable economic development"，*Environmental and Resource Economics*，Vol. 37，No. 1 （2007）.

Francesco G. Ceglie，Hamada M.，"Abdelrahman. Ecological Intensification through Nutrients Recycling and Composting in Organic Farming"，*Composting for Sustainable Agriculture*，No. 3 （2014）.

G. N. Cherkasov, L. A. Nechaev, V. I. Koroteev, "Precision agricultural system in modern terms and definitions", *Russian Agricultural Sciences*, Vol. 35, No. 5 (2009).

Hirschman A. O. , "The strategy of economic development", *New Haven*, Conn: Yale University Press, 1958.

John Gowdy, Lisi Krall, "Agriculture as a major evolutionary transition to human ultrasociality" *Journal of Bioeconomics*, Vol. 16, No. 2 (2014).

Jorgensen D. W. , "Surplus agricultural labor and the development of a dual economy", *Oxford Economy Papers*, Vol. 19, No. 3 (1967).

Lewis W. A. , "Economy development with unlimited supplies of labour", *The Manchester School of Economic and Social Studies*, Vol. 22, No. 2 (1954).

Masoumeh Forouzani, Ezatollah Karami, "Agricultural water poverty index and sustainability", *Agronomy for Sustainable Development*, Vol. 31, No. 2 (2011).

Mauro Gamboni, Silvana Moscatelli, "Organic agriculture in Italy: challenges and perspectives", *Organic Agriculture*, Vol. 5, No. 3 (2015).

Olaf Erenstein, William Thorpe, "Crop-livestock interactions along agro-ecological gradients: a meso-level analysis in the Indo-Gangetic Plains, India", *Environment, Development and Sustainability*, Vol. 12, No. 5 (2010).

Pedro A Arraes Pereira, Geraldo B MarthaJr, Carlos AM Santana, Eliseu Alves, "The development of Brazilian agriculture: future technological challenges and opportunities", *Agriculture & Food Security*, Vol. 14 (2012).

Rie Makita, "Organic Agriculture from the Perspective of Small Farmers' Livelihood Strategies: Two Cases from Central and South India ", *Environmental Geography of South Asia*, Vol. 5 (2015).

Theodore W. Suchultz, " Transforming Traditional Agriculture ", *Yale University Press*, New Haven, 1964.

Thysen I. , "Agriculture in the information society", *Journal of Agriculrural Engineering Research*, Vol. 76 （2000）.

Todaro M P. , Economic Development in the Third World. 3rd ed. New York and London: Longman, 1987.

V. V. Rau. ,"Prospective trends in the development of the agricultural sector: Through thorns to innovations", *Studies on Russian Economic Development*, Vol. 21, No. 1 （2010）.

V. V. Rau, L. V. Skul' s kaya, T. K. Shirokova, "Recent trends and factors of resource intensity in the agricultural sector", *Studies on Russian Economic Development*, Vol. 24, No. 4 （2013）.

Vanmala Hiranandani, "Sustainable Agriculture in Canada and Cuba: A Comparison", *Environment, Development and Sustainability*, Vol. 12, No. 5 （2010）.

Worthington W. Doran, "Soil Health and Global Sustainability: Translating Science into Practice", *Agriculture, Ecosystems &. Environment*, Vol. 88, No. 2 （2002）.

丛书策划:蒋茂凝

责任编辑:陈寒节

封面设计:石笑梦

封面制作:姚 菲

版式设计:胡欣欣

图书在版编目(CIP)数据

资源与生态约束下创新区域现代农业发展模式研究/曹俊杰 著.—

北京:人民出版社,2020.10

ISBN 978-7-01-022341-4

Ⅰ.①资⋯ Ⅱ.①曹⋯ Ⅲ.①现代农业-农业发展-研究-山东

Ⅳ.①F327.52

中国版本图书馆 CIP 数据核字(2020)第 127524 号

资源与生态约束下创新区域现代农业发展模式研究

ZIYUAN YU SHENGTAI YUESHUXIA CHUANGXIN QUYU XIANDAI NONGYE FAZHAN MOSHI YANJIU

曹俊杰 著

人民出版社 出版发行

(100706 北京市东城区隆福寺街 99 号)

北京盛通印刷股份有限公司印刷 新华书店经销

2020 年 10 月第 1 版 2020 年 10 月北京第 1 次印刷

开本:710 毫米×1000 毫米 1/16 印张:21.75

字数:317 千字

ISBN 978-7-01-022341-4 定价:65.00 元

邮购地址:100706 北京市东城区隆福寺街 99 号

人民东方图书销售中心 电话:(010)65250042 65289539